KAPVERDISCHE INSELN

DUMONT REISE-TASCHENBUCH

Susanne Lipps und Oliver Breda

KAPVERDISCHE INSELN

Inhalt

LAND UND LEUTE

Inseln zwischen Afrika und Europa

Kultur und Leben

Tipps für Ihren Urlaub

UNTERWEGS AUF DEN KAPVERDEN

Die östlichen Inseln

Die südlichen Inseln

Die nördlichen Inseln

REISEINFOS VON A BIS Z

KAPVERDEN-ATLAS

LAND & LEUTE

»Die Szenerie, wie sie sich durch den Dunst dieses heißen Klimas zeigt, ist faszinierend; insofern ein Mensch überhaupt ein Richter über sein eigenes Glück sein kann, der, soeben noch auf hoher See, zum ersten Mal seit langem spaziert ...«

Charles Darwin über die Insel Santiago, am 16. Januar 1832

Strandausflug auf Boavista

Inseln zwischen Afrika und Europa

Markttag in Assomada

INSELN DES ›GRÜNEN KAPS‹

Die ›Ilhas do Cabo Verde‹ sind nicht so grün, wie der Name vermuten lässt. Cabo Verde (Grünes Kap) nannten die portugiesischen Entdeckungsfahrer eigentlich die Landspitze bei Dakar im heutigen Senegal, der die Inseln vorgelagert sind. Dort trafen sie nach der langen Seefahrt entlang der Saharaküste erstmals wieder auf üppige Vegetation. Die Kapverden selbst waren wohl nie wirklich grün, denn das Klima ähnelt eher dem der Kanarischen Inseln, nur ist es heißer und wolken- sowie regenärmer. In den Sommermonaten können tropische Regenschauer vorkommen, doch gibt es immer wieder Dürreperioden, in denen jahrelang so gut wie keine Niederschläge fallen.

Erinnerungen an Fuerteventura werden auf den wüstenhaften Ostinseln wach. Sal, Boavista und Maio sind geprägt durch endlose, helle Sandstrände, hinter denen sich gleißende Dünenfelder und rötlich schimmernde Salzwiesen ausdehnen. Im Inselinneren lassen sich Steinwüsten, Steppenlandschaften und karge Vulkane per Allradfahrzeug oder Mountainbike erkunden. Vor allem auf Sal und Boavista, den beiden wichtigsten Touristeninseln des Archipels, kommen Baderatten, Windsurfer und Taucher auf ihre Kosten. Bootsausfahrten zum Hochseefischen, zur Walbeobachtung oder ›just for fun‹ vervollständigen das Angebot.

Auf den feuchteren Nord- und Südinseln werden sich vor allem Wanderer und Naturliebhaber wohlfühlen. Mit Ausnahme von São Vicente präsentieren sich diese Inseln gebirgig und stark zerklüftet. Auch sie sind vulkanischen Ursprungs, wovon man auf Fogo hautnah überzeugt wird. Dort stellen der 1995 letztmals ausgebrochene Pico de Fogo und die bizarre Hochebene Chã das Caldeiras ganz große Attraktionen dar. Santo Antão ist die Wanderinsel schlechthin mit unzähligen Tourenmöglichkeiten, die allerdings gewisse Anforderungen an Kondition und Orientierungssinn stellen. In jüngster Zeit bekommt Santo Antão Konkurrenz durch São Nicolau, dessen Bergland zwar nicht so ausgedehnt, dafür aber noch unberührter ist. Die kleinste Insel der Kapverden, Brava, ist als einzige nicht per Flugzeug zu erreichen und wird daher kaum besucht. Das ist schade, denn sie ist mit der wohl üppigsten Vegetation gesegnet und wird zu Recht als ›Blumeninsel‹ gerühmt. Hier lassen sich ebenso wie auf Santiago ebenfalls lohnende Wanderungen durchführen.

Nach São Vicente zieht es viele wegen der quirligen Hafenstadt Mindelo, die für ihre Musikszene und ein gewisses Nachtleben bekannt ist. Dahinter steht die Hauptstadt Praia ein wenig zurück, obwohl sie ansonsten die lebendigere der beiden Städte ist. Auf Santiago fühlt man sich mehr in Afrika als auf den anderen Inseln, vor allem auf den bunten Märkten von Praia und Assomada. Viele Bewohner Santiagos stammen von ehemaligen Sklaven ab und haben ihre afrikanischen Wurzeln in der ›Badiu-Kultur‹ bewahrt.

STECKBRIEF CABO VERDE

Lage und Größe: Die Kapverden liegen zwischen 15 und 17° nördlicher Breite sowie 23 und 25° westlicher Länge vor der Küste Senegals. Der Archipel umfasst neun bewohnte Inseln und eine Reihe kleinerer, unbewohnter Eilande. Boavista, die östlichste Insel, ist ungefähr 600 km von Dakar entfernt. Von den Kanarischen Inseln trennen die Kapverden etwa 1500 km. Santiago ist mit etwa 991 km^2 die größte Insel des Archipels, der insgesamt eine Fläche von 4033 km^2 aufweist. Mit 2829 m ist der Pico de Fogo die höchste Erhebung der Kapverden.
Bevölkerung: Rund 450 000 Einwohner, davon 236 000 auf der Hauptinsel Santiago; ca. 113 Einwohner/km^2; alleinige Amtssprache ist derzeit noch Portugiesisch, ein Teil der Bevölkerung spricht allerdings Creolo.
Die wichtigsten Orte: Hauptstadt ist Praia (Santiago, ca. 117 000 Einw.). Weitere wichtige Städte: Mindelo (São Vicente, ca. 66 000 Einw.), Assomada (Santiago, ca. 45 000 Einw.), São Filipe (Fogo, ca. 25 000 Einw.).
Staat und Verwaltung: Seit 1975 ist die Republik Cabo Verde unabhängig. Zuvor gehörten die Kapverden zu Portugal. Präsident und Parlament werden demokratisch gewählt. Der Archipel ist in zwei Verwaltungsdistrikte unterteilt: Barlavento im Norden (São Vicente, Santo Antão, São Nicolau, Sal und Boavista) sowie Sotavento im Süden (Santiago, Fogo, Brava, Maio).
Religion: Etwa 85% der Bevölkerung sind römisch-katholisch, etwa 5% gehören der Freikirche der Nazarener an. Weitere 5% verteilen sich auf andere protestantische Freikirchen und Sekten.
Wirtschaft: Wichtigster Wirtschaftsfaktor sind die Überweisungen der im Ausland lebenden Emigranten (22 % des Bruttosozialprodukts). Der Anteil der Entwicklungshilfe am Bruttosozialprodukt liegt bei 12%. Auch durch den internationalen Flughafen auf Sal kommt Geld ins Land. An Industrie sind Textil- und Schuhherstellung sowie Fischverarbeitung von einiger Bedeutung. Die meisten Beschäftigten sind in der Landwirtschaft tätig. Mais, Bohnen, Ziegenfleisch und Ziegenkäse werden für den Eigenbedarf produziert. Für den Export spielen Bananen und Zuckerrohrschnaps (*Grogue*) eine gewisse Rolle. Der Fischfang hat handwerklichen Charakter. Exportiert werden Tunfisch und Langusten. Daneben fängt man verschiedene Fischarten für den Eigenbedarf der Inseln.
Tourismus: Etwa 120 000 Touristen besuchen derzeit pro Jahr die Inselgruppe. Es kommen vorwiegend Portugiesen (ca. 50%), Italiener und Deutsche. Die meisten Unterkünfte befinden sich auf Sal und Boavista. Einige Bedeutung hat auch der Wandertourismus auf den westlichen Inseln.
Verkehr: Alle Inseln sind per Schiff zu erreichen; die Fahrtzeiten zwischen den Inseln sind jedoch recht lang, Seekrankheit ist daher nichts Ungewöhnliches. Auch sind die hygienischen Verhältnisse auf den Fähren nicht immer einwandfrei. Daher wählen die meisten Besucher das bequemere Flugzeug.

Wenn auch der Lebensstil der Kapverdianer ansonsten in vieler Hinsicht an Portugal erinnert, so wird man doch auch viel Exotisches finden. Dabei spielt vor allem die allgegenwärtige Musik eine Rolle. Während in der Morna, die durch Césaria Évora weltberühmt wurde, eher Elemente des portugiesischen Fado wiederzuerkennen sind, hat der flotte Funaná mehr als nur einen afrikanischen Touch. Für die lebhafte Coladeira standen Rhythmen aus Brasilien und der Karibik Pate. Als Tourist erlebt man Tanz und Gesang auf Sal oder Boavista, mit Spürsinn und etwas Glück aber auch auf den anderen Inseln. Ganz eigenständig ist die kreolische Malerei. Einheimische Künstler schufen allerorten farbenfrohe, ausdrucksstarke Wandgemälde mit Impressionen aus dem Alltag der Inseln.

Auch in kulinarischer Hinsicht haben die Kapverden einiges zu bieten. Die in Europa so teuren Langusten sind hier auch für Reisende mit kleinerem Geldbeutel erschwinglich. Der Armut der Inseln zum Trotz werden exotische Früchte und Gemüse schmackhaft mit Fisch, Fleisch und Meeresfrüchten kombiniert. Für die leckeren Rezepte standen portugiesische, afrikanische und auch lateinamerikanische Einflüsse Pate.

Die Stimme der Kapverden: Césaria Evora

LANDSCHAFTEN UND NATURRAUM

Vulkanischer Archipel

Die Kapverdischen Inseln sind gigantische Vulkanberge. Sie entstanden durch wiederholte Eruptionen, die am Ozeanboden begannen. Vor etwa 18 Mio. Jahren begannen die Ostinseln über den Meeresspiegel hinauszuwachsen. Heute sind sie schon stark erodiert, nur ein paar Vulkanruinen ragen bis in Höhen von etwa 400 m aus den flachen, von kilometerlangen Stränden gesäumten Ebenen hervor. Im Westen des Archipels kam es erst vor etwa 2 Mio. Jahren zu obermeerischen Eruptionen. Die Inseln sind höher, erreichen bis zu 2829 m (Fogo). Bäche und Flüsse schnitten in vergangenen, regenreicheren Jahrtausenden tiefe Schluchten in die westlichen Inseln. Die Meeresbrandung schuf Steilküsten, die mit schmalen Stränden abwechseln. Fogo ist heute die einzige vulkanisch aktive Insel der Kapverden. Seit der Besiedelung im 15. Jh. gab es dort 27 Vulkanausbrüche, die vorerst letzte Eruption ereignete sich 1995.

Akaziensavanne und feuchte Täler

In den Küstenebenen bis in etwa 300 m Höhe dehnte sich früher auf allen Inseln – vielleicht mit Ausnahme von Sal – weithin eine schüttere Savanne aus. Die 10–20 m hohe Acacia albida gab hier den Ton an, einer der wenigen heimischen Bäume. Sie ist an der schirmförmigen Krone zu erkennen. Natürliche Savannen gibt es nur noch wenige, z.B. im Westen von São Nicolau bei Praia Branca. Heute werden vielfach die Savannen wieder aufgeforstet, teils mit der einheimischen Acacia albida, teils mit importierten Akazienarten.

Dort wo Grundwasser vorhanden ist, in den Flusstälern, findet man von Natur aus Galeriewälder. Tamarisken und die selten gewordenen Wildfeigen reihen sich entlang des meist ausgetrockneten Flussbetts. Dank Bewässerung gedeihen heute in vielen Tälern Kokospalmen, Bananen und Zuckerrohr. Recht häufig sieht man in diesem Kulturland Kuh- und Seidenreiher.

Sandstrände und Halbwüste

Ausgedehnte Sandstrände zieren vor allem die flachen Ostinseln sowie São Vicente. Seine goldgelbe Farbe verdankt der Sand winzigen, zersplitterten Muschel- und Schneckenschalen. Während die Strände selbst meist frei von jeglicher Vegetation sind, dehnen sich dahinter Dünengebiete und Salzwiesen aus. Dort findet man Pflanzenarten, die viel Salz im Boden vertragen. Auffällige Blütenkerzen treibt die Senegal-Cistanche, ein Schmarotzergewächs ohne eigene Blätter. Häufig sieht man auch die kleinen, rosafarbenen Blüten von Brunners Strandflieder. Feuchtere Stellen der Dünengebiete, aber auch Flusstäler werden auf Boavista und Sal von der Atlantischen Palme besiedelt. Typisch für die Spezies sind 5 bis 10 Stämme, die aus demselben Wurzelstock herauskommen. Es gibt auch die Dattelpalme, die vom Menschen eingeführt wurde. Sie wurde nie systematisch kultiviert, aber die Früchte dienen als Viehfutter.

Über weite Teile des Inneren der flacheren Inseln erstreckt sich Halbwüste. Viele der dort gedeihenden Pflanzenarten erwachen nur nach den seltenen sommerlichen Regenfällen zum Leben. Dann verwandelt sich die Landschaft in einen Blütenteppich. Die trockene Zeit überdauern die Pflanzen in Form von Samenkörnern oder Knollen. Andere, wie die weiß blühende Ästige Sonnenwinde, schützen sich durch eine dichte Behaarung vor der Austrocknung. Spärlich ist es, wie allgemein auf den Kapverden, um die Tierwelt bestellt. Allerdings sind in der Halbwüste häufig einige recht interessante Vogelarten zu beobachten: Sandlerche, Wüstenläufer, Rennvogel.

Der Federbusch

Oberhalb von 300 m erhalten die Nord- und Nordosthänge durch die Passatbewölkung regelmäßig eine gewisse Feuchtigkeit; dieses Gebiet wird wenn irgend möglich für den Anbau von Mais und Bohnen genutzt. An unzugänglichen Stellen gedeiht vereinzelt noch der Federbusch, eine recht üppige Vegetationsform, die mit der Flora der Kanaren und des Mittelmeerraums verwandt ist. Man findet ihn vor allem auf Santo Antão und São Nicolau. Häufigster Strauch ist die Kapverden-Wolfsmilch, ein Endemit. (Auf dem Archipel gibt es rund 90 Endemiten, also Pflanzenarten, die nirgendwo sonst auf der Welt vorkommen. Das entspricht ca. einem Drittel aller auf der Inselgruppe von Natur aus heimischen Pflanzen.) Seltener ist der bis zu 10 m hohe, skurrile Drachenbaum, dessen harzige Ausscheidungen einen einst begehrten roten Farbstoff lieferten – lange Zeit ein wichtiger Ausfuhrartikel der Kapverden. Durch übermäßige Nutzung wurden die Bäume regelrecht ausgeblutet und starben früher oder später ab. Auf São Nicolau gibt es allerdings bei Cachaço noch einen schönen Bestand.

An den trockeneren Süd- und Westhängen der Berge dominiert der Beifuß, der an seinem kräftigen Geruch zu erkennen ist. Auch gibt es hier einige Natternkopf-Arten. Eine Besonderheit ist die Flora der Steilwände in höheren Lagen. Dort gedeihen dekorative Blütenpflanzen wie die an überdimensionalen Löwenzahn erinnernde Gänsedistel, die Kapverdische Glockenblume und das Dickblattgewächs Aeonium gorgoneum. In den Bergen von Santiago, Fogo, Brava, Santo Antão und São Nicolau lohnt es sich nach diesen Arten Ausschau zu halten.

Federbusch und Steilwände sind – wie auch tiefer gelegene feuchte Täler – das Revier des Graukopfliests, des attraktiv gefärbten kapverdischen Eisvogels. Er ist kaum weniger scheu als sein europäischer Verwandter. Man bekommt ihn nur auf Santiago, Fogo und Brava zu Gesicht.

MEERESBEWOHNER

Die Meeresfauna um den Archipel ist besonders abwechslungsreich und gestaltet sich tropischer als auf gleicher geographischer Breite am afrikanischen Festland. An der Westküste Afrikas kommt es im Winter zu einer aufwärts gerichteten Strömung, die kaltes Wasser an die Oberfläche bringt. Dort kann sich dann das Wasser um bis zu 10°C abkühlen. Die Inseln jedoch liegen schon so weit im Westen, dass die winterlichen Wasserumwälzungen an der Küste keinen Einfluss mehr haben. Der eigentlich kalte Kanarenstrom ist bei den Kapverdischen Inseln schon reichlich erwärmt. Zudem liegt der Archipel im Einfluss des beginnenden, warmen Äquatorialstroms.

Schnorchler und Taucher bekommen häufig farbenfrohe tropische Fische zu sehen. Grüngelb schimmert der Westafrikanische Kaiserfisch. Die verschiedensten Rot- und Violetttöne weist der Papageienfisch auf. Gelb-schwarz zeigen sich die Falterfische. Zahlreich sind auch Riffbarsche. Eine endemische Art ist der Kapverden-Riffbarsch. Der Jungfisch ist gelb mit blauer Rückenflosse. Erwachsene Exemplare sind gänzlich schwarz mit weißer Schwanzflosse.

Häufigster Speisefisch ist der Tunfisch. Besonders hervorzuheben ist der Gelbflossentunfisch mit auffallend gelb gefärbten Flossen. Oft wird auch der Weiße Tunfisch gefangen. Er ist mit 1 m Länge und einem Gewicht von ca. 30 kg kleiner als die meisten seiner Verwandten. Noch kleiner ist der Unechte Bonito. Die größte Art ist der Rote oder auch Große Tunfisch mit bis zu 3 m Länge und einem Gewicht von 200 bis 300 kg.

Für Hochseeangler stellen besonders die Blauen Marline einen Reiz dar. Dieser schnelle und wehrhafte Fisch kann über 4 m lang werden und über 700 kg wiegen. Die schwersten je auf den Kapverden gefangenen Exemplare wogen aber um 500 kg. Hochsaison für diese Fische ist März bis Oktober. Einige andere Speerfischarten sind ebenfalls rund um den Archipel heimisch. Auch verschiedene Haiarten treiben sich in den Gewässern herum, wie Tiger-, Hammer- und Riffhai. Selten kommen sie aber in die Nähe der Küsten.

In untermeerischen Felsspalten leben noch zahlreiche Langusten bzw. Stachelhummer. Obwohl sie zu der Familie der Krebstiere gehören, haben sie keine Scheren, wie die eigentlichen Hummer, die auf den Kapverden nicht vorkommen. Die Tiere müssen von Tauchern einzeln gefangen werden.

Zahlreiche Delfinarten ziehen häufig an den Inseln vorbei. Von der Küste aus sind sie allerdings selten zu beobachten. Vom Winter bis ins Frühjahr kommen Buckelwale zur Paarung in die Gegend des Archipels. Noch vor 200 Jahren waren die Kapverden ein ertragreiches Walfanggebiet.

Ausgedehnte Korallenriffe gibt es auf den Kapverden nicht, denn dafür sind die Gewässer um die Inseln nicht warm genug. Mit etwas Glück entdeckt man an einigen Stellen jedoch kleinere Korallenkolonien.

Bewässertes Feld auf São Vicente

Aufgeforstete Berge

Dürrekatastrophen suchten die Kapverden in der Vergangenheit immer wieder heim. Mit ein Grund dafür scheint die großräumige Vernichtung der Pflanzendecke zu sein, die mit den ersten Siedlern im 15. Jh. einsetzte. Schiffe, die auf den Inseln Station machten, wurden mit Brennholz ausgerüstet, Kalköfen damit befeuert. Zudem kochen viele Menschen bis heute auf dem Holzfeuer. Überweidung durch halb wild lebende Ziegen tat ein Übriges, um Wälder und Gebüsch zum Verschwinden zu bringen. In den 1920er Jahren begannen Aufforstungsprojekte. Seit der Unabhängigkeit Cabo Verdes wurden sie forciert mit internationaler Hilfe betrieben. Heute gibt es auf Santiago, Santo Antão, São Nicolau, Maio und Fogo ausgedehnte Wälder aus Eukalyptus, Kiefern und verschiedenen Akazienarten. Die meisten dieser Bäume waren zwar auf den Kapverden nicht heimisch, können dafür aber forstwirtschaftlich genutzt werden – ein zunehmend wichtiger Wirtschaftsfaktor.

WIRTSCHAFT UND UMWELT

Entwicklungshilfe und Emigration

Die Entwicklungshilfe betrug 1999 noch knapp 24 % des Bruttoinlandprodukts (BIP), ist jedoch seither auf weniger als die Hälfte zurückgegangen. Cabo Verde wird seit 2004 von der UNO nicht mehr zu den ärmsten Entwicklungsländern gezählt, sondern zu denen mit mittlerem Einkommen. Somit entfallen in Zukunft Zuschüsse und zinslose Kredite von der Weltbank.

Schon seit dem Jahr 2000 steht Cabo Verde nicht mehr auf der Liste der Schwerpunktländer deutscher Entwicklungshilfe. Deutschland war 1999 mit einem Anteil von knapp 15 % noch zweitgrößter Geber nach dem ehemaligen Mutterland Portugal. Ein großes deutsches Projekt war und ist die Förderung der handwerklichen Fischerei (Fopesca) auf den Inseln Fogo und Brava. Eine Ausweitung auf die Inseln Santiago, Sal, Boavista und Maio fand 2002 statt. Mit deutscher Finanzhilfe wurden außerdem die Flughäfen und Häfen der Inseln Fogo und Brava errichtet. Seit 2001 läuft ein Naturschutzprogramm im Bereich der Caldeira auf Fogo. Die deutsche Entwicklungshilfe von Cabo Verde läuft allerdings 2007 aus. Ebenso ziehen sich auch Frankreich, die Niederlande und andere Geberländer zurück.

Natürlich sind die Verantwortlichen auf den Kapverden stolz auf die positive Entwicklung ihres Landes. Dennoch werden Befürchtungen geäußert, ob der Inselstaat in Zukunft ohne die Fördermaßnahmen zurechtkommen wird.

Ein bedeutender Wirtschaftsfaktor sind die zahlreichen Emigranten. Hungersnöte und die schlechte Versorgungslage sowie der kaum vorhandene Arbeitsmarkt sorgten immer wieder für Auswanderungswellen. Auf den Kapverden sind ca. 450 000 Menschen ansässig, 700 000 Kapverdianer leben jedoch im Ausland, vorwiegend in den USA und in Portugal. Die daheim gebliebenen Familien können zum größten Teil nur mit Hilfe von Überweisungen der Emigranten überleben. Schätzungen zufolge machen diese ca. 22 % des Bruttosozialprodukts der Kapverden aus.

Wirtschaft im Lande und Tourismus

Traditionell werden Landwirtschaft und Fischfang betrieben; rund 35 % der Beschäftigten sind in diesen Bereichen tätig. Der Anteil am BIP betrug in den letzten Jahren jedoch nur 8–12 %. Zahlen sind hier aber nur ein grober Anhaltspunkt, da auf dem Land noch viel über Tauschhandel abgewickelt wird und die meisten Menschen von der Hand in den Mund leben. Hauptsächlich werden Mais und Bohnen für den Eigenbedarf angebaut. Bananen werden bezuschusst und teilweise exportiert. Auch beim Fischfang wird für den Export produziert. Hauptsächlich werden Tunfisch und Langusten ausgeführt.

Über die Hälfte am Export macht der Verkauf von Treibstoff an ausländische Schiffe und Flugzeuge aus. Bedeutendster Faktor ist hierbei der internationale Flughafen auf Sal.

Der Anteil des Dienstleistungssektors am BIP beträgt fast 70 %. In diesen Bereich fließen zahlreiche Entwicklungsgelder. Industrie und Gewerbe beschäftigen 36 % der Erwerbstätigen. Erwirtschaftet wird sogar mehr als ein Drittel des BIP. Der Bereich umfasst vor allem das Baugewerbe, die Fisch verarbeitenden Betriebe, Textil- und Schuhherstellung, aber auch die Grogue-Destillerien sowie die Abfüllanlagen der Firma Coral (Bier, Limonaden).

Ein großes Problem ist die Arbeitslosigkeit, etwa 17 % der Erwerbstätigen sind offiziell davon betroffen. Je nach Ermessensgrundlage könnten es jedoch auch über 50 % sein.

Die Regierung sieht im Tourismus ein wichtiges Standbein zur Belebung der Wirtschaft. Im Jahre 2002 besuchten geschätzte 120 000 Touristen die Kapverden. Wichtigste Ferieninsel ist Sal, wo ständig neue Hotels und Pensionen entstehen. Große Projekte sind dort vor allem im Gebiet um Santa Maria geplant. Auch auf Boavista wird kräftig investiert.

Umwelt

Größtes Umweltproblem auf den Kapverden stellt die Erosion und die dadurch mitverursachte Wasserknappheit dar. Gründe hierfür sind die über Jahrhunderte vollzogene unkontrollierte Abholzung und die Überweidung. Aufgrund der fehlenden Vegetation ist der Boden Sonne, Wind und Wasser schutzlos ausgesetzt. Zahlreiche Entwicklungsprogramme zielen auf den Erhalt der natürlichen Vegetation ab. Große Aufforstungsprojekte sollen für einen besseren Wasserhaushalt der Inseln sorgen.

Unbewohnte Inseln

Zwischen São Vicente und São Nicolau liegen drei unbewohnte Inseln: Santa Luzia, Branco und Razo. Bis in die 1960er Jahre hielt eine Hirtenfamilie auf **Santa Luzia** Ziegen. Es fehlt an Wasser, denn die Insel ist mit maximal 397 m recht flach und somit wolken- und regenarm. Ausflüge zu den hellsandigen, einsamen Stränden von Santa Luzia muss man selbst organisieren, Fischer in Calhau auf São Vicente sind eventuell bereit Touristen hinüberzufahren.

Die hellen Felswände des länglichen **Ilhéu Branco** (›weißes Eiland‹) fallen steil zum Meer ab. Das flachere Razo steht unter Naturschutz und darf nicht betreten werden. Einige seltene Vogelarten haben sich auf das Eiland zurückgezogen, die Razo-Lerche kommt überhaupt nur hier vor. Außerdem gibt es eine endemische Gecko-Art.

Eine weitere unbewohnte Gruppe kleiner Inseln, die **Ilhéus Secos,** liegt nordöstlich von Brava. Nennenswerte Größe besitzen nur Ilhéu Grande und Ilhéu de Cima. Beide besitzen schöne Strände, Fischer fahren von Furna aus Abenteuerlustige auf Anfrage hinüber.

Fischer in Santa María auf Sal

GESCHICHTE IM ÜBERBLICK

Entdeckungszeit

1456 Der Venezianer Aloisio Cadamosto führt im Auftrag der portugiesischen Krone Erkundungen an der Küste Senegals durch und sichtet möglicherweise als erster Europäer die Kapverden.

1461 Prinz Heinrich der Seefahrer schickt António de Noli und Diogo Gomes, um die Ost- und Südinseln der Kapverden zu erkunden und für Portugal in Besitz zu nehmen. Um die Jahreswende 1461/1462 entdeckt Diogo Afonso die nördlichen Inseln.

1462 Die ersten portugiesischen Siedler lassen sich auf Santiago nieder, dessen südliche Hälfte dem Genueser António de Noli als Lehen zugesprochen wird. Er gründet dort Ribeira Grande. Diogo Gomes erhält den Norden Santiagos, der sich allerdings wenig erfolgreich entwickelt.

1466 Da die Besiedelung mit Europäern nur schleppend vorangeht, werden die ersten afrikanischen Sklaven als Arbeitskräfte nach Santiago und Fogo geholt.

1494 Spanien und Portugal teilen die Welt im Vertrag von Tordesillas unter sich auf. Die Grenze verläuft in Nord-Süd-Richtung durch den Atlantik. Das erst 1498 von Kolumbus entdeckte Brasilien ragt so weit nach Osten, dass es Portugal zufällt. Von jetzt an sind die Kapverden eine wichtige Versorgungsstation auf dem Weg nach Südamerika.

Drehscheibe des Sklavenhandels

1533 Ribeira Grande, die Hauptstadt des Archipels, erhält vom portugiesischen König den ehrenvollen und mit zahlreichen Privilegien verbundenen Titel ›Cidade‹. Zehntausende von Sklaven werden von hier aus nach Portugal, Spanien und Südamerika verschifft.

1556 In Ribeira Grande beginnt der Bau der Kathedrale.

1585 Portugal steht seit 1580 unter der Herrschaft Spaniens, daher sind auch die Kapverden Attacken des spanischen Erzfeindes England ausgesetzt. Der englische Korsar Francis Drake überfällt Ribeira Grande mit 25 Schiffen und mehr als 1000 Mann. Stadt und Kathedrale werden geplündert. Um bei künftigen Angriffen besser gerüstet zu sein, wird in Ribeira Grande eine gewaltige Festung errichtet.

1586 Erstmals wird ein Gouverneur eingesetzt, der für alle Inseln des Archipels zuständig ist.

Archipel im Abseits

1640 Portugal befreit sich von der spanischen Herrschaft und gewinnt den folgenden Unabhängigkeitskrieg mit englischer Unterstützung. Im

Gegenzug muss Lissabon wiederholt Zugeständnisse an England machen. So werden 1642 englischen Händlern vertraglich die gleichen Rechte in den portugiesischen Überseebesitzungen zugestanden wie Inländern.

1645 Ribeira Grande verliert das königliche Monopol auf den Handel mit Westafrika, der Sklavenmarkt auf Santiago wird geschlossen.

1687 Ein königliches Dekret verbietet den Bewohnern der Kapverden unter Todesstrafe, Baumwollstoffe (*panos*) an Ausländer zu verkaufen. Daraufhin setzt in Praia ein schwunghafter illegaler Handel mit englischen und französischen Sklaveneinkäufern ein.

1693 Nach langer Bauzeit kann die Kathedrale von Ribeira Grande endlich eingeweiht werden.

1712 Im Verlauf des Spanischen Erbfolgekrieges, in den Portugal verwickelt ist, rauben französische Truppen Ribeira Grande aus. Die Stadt erholt sich nie mehr so recht von dieser Katastrophe.

1754 Bischof Pedro Valente, dem das Verhalten der Priesterschaft in der Hauptstadt grundlegend missfällt, gibt die Kathedrale in Ribeira Grande endgültig auf. Er verlegt seinen Sitz nach Santo Antão.

1757 Minister Pombal, der die Regierungsgeschäfte in Lissabon mit harter Hand führt und zahlreiche Reformen durchsetzt, überträgt das Monopol auf den Außenhandel der Kapverden an die Companhia do Pará e Maranhão, um privates Kapital anzuziehen.

1769 Der Gouverneur der Kapverden verlegt seinen Sitz von Ribeira Grande nach Praia. In der Folgezeit übersiedeln weitere öffentliche Institutionen und viele Privatleute ebenfalls in die aufstrebende Handelsstadt.

1773–1776 Fast die Hälfte der Inselbevölkerung stirbt während einer anhaltenden Dürre an den Folgen von Unterernährung. Hungerkatastrophen treten von nun an regelmäßig im Abstand von wenigen Jahrzehnten auf.

Aufschwung und Blütezeit

1780 Die Monopolgesellschaften werden wieder aufgelöst, der Handel mit den Kolonien völlig freigegeben.

1790 Auf São Nicolau werden die ersten, aus Brasilien importierten Kaffeesträucher gepflanzt.

1794 Die Besiedelung des bis dahin unbewohnten São Vicente setzt ein.

1808 Gouverneur António de Lencastre nimmt eine grundlegende Neustrukturierung von Praia in Angriff, das sich inzwischen zur bedeutendsten Stadt der Kapverden entwickelt hat. Praia erhält in den folgenden Jahren breite Straßenzüge und großzügige Plätze.

1810 Während der Napoleonischen Kriege lässt sich Großbritannien vertraglich das Vorrecht auf den Handel mit Portugal und Brasilien ein-

AMÍLCAR CABRAL

Amílcar Cabral ist Nationalheld der Kapverdischen Inseln und von Guinea-Bissau. Viele Straßen tragen seinen Namen, und auch der internationale Flughafen auf Sal ist nach ihm benannt. Geboren wurde er am 12. September 1924 in Bafatá, Guinea-Bissau. 1932 kam er mit seinen Eltern auf die Kapverden. Er wuchs in Zeiten des Krieges, der Dürre und des Hungers auf. Während seiner Jugendjahre verfasste Amílcar Cabral Liebesgedichte und Kurzgeschichten. Sein Vater Juvenal Cabral war ein politischer Mensch. Oft schrieb er an den portugiesischen Minister für Kolonialangelegenheiten, um die Missstände in seinem Land anzuprangern: Unter Salazar schnellten die Lebenshaltungskosten enorm in die Höhe, hinzu kam der Zweite Weltkrieg. 1940 erschütterte eine Dürre die Kapverdischen Inseln, mehr als 20 000 Menschen starben. Zwischen 1942 und 1948 verhungerten nochmals 30 000 Kapverdianer. Zur gleichen Zeit wurden immer mehr portugiesische Soldaten auf die Inseln geschickt, besonders nach Mindelo, um den strategisch interessanten Hafen zu sichern. Zusammenstöße mit der Bevölkerung waren häufig.

Amílcar Cabral besuchte damals das Gymnasium in Mindelo. 1943 schloss er die weiterführende Schule ab. Er war voller Idealismus und überzeugt davon, dass sich die Lage bessern würde. 1945 ging er nach Lissabon und studierte dort Agrar- und Forstwissenschaften. Amílcar Cabral wurde von seinen Mitstudenten als charmant beschrieben und wusste sich gut auszudrücken. Sein großes Interesse galt den antifaschistischen Studentengruppen. Doch für ihn als Afrikaner in Portugal war die Sehnsucht nach seiner Heimat groß.

1949 kam er dann im Sommer für einen Ferienaufenthalt auf die Kapverdischen Inseln. Bei dieser Gelegenheit hielt er im Radio Reden über Landwirtschaft, Bodenerosion und andere naturgegebene Probleme. Nebenbei weckte er bei den Kapverdianern einen Stolz auf ihr eigenes Land. Ihm war es ein Anliegen, die Men-

räumen. Damit geraten Wirtschaft und Handel auf den Kapverden weitgehend unter englische Kontrolle. Ein unverhoffter Aufschwung für die Inseln ist die Folge.

1830 Die Salzproduktion auf der bis dahin unbesiedelten Insel Sal wird aufgenommen. Gleichzeitig beginnt der Export von Kaffee nach Lissabon zunächst auf Santo Antão, dann auch auf anderen Inseln. Mitte des 19. Jh. hat sich der kapverdische Kaffee bereits einen festen Platz auf dem portugiesischen Markt erobert.

1838 Die Engländer beginnen mit dem Ausbau von Mindelo als Versorgungsstation für Schiffe auf dem Weg von und nach Brasilien. Sie richten eine erste Kohle-Bunkerstation ein. Weitere kommen bald hinzu.

1854 Portugal verbietet den Handel mit Sklaven.

schen zu informieren, damit sie wachsam blieben. Den Portugiesen gefielen diese Ansprachen nicht. Sie verboten Cabral, sich im Radio öffentlich zu äußern.

Zurück in Lissabon kam Amílcar Cabral mit anderen Studenten der Kolonien in Kontakt. Viele engagierten sich in der portugiesischen demokratischen Jugendbewegung (MUD). Sie waren gut ausgebildet und hatten zum Ziel den Kolonialismus zu beenden. Sie wollten ein neues afrikanisches Selbstbewusstsein kreieren. Die Studenten formierten sich zum Zentrum für Afrikanische Studien, wo sie über die afrikanische Frage diskutierten.

1950 schloss Amílcar Cabral sein Studium ab und kehrte zwei Jahre später als Agraringenieur nach Guinea-Bissau zurück. Zunächst versuchte er auf legale Weise mehr Gleichberechtigung und Unabhängigkeit für die Afrikaner zu erringen. Für Portugal war er inzwischen gefährlich geworden. Die Verantwortlichen schickten ihn nach Angola. Dort schloss er sich der MPLA, der angolanischen Freiheitsbewegung an. 1956 gründete er die Afrikanische Partei zur Unabhängigkeit von Guinea und Cabo Verde, PAIGC (Partido Africano da Independência de Guiné e Cabo Verde). Die Lage spitzte sich immer weiter zu. Die PAIGC bereitete sich zwischen 1960 und 1962 auf einen Krieg gegen Portugal vor. Dann begann ein Guerillakrieg, in dem die Partei materielle Unterstützung von China und der damaligen Sowjetunion erhielt. Die Führungsriege der PAIGC bestand vorwiegend aus gut, meist in Portugal ausgebildeten Kapverdianern, die kämpfenden einfachen Soldaten stammten aus Guinea-Bissau. Amílcar Cabral sah sich als Kapverdianer, obwohl er in Guinea-Bissau geboren worden war. Dies führte zu zahlreichen Reibereien in der Truppe. Cabral hatte nicht nur viele Anhänger sondern auch zahlreiche erbitterte Feinde. Die portugiesische Geheimpolizei hätte ihn gerne tot gesehen. Aber auch in seinen eigenen Reihen gab es viele, die ihn gerne aus dem Weg geschafft hätten. 1974 endete mit der Nelkenrevolution die Diktatur in Portugal. Am 5. Juli 1975 wurde die Unabhängigkeit von Cabo Verde ausgerufen. Diesen Tag erlebte Amílcar Cabral jedoch nicht mehr. Er war 1973 in Conakry ermordet worden.

1858 Praia wird zur neuen Hauptstadt des Archipels erklärt. Für Ribeira Grande bürgert sich der Name Cidade Velha ein.

1866 Auf São Nicolau wird ein Priesterseminar eingerichtet, das sich rasch zum geistigen Zentrum der Kapverden entwickelt.

1876 Die private Sklavenhaltung wird endgültig abgeschafft. Allerdings bleiben die freigelassenen Sklaven noch weitere zwei Jahre unter ›Aufsicht‹ ihres Herren.

Das Ende der Kolonialzeit

um 1900 Die Weltmarktpreise für Kaffee sinken dramatisch. In den folgenden Jahrzehnten bricht die Produktion auf den Kapverden ein. Auch mit dem Hafen von Mindelo geht es bergab, da sich zuneh-

Blick von Fort Real de São Filipe auf Cidade Velha (Santiago)

mend die Konkurrenz von Las Palmas und Dakar bemerkbar macht.

1926 In Lissabon ergreifen die Streitkräfte die Macht. António de Oliveira Salazar wird Finanzminister.

1932 Premierminister Salazar errichtet in Portugal eine diktatorische Herrschaft.

1939 Italien schließt mit Portugal einen Vertrag, um sich die Landerechte auf Sal zu sichern. Die Italiener bauen einen Flughafen, den ihnen die Portugiesen nach dem Zweiten Weltkrieg abkaufen und mit südafrikanischer Finanzhilfe weiter ausbauen. Während der Zeit des Apartheid-Regimes erlauben die Kapverden auch nach der Unabhängigkeit im Gegensatz zu allen anderen afrikanischen Ländern das Zwischenlanden südafrikanischer Flugzeuge.

ab 1949 In Tarrafal auf der Insel Santiago wird ein Konzentrationslager für politische Gegner des Salazar-Regimes eingerichtet.

1951 Der Kolonialstatus der Kapverden ist offiziell beendet. Die Inseln sind nun eine Überseeprovinz Portugals.

1956 In Guinea-Bissau wird die PAIGC (Afrikanische Partei für die Unabhängigkeit Guineas und der Kapverden) durch Amílcar Cabral gegründet mit dem Ziel, die beiden Territorien zu einem unabhängigen Land zu vereinen.

1961 Die Kapverdianer erhalten die vollen portugiesischen Bürgerrechte.

1963 Funktionäre der PAIGC treffen sich heimlich in Dakar, um die Ausweitung des Kolonialkriegs gegen Portugal auf die Kapverden zu beschließen. Es kommt jedoch nicht zu einer Verwirklichung dieses Plans.

1973 Amílcar Cabral, charismatischer Führer der PAIGC, wird unter mysteriösen Umständen in Conakry ermordet.

1974 Mit der ›Nelkenrevolution‹ endet die Diktatur in Portugal. Ein halbes Jahr später beginnen Verhandlungen zwischen Lissabon und der PAIGC, die eine Unabhängigkeit der Kapverden zum Ziel haben. Zum Ende des Jahres nimmt eine Übergangsregierung in Praia ihre Arbeit auf, der ein Generalsekretär der Vereinten Nationen zur Seite steht.

1975 Am 30. Juni finden die ersten Parlamentswahlen statt. Das Parlament erklärt umgehend die Unabhängigkeit der Republik Cabo Verde.

Seit der Unabhängigkeit

1976 Die PAIGC-Regierung verstaatlicht die Bank, den internationalen Flughafen auf Sal, die nationale Fluggesellschaft, die Schifffahrtslinien und die Häfen.

1980 Cabo Verde erhält seine erste Verfassung, die PAIGC wird darin als Einheitspartei benannt. In Guinea-Bissau kommt es zum Staatsstreich gegen die dort ebenfalls regierende PAIGC. Der kapverdische Zweig der Partei spaltet sich unter dem neuen Namen PAICV ab. Ein Jahr später zerbricht die seit der Unabhängigkeit bestehende Union zwischen den beiden Ländern.

1990 Die sozialistische PAICV gibt ihren Status der Einheitspartei auf. Noch im selben Jahr formiert sich die MPD (Bewegung für die Demokratie), von Großgrundbesitzern und wohlhabenden Emigranten unterstützt.

1991 Mit gewaltigem Stimmenvorsprung entscheidet die MPD die ersten freien Wahlen auf den Kapverden für sich.

1995 Der Vulkan Pico auf Fogo bricht am 2. April aus, erst Ende des Monats lässt die Aktivität nach. Todesopfer sind nicht zu beklagen, doch werden 1300 Menschen obdachlos.

2001 Nach zehn Jahren kommt es erneut zum Regierungswechsel. Die Mehrheit der Stimmen entfällt nun wieder auf die PAICV.

2004 Laut UNO-Klassifikation steigen die Kapverden von den ärmsten Entwicklungsländern in die mittlere Einkommensgruppe auf.

2005/06 Auf Sal wird zur Jahreswende ein neues Großhotel eröffnet. Weitere Charterflüge sollen eingerichtet werden.

Kultur und Leben

Auf dem Markt in Tarrafal (Santiago)

KAPVERDISCHE LEBENSART

Schmelztiegel der Kulturen

Cabo Verde ist weder Afrika noch Europa. Zwar sucht man seit der Unabhängigkeit verstärkt nach den afrikanischen Wurzeln, doch der Lebensstil ist stark von der jahrhundertelangen portugiesischen Herrschaft geprägt. Bis heute bestehen zu Portugal enge Beziehungen. Aber auch die Tatsache, dass die Kapverden lange eine wichtige Zwischenstation auf dem Seeweg nach Brasilien waren, hat deutliche Spuren hinterlassen. Heute spielen vor allem Einflüsse aus Nordamerika und Mitteleuropa sowie aus Westafrika eine Rolle. Zahlreiche kapverdische Emigranten leben in den USA oder in den Niederlanden. Andererseits kommen viele Afrikaner auf der Suche nach Arbeit auf die Kapverden. So war und ist die Inselgruppe ein Schmelztiegel der Kulturen, wo sich die typische **kreolische Identität** herausgebildet hat.

Dies manifestiert sich auch in der **Sprache.** Neben dem Portugiesischen, das bislang einzige offizielle Amtssprache ist und von der städtischen Bevölkerung gesprochen wird, hat das Creolo nach der Unabhängigkeit an Bedeutung gewonnen. Diese Mischung aus Portugiesisch und verschiedenen afrikanischen Sprachelementen war einst Sprache der Sklaven und Bauern, im 20. Jh. dann eine Ausdrucksform des Widerstands gegen die Kolonialherrschaft. Heute wird es in Intellektuellenkreisen auch als Schriftsprache gepflegt und soll demnächst zur zweiten Amtssprache erhoben werden.

Viele kapverdische Familien sind zerrissen. Jeder hat enge Verwandte, die im Ausland leben. Manche **Emigranten** kehren zurück, doch oft können sie sich nicht mehr so recht auf den Inseln einfügen. Die Daheimgebliebenen neiden ihnen ihr Geld und ihre Intitiative, damit ein Geschäft, eine Autovermietung oder ein Taxiunternehmen zu eröffnen. Besonders schwer haben es die Kinder zurückgekehrter Emigranten, die im Ausland aufgewachsen sind. Nicht selten werden sie aus Langeweile und Frustration straffällig.

Viele Kinder, auf manchen Inseln bis zu 75 %, kommen unehelich zur Welt. Geheiratet wird in den ärmeren Bevölkerungsschichten nur selten, kaum ein Mann möchte die (finanzielle) Verantwortung für Frau und Kinder übernehmen. Andererseits gibt es kaum allein erziehende Mütter. Der Vater bleibt so lange, wie es ihm gefällt. Verlässt er seine **Familie,** findet sich meist rasch ein neuer Partner. So ist es nichts Ungewöhnliches, dass eine Kapverdianerin Kinder von mehreren Männern hat. Sofern sie es sich leisten können, ködern Brauteltern den potentiellen Schwiegersohn auch schon einmal mit Geldgeschenken. Die wenigen Ehen werden allerdings vorwiegend zwischen Paaren im Rentenalter geschlossen, meist von den Kindern finanziert, die ihren unehelichen Status ›korrigieren‹ möchten.

Kinder bleiben auf Cabo Verde meist unehelich

Die **Freizeitgestaltung** der Kapverdianer läuft je nach sozialer Schicht sehr unterschiedlich ab. Für die ärmere Bevölkerung sind die Möglichkeiten begrenzt. Höhepunkte sind die – allerdings recht zahlreichen – Volksfeste und Tanzveranstaltungen. Ansonsten treffen sich die Männer nach der Arbeit irgendwo, um über Gott und die Welt zu reden und dem Grogue kräftig zuzusprechen. Bei solchen Gelegenheiten plaudern sie auch gern ein paar Worte mit Touristen, die gerade zufällig des Wegs kommen. Für die Frauen gibt es kaum Freizeit, denn ihnen obliegt die gesamte Fürsorge für Haushalt und Kinder. Im Gegensatz dazu leisten sich die wenigen Wohlhabenden, die vor allem in den Städten Praia und Mindelo zu finden sind, ein Leben im europäischen Stil. Ihre Freizeit verbringen sie in Sportclubs und schicken Restaurants, die Jüngeren auch in der Disco. Am Wochenende fährt man in die Berge oder an Badestrände abseits der Stadt, wo man vielleicht sogar einen Zweitwohnsitz hat.

Feste und Traditionen

Mit dem **Neujahrsfest** beginnt der Festtagsreigen im Jahreskalender. Am 1. Jan. wird das traditionelle Maisgericht *xerem* mit grünem Mais, dicken Bohnen und Reis serviert. Am **Dreikönigstag** (6. Jan.) ziehen Musikantengruppen von Haus zu Haus und tragen traditionelle Lieder vor.

Der **Karneval** ist keineswegs auf Mindelo (s. S. 172) beschränkt. Familiärer, aber auch sehr lebhaft geht es

ALTERNATIVEN ZUM PAPST

Bis zu Beginn des 20. Jh. gab die römisch-katholische Kirche allein den Ton auf den Kapverden an. Noch heute sind ca. 85 % der Inselbewohner katholisch, doch mit rapide sinkender Tendenz. Katholische Priester klagen, seit der Unabhängigkeit seien Gläubige in Scharen zu den aus Nordamerika importierten Freikirchen und Sekten abgewandert.

Seit einigen Jahren drängen vor allem die Mormonen nach Cabo Verde. Sie können bereits auf etwa 3000 Mitglieder auf den Inseln zählen, etwa 40 Missionare aus den USA sind hier ständig unterwegs. Man trifft sie im Flugzeug, auf der Fähre, im Aluguer.

Schätzungsweise 5 % der kapverdischen Bevölkerung gehören heute der Freikirche der Nazarener an. Weitere 5 % verteilen sich auf Adventisten, Baptisten, Mormonen, Jehovas Zeugen und andere. Bei den tatsächlich praktizierenden Christen dürfte der prozentuale Anteil der neuen Religionsgemeinschaften noch deutlich höher liegen. Worin besteht für die Kapverdianer die Faszination der importierten Kulte? Zum einen gilt die katholische Kirche als Kirche der portugiesischen Kolonialherren. Viele Kapverdianer wandten sich aus politischen Gründen von ihr ab. Aber auch die mangelnde Präsenz der katholischen Kirche in der Vergangenheit spielt sicherlich eine Rolle. Mit der Schließung des Priesterseminars von São Nicolau 1917 begann ein langsamer, folgenschwerer Niedergang des katholischen Klerus auf den Kapverden. Kirchen verwaisten, die bis dahin großenteils einheimische Priesterschaft starb allmählich aus. Während der Salazar-Diktatur erlebte die Kirche ab den 1940er Jahren so etwas wie eine Renaissance. Europäische Missionare wurden auf die Inseln geschickt, darunter viele Kapuzinermönche aus Italien. Allerdings taten sich viele Kapverdianer mit der Akzeptanz der weißen Missionare schwer. Erst mit der Ernennung des ersten von den Kapverden stammenden Bischofs kurz vor der Unabhängigkeit setzte die katholische Kirche ein Zeichen. Bis heute ist man jedoch auf ausländisches Personal angewiesen, wozu die antireligiöse Erziehung während der Regierungszeit der sozialistischen Einheitspartei (1975–1991) sicherlich ihren Beitrag lieferte.

Hingegen stellen zurückgekehrte Emigranten häufig den Klerus der neuen Kulte. Die erste nicht katholische Kirche auf den Kapverden wurde 1909 von João José Diaz in Vila Nova Sintra errichtet. Er war in den USA zur Nazarenerkirche übergetreten. Diaz übersetzte die portugiesischen Kirchenlieder ins Kreolische und gewann damit die Herzen der einfachen Bevölkerung. 1936 kam Reverend Howard aus den USA, um für die Nazarener auch auf anderen Inseln zu missionieren. Bald gewann er eine große Zahl von Anhängern. Heute sind die kräftig türkisblau gestrichenen Nazarenerkirchen auf den Kapverden ein vertrautes Bild. Die Nazarener sprechen gerade auch junge Leute an, denn sie zeichnen sich durch rege Aktivitäten in den Gemeinden aus und treten ausgesprochen bürgernah auf.

beim Karneval von Ribeira Brava (São Nicolau) zu. Außerdem werden die Rosenmontagsumzüge auf Santo Antão (Ribeira Grande, Ponta do Sol) gerühmt.

Bekannt für die traditionellen Tabanka-Tänze ist die **Festa de São José** am 19. März in Calheta (Maio). Bei der Tabanka handelt es sich um eine Art allegorischen Umzug, einen symbolischen Protest, entstanden im Zeitalter der Sklaverei. Beteiligt sind der ›Kommandant‹ und die ›Soldaten‹, der ›König‹ und die ›Königin‹, der ›Henker‹, der ›Dieb‹, ›Hofdamen‹, ›Sklaven‹ und andere Figuren der damaligen Gesellschaft. Trotz wiederholter Verbote durch die Kolonialverwaltung konnte sich diese kulturelle Ausdrucksform auf mehreren Inseln halten.

Eine Woche nach Ostern wird der **Weiße Sonntag** besonders schön in Fajã (São Nicolau) gefeiert. Das Fest ist von Pferderennen und Tabanka-Umzügen (s. o.) begleitet. In der zweiten Aprilhälfte begeht man das **Fest von ›Nhô São Jorge‹,** von Georg dem Drachentöter, in São Jorge dos Orgãos (Santiago). Die Aktivitäten – Sportprogramm, Unterhaltung, kulturelle Events – erstrecken sich über eine Woche. Höhepunkt ist die Prozession am Tag des hl. Georg (23. April), bei der Vertreter der verschiedenen Ortsteile, die so genannten *juízes* (Richter), die Statue des Drachentöters auf ihren Schultern tragen.

Auf Fogo ist die **Bandeira de São Filipe** das Ereignis des Jahres. Das Fest zu Ehren des hl. Philippus, des Patrons der Hauptstadt, findet vom letzten Aprilwochenende bis zum 1. Mai statt. Zahlreiche Emigranten reisen speziell zu diesem Anlass an. Zu Beginn des Festes wird tagelang der Mais für den *xerem* gestampft, wozu der Pilão (wörtl. Mörser) ertönt, ein von Trommeln begleiteter Gesang. Dann wird die Schlachtung der Opfertiere – ein Kalb, eine Ziege, ein Stier – feierlich zelebriert. An der großen Prozession nehmen Pferde teil. Sie werden zuvor nach uraltem Ritus gereinigt. Zentrale Bedeutung haben die traditionellen Pferderennen. Jeweils drei Pferde treten gegeneinander an.

Am 3. Mai begeht man vielerorts die **Festa de Santa Cruz.** Es ist das Fest der Abkömmlinge von Sklaven. Letztere genossen an diesem Tag stets einige Freiheiten. So durften sie z. B. wie ihre Herren gekleidet gehen. Ursprünglicher Anlass für das Fest ist die Auffindung des angeblich wahren Kreuzes Christi in Jerusalem im Jahr 326. Franziskus von Assisi, der Gründer des Franziskanerordens, soll 1224 am Kreuzfindungstag die Wundmale Christi empfangen haben. Wahrscheinlich haben Franziskanermönche, die seit den Zeiten der Entdecker auf den Kapverden missionierten, das Fest populär gemacht. Ausgerichtet wird das Fest heute von Bruderschaften. Deren Mitglieder helfen sich auch in schwierigen persönlichen Lagen. Bereits am Vortag werden die typischen Festtagsspeisen aus Mais zubereitet. Im Haus des *festeiro* (Veranstalter) wird eine Andacht gehalten, dann serviert man eine *canja* (Hühnersuppe). Am eigentlichen Festtag treffen sich alle zur Messe in der Kirche. Eine Prozession mit viel Musik und Tanz ist die besondere Attraktion dieses Volksfestes. Besonders authentisch kann man die Festa de Santa Cruz auf Brava erleben. Aber auch auf Maio wird kräftig gefeiert, wo man zugleich den 1. Mai als Tag der Entdeckung der Insel begeht.

Der **Tag des hl. Antonius von Padua** (Santo Antão) ist auf der gleichnamigen Insel in Vila das Pombas Anlass zu einem besonders schönen Fest. Es gibt einen bunten Umzug und Stände mit kulinarischem Angebot, Getränken und Glücksspielen. Höhepunkt und Besonderheit sind die Eselrennen – wohl weil der Esel eines der Attribute des Franziskanerheiligen ist. Dieser ließ, als ein Ungläubiger die Gegenwart Christi im Sakrament anzweifelte, einen Esel bringen, der drei Tage nichts gefressen hatte. Ohne das gereichte Futter anzurühren, sei das Tier vor Antonius niedergefallen. Auch in anderen Orten auf Santo Antão sowie in Mindelo wird dieser Tag begangen.

Ein weiteres bedeutendes Ereignis ist das **Johannisfest** am 24. Juni. Es wird vor allem auf Brava, wo Johannes der Täufer zugleich Inselpatron ist, in verschiedenen Orten noch sehr traditionell gefeiert, wobei steinerne Boote eine bedeutende Rolle spielen (s. S. 157). Über die Johannisfeuer springen

Lebendige Musikszene in Mindelo (São Vicente)

vor allem junge Leute in der Hoffnung, der Wunsch den sie dabei äußern, möge in Erfüllung gehen. Auf Santo Antão und São Vicente begeht man das Johannisfest mit der Colá, einem Ritual in dessen Mittelpunkt ein imaginäres Schiff steht. Dieses wird durch den Vortänzer repräsentiert, der – mit einem bunt geschmückten ›Segelschiff‹ kostümiert – sich Wellen und widrigen Winden stellt.

Auf São Nicolau feiert man in Ribeira Brava mit viel Aufwand den 6. Dezember, den **Tag des hl. Nikolaus.** An diesem Tag soll die Insel im Jahre 1461 erstmals von Portugiesen betreten worden sein. Zu **Weihnachten** schließlich spielen die Blasorchester zum Marsch auf. Am Heiligabend ziehen sie durch die Straßen. Jede Gruppe verfügt über einen Tanzsaal, wo zu Silvester ein rauschender Ball das Jahr ausklingen lässt.

Musik und Tanz

Die traditionellen Feste haben ihren Ursprung durchweg in Europa. Mittelalterliche Bräuche wurden von den Entdeckungsfahrern und Missionaren im 15. Jh. auf die Kapverden getragen. Dagegen finden sich im profanen Tanz und Gesang weitaus häufiger auch afrikanische Elemente. Sie fanden zunächst Eingang in die Badiu-Kultur auf Santiago (s. S. 126). In jüngerer Zeit breiteten sich diese Einflüsse auch auf den anderen Inseln aus, denn sie werden von vielen Kapverdianern als wichtiger Bestandteil einer neuen, stärker nach Afrika orientierten Identität gesehen. Daneben gibt es Tänze und Gesänge mit eher europäischem Charakter. Vielfach verschmolzen afrikanische und europäische Elemente zu einer ganz eigenständigen, kreolischen Komposition.

Musik ist auf den Kapverden allgegenwärtig. Sie begleitet religiöse Feste ebenso wie Wahlkämpfe. Man hört sie in Kneipen und Geschäften, im Aluguer oder am Strand. Meist ertönen einheimische Klänge, ist doch die Auswahl an hervorragenden kapverdischen Interpreten riesig. Importierte Popmusik kommt – wenn überhaupt – eher aus Brasilien oder der Karibik als aus Nordamerika, Europa oder Afrika. Getanzt wird dazu auch auf den Kapverden nicht überall und spontan. Die viel beschriebenen, teilweise sehr erotischen tänzerischen Ausdrucksformen bekommt man in der Regel als Tourist nur auf organisierten Veranstaltungen oder in der Diskothek zu sehen, mit viel Glück auch auf einem Volksfest.

Morna und Coladeira

Wohl bekannteste Musikform der Kapverden ist die **Morna,** weltberühmt geworden durch **Cesária Évora.** Der langsame, sentimentale Gesang ist mit dem portugiesischen Fado verwandt, präsentiert sich aber leichter und weniger dramatisch, ähnlich wie die brasilianische Modinha. Letztere wurde von den Besatzungen der Schiffe, die Salz nach Brasilien transportierten, nach Boavista gebracht. Dort entstand die Morna (von engl. *mourn* = trauern, klagen) wohl Mitte des 19. Jh., also im Zeitalter der europäischen Romantik.

CD-Tipps

Cesária Évora: Miss Perfumado. Tropical (BMG), 2004
Bana: Gira Sol. Iris Music, 1998
Bau: Cape Verdean Melancholy. Lusafrica (SunnyMoon), 2003
Celina Pereira: Nôs tradições. Lusafrica (SunnyMoon), 2002
Kodé di Dona: Cap-Vert. Coccora Records, 1996
Finaçon: Kel ki ta da...ta da. Mélodie Distribution, 1995
Ferro Gaita: Rei di Funaná. Lusafrica (SunnyMoon), 2002
Tchala: Aló Aló Mindelo. Lusafrica (SunnyMoon), 2004. Karnevalsmusik aus Mindelo.
Lura: Di Korpu Ku Alma. Lusafrica (SunnyMoon), 2005.

Dann nahm sich der Dichter und Komponist Eugénio Tavares (1867–1930) auf Brava ihrer an. Er komponierte zahlreiche Lieder, in denen er oft die Emigration thematisierte, und schrieb die Texte in kreolischer Sprache – wohl mit ein Grund für seine enorme Popularität. Um 1930 schuf dann der Komponist B. Léza in Mindelo die heute noch aktuelle Morna. Von seiner Nichte Césaria Évora wird sie heute zu einem fast bewegungslosen Tanz unvergleichlich gut in den großen Konzertsälen der Welt interpretiert. Weitere bedeutende Morna-Sänger sind Bana, Bau und Celina Pereira.

Mit der Morna verwandt ist die flottere **Coladeira,** die von den gleichen Saiteninstrumenten begleitet wird: *rabeça* (eine Violine), *viola* (mit der Gitarre verwandt) und *cavaquinho* (ähnlich der von portugiesischen Emigranten nach Hawaii gebrachten Ukulele). Hinzu können Akkordeon, Piano und Klarinette kommen. Die Texte der Coladeira sind ohne besonderen Anspruch, heiter bis fröhlich, manchmal auch humorvoll. In ihrer heutigen Form entstand sie in den 1960er Jahren. Ähnlich wie die brasilianische Lambada lädt sie geradezu zum Tanzen oder Mitschwingen ein.

Batuko und Funaná

Völlig anderer Herkunft ist der **Batuko.** In ihm manifestieren sich die afrikanischen Wurzeln der kapverdischen Kultur. Noch heute wird er von den Badius anlässlich von Taufen, Hochzeiten usw. gepflegt (s. S. 126). Ausschließlich Frauen nehmen teil. Zu Beginn wird ein Sprechgesang vorgetragen, der Finaçon. Bei der Sängerin handelt es sich um eine meist schon ältere Frau mit viel Lebenserfahrung. Sie gilt als Hüterin der Traditionen. Über Generationen hinweg gaben die Frauen auf Santiago durch Finaçon Geschichten und Ereignisse mündlich weiter, wie es ähnlich auch auf dem afrikanischen Kontinent üblich war. Im Chor oder einzeln antworten andere Frauen, werfen sich improvisierte Verse teils pikanten Inhalts wie Bälle gegenseitig zu. Nach diesem Vortrag, der von der Viola oder der Cimboa (einem einsaitigen Instrument afrikanischen Ursprungs) begleitet wird, folgt mit der Chabéta der Höhepunkt des Batuko. Die im Kreis sitzenden Frauen schlagen mit den Handflächen rythmisch auf ihre zusammengelegten und zwischen die Beine geklemmten Panos. Sie dienen als Ersatz für Trommeln, die den Sklaven früher verboten waren. Eine der Frauen tritt in die Mitte, ihren Pano um die Hüften gebunden, und wiegt lasziv ihren Unterleib, schneller und schneller, bis sie sich in eine Art Trancezustand versetzt hat – eine Simulation des Liebesaktes. Ist sie erschöpft, tritt die nächste Tänzerin in den Ring.

Während der letzten Phase der Kolonialzeit, ab den 1930er Jahren, wurde der Batuko von weltlichen wie kirchlichen Autoritäten bekämpft. Auch durch das Eindringen moderner Sitten und Gebräuche in die Badiu-Gemeinschaften verlor er seine soziale Funktion immer mehr. Zwar erlebte der Batuko seit der Unabhängigkeit Kapverdes eine gewisse Renaissance, doch wird er heute fast nur noch auf Folkloreveranstaltungen vorgetragen – oft in verfälschter Form, mit aus Afrika importierten Trommeln und mit Männern als Tänzern.

Die Wurzeln des ebenfalls sehr afrikanisch wirkenden **Funaná** reichen nur bis zum Beginn des 20. Jh. zurück, als die *gaita* (ein zweireihiges Akkordeon) erstmals auf den Archipel gelangte. Eigentlich sollte sie das Harmonium in den Kirchen ersetzen, aber die Badiu-Kultur auf Santiago bemächtigte sich des Instruments und kombinierte es mit dem *ferro,* einem Eisenstab, auf dem rhythmisch mit einem Messer gekratzt wird. Lange war die flotte, mitreißende Tanzmusik auf die ländlichen Gebiete Santiagos beschränkt, wo sie zu Volksfesten und Hochzeiten nicht fehlen durfte. Den Städtern galt der Funaná als gewöhnlich und ungebührlich erotisch. Auch befürchtete die Kolonialverwaltung, die an den frühen nordamerikanischen Blues erinnernden Texte würden in der für die Portugiesen nur schwer verständlichen Badiu-Sprache zur Rebellion aufrufen.

Kodé di Dona gilt als Vater des heutigen Funaná, der diesen auch während der Diskriminierung unter der Kolonialherrschaft am Leben erhielt. Seit der Unabhängigkeit steht der Funaná symbolisch für die kreolische Identität. In den 1980er Jahren breitete er sich von Santiago aus auf alle Inseln aus. Die Gruppe Finaçon machte ihn auch international bekannt. Heute haben zahlreiche Funaná-Bands die *gaita* längst durch das Keyboard ersetzt, den *ferro* durch Schlagzeug. In allerjüngster Zeit kehren allerdings junge Musiker zum traditionellen Funaná zurück, allen voran die Gruppe Ferro Gaita.

Alle genannten Musikformen wird man als Tourist am ehesten auf Sal und Boavista erleben. Diese Inseln mit ihrem internationalen Tourismus üben auf talentierte junge Musiker und Tänzer aus dem ganzen Land eine geradezu magnetische Anziehung aus. Sie finden hier die Bedingungen und Verdienstmöglichkeiten, die ansonsten in Cabo Verde eher spärlich gesät sind. Bekannte Interpreten leben oft im Ausland, bleiben aber ihrer Heimat verbunden und geben immer wieder Gastspiele in Praia oder Mindelo. Auch dort gibt es Nachtlokale und Diskotheken mit kapverdischer Livemusik.

Zuckerrohrernte auf São Nicolau ▷

KUNST UND ARCHITEKTUR

Schreibfelsen

Die frühesten Hinweise auf Seefahrer, die den kapverdischen Archipel vielleicht schon lange vor den portugiesischen Entdeckern betreten haben, liefern **Petroglyphen** (Felsritzungen). So genannte Schreibfelsen mit eingeritzten Inschriften gibt es auf Santo Antão (im Tal der Ribeira da Pinede) und auf São Nicolau (bei Ribeira da Prata). Manche Wissenschaftler meinen allerdings, die ›Petroglyphen‹ von São Nicolau seien auf natürliche Weise entstanden.

Hingegen handelt es sich bei den Ritzzeichen auf Santo Antão eindeutig um eine von Menschen angebrachte Schrift. Sieben Zeilen sind zu erkennen, dazu ein Portugiesisches Kreuz. Wahrscheinlich haben es die portugiesischen Entdecker angebracht, um die Inbesitznahme der Insel zu symbolisieren. Dazu passen die gotischen Lettern in der Nähe des Kreuzes, die der österreichische Anthropologe Dominik Josef Wölfel ins 15. Jh. einstufte und aus denen er ›ANT° MATEO a fez‹ (das machte António Mateo) herauslas. Das Kreuz verdeckt zum Teil andere alphabetische Zeichen, die älter zu sein scheinen. Sie sind mit der libysch-berberischen Schrift verwandt, die im römischen Nordafrika um die Zeitenwende in Gebrauch war, sowie mit der Tifinagh-Schrift der heutigen Tuareg. Ähnliche Felsritzungen gibt es auch auf den Kanarischen Inseln, eine Deutung war dort bisher nur in Einzelfällen möglich.

Die Zeit der Entdeckungsfahrer

Als auf Santiago im 16. Jh. die ersten, heute noch erhaltenen Bauwerke der portugiesischen Siedler entstanden, ging in Europa die Stilrichtung der Gotik allmählich in die Renaissance über. In dieser Zeit gab es in Portugal zwei Besonderheiten: den Manuelismus und den auch in Spanien verbreiteten Mudéjar. Ersterer ist nach König Manuel I (1495–1521) benannt. **Manuelinische Dekors** aus Stein überprägten die Bauformen der Gotik und Renaissance oft völlig. Die Motive wurden der Seefahrt und den Erzählungen der Seemänner über die neu entdeckten Länder entnommen. Auch sieht man Ritterkreuze als Emblem, die auf den Christusorden hinweisen. Dieser Orden hatte in Portugal die Nachfolge des 1312 verbotenen Templerordens angetreten und einen entscheidenden Beitrag zu den portugiesischen Entdeckungsfahrten geleistet. Beispiele für den Manuelismus finden sich auf den Kapverden nur in Cidade de Santiago (dem früheren Ribeira Grande): Rosenkranzkirche, Franziskanerkloster und Pelourinho. Den neomanuelinischen Stil, wie er im 19. und bis ins 20. Jh. hinein in Portugal üblich war, repräsentiert der Nachbau des Torre de Belém in Mindelo.

Der **Mudéjar** geht auf die nach der Reconquista in Andalusien verbliebenen Mauren zurück (arab. *mudaijan* = Unterworfene). Charakteristisch sind die Verwendung von preiswertem Lehm-Mauerwerk anstelle von teurem Bruchstein sowie das Fehlen von Deckengewölben. Letztere wurden durch aufwändig geschnitzte Holzdecken ersetzt. Auf den von Spaniern und Portugiesen besiedelten Inselgruppen im Atlantik erfreute sich der Mudéjar-Stil in Ermangelung von festem Bruchstein großer Beliebtheit, ihn praktizierten auch christliche Handwerker. So wurde die Kathedrale von Ribeira Grande im Mudéjar-Stil errichtet und glich sehr der noch erhaltenen, etwa zeitgleich gebauten Kathedrale von Angra do Heroismo auf der Azoreninsel Terceira. Heute fehlt der Kathedralenruine die Holzdecke, doch das aus Basalt und Ziegeln zusammengesetzte Mauerwerk ist noch gut zu erkennen.

Sobrados

São Filipe (Fogo) ist die Stadt der Sobrados, großzügiger zweistöckiger **Herrenhäuser im Kolonialstil,** von denen etwa 50 erhalten blieben. Aber auch anderswo auf den Inseln findet man ähnliche Häuser, z. B. auf Brava, in Sal Rei (Boavista) oder in Santa Maria (Sal). Die Bauweise wurde dem Klima und den örtlichen Gegebenheiten angepasst. So ist das Obergeschoss in der Regel von einer großzügigen Holzveranda mit aufwändig geschnitztem Geländer umgeben. Festes Bauholz importierte man aus Portugal oder Westafrika. Die Veranda ist oft überdacht, um die Sonnenstrahlen fernzuhalten. Pastellfarbene Fassaden sind charakteristisch, wobei jedes Haus in einem anderen Ton gehalten ist. Mit roten Ziegeln deckte man die Dächer, Stuckatur schließt oft die Fassade nach oben ab.

Zu ebener Erde befanden sich Ladenlokale, Lagerräume oder Büros. Denn der Hausherr war typischerweise nicht nur Grundbesitzer, sondern auch Geschäftsmann. Im Obergeschoss residierte die Herrschaft. Außerdem gab es einen luftigen Innenhof. Dort bereitete man Nahrungsmittel für die Lagerung oder den Verzehr zu und fing Regenwasser in einer Zisterne auf. Zugleich war der Patio auch ein Ort der Entspannung. Vielfach fungierte ein zweiter, von hohen Bäumen beschatteter Hof als Pferdestall.

Im Juli, August und September wurden die Sobrados in São Filipe verschlossen. Die Familie flüchtete vor der sommerlichen Hitze in höhere Lagen, wo sie über ein weiteres Herrenhaus mit riesigen Ländereien, Obstplantagen und Pferdezucht verfügte. Für den Hausherren war es Ehrensache einige Rassepferde zu halten, denn gleich ein ganzen Quartett von Heiligen (Sebastian, Philipp, Johannes, Petrus) wurde an den jeweiligen Festtagen mit Pferderennen gefeiert. Vor allem aber züchtete man Pferde für den Export, sie waren überall an der afrikanischen Küste begehrt. Heute befinden sich die ländlichen Anwesen durchweg in ruinösem Zustand.

Um 1750 entstanden die ersten Sobrados, die meisten stammen aus dem 19. Jh. Ursprünglich waren nur Weiße im Besitz solcher Häuser. Ihre Familien waren oft schon kurz nach der

Entdeckung der Kapverden aus Portugal gekommen und hatten vom König Landbesitz auf Fogo zugeteilt bekommen. Eheschließungen fanden ausschließlich innerhalb des kleinen hellhäutigen Zirkels statt, der in den Salons der Obergeschosse verkehrte. Den farbigen Kindern des Hausherren, die dieser mit seinem Personal zeugte, war zwar der Zutritt zum Innenhof erlaubt, niemals jedoch außer anlässlich der Festa de Santa Cruz am 3. Mai (s. S. 33) durften sie es wagen, die Treppe zu den oberen Salons hinaufzusteigen.

Als zu Beginn des 20. Jh. das Erbrecht geändert wurde, ging der Besitz nicht mehr wie bislang komplett an den ältesten Sohn über, sondern wurde zwischen allen Geschwistern aufgeteilt. In der Folgezeit verarmten die weißen Herren zusehends, die meisten kehrten spätestens nach der Unabhängigkeit den Kapverden für immer den Rücken. Die Sobrados begannen zu verfallen. Aber in jüngster Zeit erfahren sie eine Würdigung als kulturelles Erbe. Seit 1990 stehen sie unter Denkmalschutz, Veränderungen dürfen nur noch mit behördlicher Genehmigung vorgenommen werden. Immer mehr Stadthäuser in São Filipe und anderswo werden jetzt von Privatleuten oder der öffentlichen Hand restauriert.

Klassizismus und Kolonialstil

Ein regelrechter Bauboom erfasste im 19. Jh. die Städte der Kapverden. Die Exportwirtschaft florierte, der portugiesische Staat verdiente kräftig an den Steuer- und Zolleinnahmen. Öffentliche, repräsentative Gebäude entstanden jetzt vereinzelt in der neuen, internationalen Stilrichtung des **Klassizismus.** Dieser hatte die meisten europäischen Länder schon Ende des 18. Jh. erfasst, gelangte aber erst mit einiger Verzögerung nach Portugal und von dort auf die Kapverden. Die klassizistische Architektur wurde auf den Inseln vor allem beim ehemaligen Rathaus und der Kathedrale von Praia verwirklicht, außerdem beim Gouverneurspalast von Mindelo.

Praia wurde im 19. Jh. als neue Kapitale des Archipels komplett umgestaltet, wobei Altes weichen musste. Mindelo erwuchs zu dieser Zeit gar erst aus einem zuvor unbedeutenden Dorf. Auf den Ostinseln machte der boomende Salzexport neue Stadtgründungen notwendig, damals entstanden Santa Maria (Sal), Sal Rei (Boavista) und Vila do Maio. Die Zentren dieser Orte sind wie aus einem Guss angelegt mit ihren rasterförmig angeordneten Straßenzügen, die durch großzügige Plätze aufgelockert werden. Vorstellungen der Stadtplaner der Renaissance-Zeit wirkten hier wie in allen portugiesischen Kolonien noch Jahrhunderte später nach.

In der zweiten Hälfte des 19. Jh. kam es einer Wiedererstarkung der lange Zeit recht desolaten katholischen Kirche auf den Kapverden. Zahlreichen Kirchenneubauten entstanden, wobei barocke Formen im zeitlosen **Kolonialstil** bewahrt wurden, obwohl der Barockstil in Europa längst aus der Mode gekommen war. Außengestaltung wie Inneneinrichtung dieser Gotteshäuser sind enttäuschend nüchtern, wenn man sie mit den Barockkirchen in Portugal vergleicht. In die Kolonie Cabo Verde wurde eben nicht viel investiert...

Strohhäuser und Zementbauten

Bis heute leben vielerorts auf den Kapverden, vor allem in den entlegenen Inselteilen, Menschen in **kleinen, strohgedeckten Häusern** mit dunklen Natursteinwänden. Basaltgestein wird hierfür grob behauen und ohne Mörtel zusammengefügt. Das Dach besteht entweder aus Palm- oder aus Maisstroh, manchmal auch aus Bananenblättern. Diese Materialien isolieren das Innere gut gegen die Sonnenhitze. Kalk war und ist ein teures Baumaterial. Nur wer es sich leisten konnte, kälkte die Wände innen und außen.

Heute werden Strohhäuser nur in sehr traditionellen Weilern noch neu errichtet. Meist zieht man heute Neubauten mit selbst gefertigten **Zementziegeln** schnell in die Höhe. Für den Anstrich fehlt auch hier in der Regel das Geld, so dass oft der Eindruck entsteht, halbe Ortschaften bestünden aus Rohbauten. Vielfach trifft das sogar zu, denn Emigranten bauen an ihrem Alterssitz in der Heimat nur während des Urlaubs weiter, so dass es Jahre dauern kann, bis ein Haus wirklich fertig ist.

Ribeira Brava auf São Nicolau

Moderne kreolische Malerei

Die zeitgenössischen Maler auf den Kapverden haben seit der Unabhängigkeit eine eigenständige Kunstform geschaffen. Sie erinnert einerseits an naive europäische Malerei, andererseits machen sich afrikanische Einflüsse bemerkbar. Auch abstrakte Elemente sind vorhanden. Allgemein kennzeichnet eine starke Dynamik die Arbeiten. Beeindruckend sind die farbenfrohen **Wandmalereien,** die es vielerorts an Hauswänden, aber auch als Dekoration in Restaurants und Geschäften zu entdecken gibt. Symbolisch stellen sie Impressionen aus der Vergangenheit oder dem gegenwärtigen Alltag der Inselbewohner dar: Frauen mit Wassereimern auf dem Kopf, Fischer und Bauern bei ihrer Tätigkeit, Esel mit Lasten auf dem Rücken, Ochsen die Grogue-Mühlen antreiben, Emigranten bei der Abreise nach Übersee. Auch Landschaften werden gern dargestellt. Diese und andere Motive findet man außerdem auf Batiken, Gemälden und Zeichnungen, die in Galerien und Kneipen zum Verkauf angeboten werden. Bekannte Maler sind u.a. die Brüder Manuel und Tchalé Figueira, Maria-Luisa Queirós, Leão Lopes, Kiki Lima, David Levy Lima, Dina Lima, Mito.

Panos und andere Webarbeiten

Die kapverdische Weberei hat ihren Ursprung in Westafrika, wo man ähnliche Textilkunst noch heute in Guinea-Bissau findet. Von Sklaven wurde sie im 16. Jh. nach Santiago und Fogo gebracht. Dort ließen die portugiesischen Großgrundbesitzer Baumwolle anbauen, woraus auf schmalen Webstühlen die *panos* gefertigt wurden. Dabei handelte es sich um feste, etwa 15 cm breite **Tuchstreifen,** die man mit Indigoblau oder dem Blau der Färberflechte *(urzela)* einfärbte und so die verschiedensten Muster erzeugte. Das Weben war den Männern vorbehalten, die Frauen kümmerten sich um Ernte, Auskämmen und Spinnen der Baumwolle sowie um die Gewinnung der Naturfarben.

Die Panos waren eine wichtige ›Währung‹ im Sklavenhandel (s. S. 118). Jahrhundertelang wurden sie nach Westafrika ausgeführt, wo sie traditionell von den Frauen entweder um den Hals oder um die Hüften geschlungen wurden. Oder aber sie trugen ihre Kinder darin auf dem Rücken. Für andere Verwendungszwecke fügte man die Streifen zu breiteren Stoffbahnen zusammen. Heute besinnen sich die Kapverdianer ihrer afrikanischen Wurzeln, damit lebt auch die Herstellung von Panos wieder auf.

Auf alten Techniken fußend hat sich daneben eine moderne Webkunst entwickelt. Nach Bildvorlagen stellen einige Künstler schöne, vielfarbige Wandbehänge aus Schafs- oder Baumwolle her. Diese haben ihren Preis, denn die Herstellung dauert je nach Größe mehrere Monate.

ESSEN UND TRINKEN

Küche der Kapverden

Die Küche der Kapverden ist zum einen von Portugal und zum anderen durch Afrika geprägt. Jedoch auch der Mangel und die Zeiten der Not haben ihren Einfluss auf die Inselküche hinterlassen. Große Teile der Bevölkerung sind froh, wenn sie überhaupt etwas zu essen bekommen. Meist gibt es morgens, mittags und abends **Cachupa,** eine Art Eintopf aus Mais, Bohnen und je nach Angebot mit einer Fisch- oder Fleischeinlage. Während dieser mittags und abends eher als dicke Suppe serviert wird, gibt es morgens die Reste angebraten, wenn vorhanden mit Spiegelei.

Für Bessergestellte und Touristen ist das Angebot vielfältiger. Der Einfluss der portugiesischen Küche ist dabei nicht zu übersehen. Auf den Kapverden wird jedoch phantasievoller, afrikanischer gewürzt, das heißt auch schärfer. **Piri-Piri,** eine scharfe Tunke aus Pfefferschoten, steht fast auf jedem Tisch. Sie ist nicht nur schmackhaft und höllisch scharf, sondern tötet auch mögliche Keime im Essen ab. Das Angebot an **Fisch** und **Meeresfrüchten** ist groß. Eine in Europa kaum erschwingliche Besonderheit sind die hier sehr viel preiswerteren **Langusten,** die sich der Urlauber schon mal gönnen kann. An **Fleischgerichten** bestechen die verschiedenen Varianten vom

Fisch ist ein Hauptbestandteil der kapverdischen Küche

Spezialitäten

arroz de mariscos Reis mit Meeresfrüchten
atum Tunfisch als Steak (*bife de atum*) oder aus dem Ofen als Braten (*assado no forno*), dann meist mit Paprika und Tomaten
caldo de peixe Fischsuppe mit verschiedenen Fischen, je nach Angebot
cachupa Eintopf aus Bohnen, Mais, Taro (Yams), Kürbis, grünen Bananen, Kartoffeln, Süßkartoffeln, Kohl
cachupa rica gehaltvolle *cachupa* mit Blutwurst, Rauchwurst, Schweinefleisch und Huhn
cozido de peixe gekochter Fisch mit Gemüse und Kartoffeln
doce de papaya Papayagelee
doce de coco Süßspeise aus Kokosmark und Zucker.
esparguete de mariscos Spagetti und Meeresfrüchte in Tomatensoße, asiatisch gewürzt
feijoada herzhafter Bohneneintopf mit Speck und Fleisch
feijoada de mariscos Bohneneintopf mit Meeresfrüchten
frango Hühnchen (meist gegrillt). Aufwändiger sind Hühnerteile in Curry-Soße (*frango com caril*)
lagosta Languste gekocht (*natural*), gegrillt (*grelhada*) oder mit Zwiebel-Tomatensoße (*soada*)
modje de São Nicolau Fleisch-Bohnen-Suppe. Gemüse wie Taro, Brotfrucht, Süßkartoffeln, Kohl wird extra dazu serviert.

Huhn, aber auch Schwein und Ziege werden schmackhaft zubereitet.

Kneipen, Restaurants und Bars

In den ausgesprochenen Urlaubsorten auf Sal und Boavista sind die Restaurants auf Touristen eingestellt. Speisekarten sind in mehreren Sprachen vorhanden. Meist werden sowohl portugiesische als auch einheimische Speisen angeboten. Inzwischen gibt es außerdem einige italienische Lokale. In diesen Restaurants sind die Preise durchaus mit Mitteleuropa vergleichbar.

Auf den touristisch weniger entwickelten Inseln sind die Restaurants äußerst unterschiedlich und nicht immer als solche zu erkennen. Einige Wirtsleute bedienen ihre Gäste in Räumen, die den Anschein erwecken, als sei es das Wohnzimmer der Familie. Bei anderen sitzt man im Hinterhof an Plastiktischen oder in fensterlosen Kammern mit nur einem Tisch, wo man dann exklusiv bedient wird. Viele rechnen nicht mit einer großen Besucherschar, so dass es oft erforderlich ist, das Essen am Vortag bzw. am Mittag für den Abend zu bestellen. Oft gibt es keine Speisekarte oder wenn, dann auf Portugiesisch. Bei den meisten einfachen Kneipen oder Restaurants ist von außen kaum auf die Qualität der Küche zu schließen. Gerichte, die in einer einfachen Bretterbude zubereitet werden, können äußerst schmackhaft sein.

Einheimische Geschäftsleute zieht es vorwiegend in einfache, solide Lokale mit portugiesischem Charakter.

Treffpunkt der Einheimischen auf einen Grogue oder ein Bier: die Mercearia

Meist sind diese nicht sonderlich gemütlich eingerichtet, die Speisen aber reichlich und lecker.

Bei Einheimischen, die es sich leisten können auswärts zu essen, ist es nicht wie bei uns üblich, nach dem Essen noch lange am Tisch sitzen zu bleiben. Das Essen selbst kann sich lange hinziehen, doch danach wechselt man schleunigst an die Bar. Der Großteil der Bevölkerung kann sich jedoch einen Restaurantaufenthalt nicht leisten.

In Großstädten wie Praia und Mindelo sind auch edle Restaurants zu finden. Das koloniale Erbe ist hier unverkennbar. Der Ober ist elegant gekleidet, die Tischdecken weiß und gestärkt, aber trotzdem geht es nicht sonderlich steif zu. Die Preise sind allerdings entsprechend hoch.

Ansonsten sind überall so genannte *mercearias* zu finden. Hierbei handelt es sich um Kombinationen aus Laden und einfacher Bar. Dort treffen sich die Einheimischen auf ein Bier oder einen Grogue. Einige verfügen zwar über Tische und Stühle. Zu essen gibt es abgesehen vom Angebot des Ladens aber selten etwas.

Getränke

Ein typisches Getränk auf den Kapverden ist, wie sollte es auch anders sein, **Bier.** Fast überall sind die einheimische Marke Coral und das portugiesische Bier Sagres zu bekommen.

Zu allen Gelegenheiten wird **Grogue** (s. S. 48) getrunken, entweder pur oder

GROGUE

Unvergesslich ist die Zuckerrohrblüte, die man im Winter in den feuchten Talschluchten von Santo Antão oder in den weiten, von Kokospalmen überschatteten Flussmündungen von Santiago erleben kann. Wo Zuckerrohr gedeiht, wird Zucker produziert, sollte man meinen. Doch dies war auf den Kapverden nie der Fall. Schon die frühen Siedler stellten im 16. Jh. stattdessen Grogue her, einen hochprozentigen Zuckerrohrschnaps. Dieser ließ sich mit hohem Gewinn an die Besatzungen der Schiffe verkaufen, die über den Atlantik nach Südamerika, Südafrika oder Asien unterwegs waren.

Zunächst wurde Zuckerrohr nur auf Santiago gepflanzt, erst um 1700 begann der Anbau auf Santo Antão. Dort brennt man heute einen hervorragenden Grogue, die Plantagen werden wegen der großen Nachfrage ständig ausgedehnt. Überall in der Nähe des Bewässerungslandes sieht man die *trapiches* (Grogue-Mühlen), die früher durch Sklaven angetrieben wurden, später durch Tiere. Doch sieht man nur noch selten Ochsen oder Esel die gebogenen, hölzernen Hebel im Kreis herumtragen, die für den Antrieb sorgen. Heute wird das Zuckerrohr oft mit Hilfe von Motormühlen zerquetscht. Hier und da hört man aber vor allem auf Santiago noch den »Kolá boi«, einen sentimentalen Arbeitsgesang, der die Tiere in Gang hält. Sogar die Ochsen weinen angeblich dabei, so traurig ist die Melodie.

Beim Mahlen fließt Sirup aus, der Grundstoff für den Grogue. Er wird etwa fünf Tage in Fässern gelagert, wobei eine Fermentation stattfindet. Geschmacksstoffe werden so freigesetzt. In einem kupfernen Destillierapparat wird der Sirup anschließend gekocht. Nach etwa einer Stunde beginnt die eigentliche Destillation. Zunächst ist der Brandy noch zu stark, er kann nur für medizinische Zwecke verwendet werden. Ein erfahrener Groguebrenner weiß genau, wann der Schnaps Trinkstärke erreicht hat. Gegen Ende der Destillation bleibt eine wenig Alkohol enthaltende Flüssigkeit zurück, die dem nächsten zu brennenden Sirup wiederum beigegeben wird.

Heute produzieren die Kapverden pro Jahr 1,7 Mio. l Grogue, der auch in die USA exportiert wird, wo er bei den Emigranten reißenden Absatz findet. Daneben gibt es einen ausgeprägten Schwarzmarkt, der vom billigeren Aguardente de açúcar (Zuckerschnaps) beherrscht wird. Diesen brennt man vielerorts illegal aus importiertem Zucker unter Zugabe von Wasser. Zwar lässt sich die Panscherei auf chemischem Weg nachweisen, doch es fehlt weitgehend an Kontrollen. Das Original kommt in Flaschen mit nummeriertem Etikett in den Handel, darauf ist beim Kauf unbedingt zu achten! Auch gute Bars und Restaurants schenken nur den echten Grogue aus, der allerdings seinen Preis hat. Wem der klare Schnaps zu sehr in der Kehle brennt, für den stellt vielleicht der likörartige, bernsteinfarbene Ponche eine mildere Alternative dar: Grogue mit Zuckerrohrsirup und Gewürzen aufgesetzt...

in den Urlaubsgebieten chic als Caipirinha. Nicht so alkoholreich wie der Grogue selbst ist der **Ponche,** eine Mischung aus Zuckerrohrschnaps und Zuckerrohrsirup.

Der einzige nennenswerte einheimische **Wein** kommt von Fogo (s. S. 148). Meist stammt Wein allerdings aus Portugal. Billige Massenprodukte sind dabei ebenso zu bekommen wie edle Tropfen, letztere aber eher in den gehobeneren Restaurants. **Quellwasser** in Plastikflaschen wird ebenfalls aus Portugal importiert.

Einkaufstipps

Eine Warenvielfalt wie in Europa darf der Reisende auf den Kapverden nicht erwarten. Die *mercearias* sind nicht nur Treffpunkt und Bar, sondern auch die Einkaufmöglichkeit schlechthin auf den Inseln. Fast in jedem Dorf befindet sich so ein Laden. Mal größer oder kleiner, mal mit einem Angebot, das eher an einen Baumarkt erinnert, mal reines Lebensmittelgeschäft mit dem Charakter eines Supermarktes. Hinter einer Holztür liegt ein kleiner dunkler Raum, der das Notwendigste im Sortiment hat: importierten Käse aus Holland, Tunfischdosen, Reis, Bohnen, Mais, eine bescheidene Auswahl an Gemüse, manchmal haltbare Paprikawurst *(chorizo)* und mit etwas Glück auch mal Nudeln aus Italien oder Portugal. Wenn eine Lieferung ausbleibt, dann gibt es halt nur säckeweise Salz, Zucker und Mais. Meist reicht das Angebot jedoch aus, um sich für eine Wanderung oder für tagsüber zu versorgen.

Eine gute Möglichkeit einzukaufen bieten die **Tankstellen** mit angeschlossenem Laden. Bei Einheimischen sind die klimatisierten Räume inzwischen auch sehr beliebt, weil es dort vielfach eine Kaffeemaschine gibt. Größere **Supermärkte** findet man bislang nur in Praia, Mindelo und Espargos.

In den Hauptstädten der Inseln sind die **afrikanischen Lebensmittelmärkte** ein besonderes Erlebnis. Laut und quirlig geht es zu. Hier ist am ehesten frisches Obst und Gemüse zu bekommen. Auf den Ständen liegt Bekanntes wie Tomaten, Paprika, Zwiebeln, Kürbis und Melone. Aber es gibt auch exotisch Anmutendes wie Taro (Yams), Brotfrucht, Süßkartoffeln oder Maniok.

In jedem gut sortierten Lebensmittelladen findet man **Kaffee** aus Fogo im Regal – ein empfehlenswertes Mitbringsel, denn seine Qualität gilt als hervorragend (s. S. 146). Gern wird er sogar als einer der besten Kaffees der Welt bezeichnet. Weitere kulinarische Mitbringsel sind **Gewürze.** Das beste Angebot herrscht in der Markthalle von Mindelo und auf dem Gemüsemarkt von Praia. Zu nennen sind vor allem die getrockneten Chilischoten sowie die aus ihnen zubereitete scharfe Gewürzsauce Piri-Piri.

Grogue und Ponche erwirbt man am besten in einem zuverlässigen Souvenirladen, um sicher zu gehen, dass man keinen minderwertigen Zuckerschnaps (s. S. 48) bekommt. Gute Adressen sind der Shop der Touristeninformation von Ponta do Sol (Santo Antão) sowie Souvenir de Tudo um Pouco auf Sal mit Filialen in Santa Maria und Espargos.

Tipps für Ihren Urlaub

In einem Schwarm von Soldatenfischen

DIE KAPVERDEN ALS REISEZIEL

Pauschal oder individuell?

Von der ›großen Masse‹ wurden die Kapverdischen Inseln noch nicht entdeckt. Erholsame Badeferien kann man auf den wüstenhaften Strandinseln Sal und Boavista verbringen. Wer seinen Urlaub aktiv gestaltet, findet dort auch gute Wassersportmöglichkeiten vor. Noch läuft in Bezug auf die touristische Infrastruktur nicht alles perfekt und reibungslos. Vor allem wer mehrere Inseln bereist, spürt einen Hauch von Abenteuer. Auf Erkundungsfahrten mit dem Aluguer (s. S. 55) bekommt der Reisende einen Einblick in die afrikanische Kultur, und in einem gewissen Rahmen kann er am Leben der Einheimischen teilhaben. Historische Plätze zeugen von der kolonialen Geschichte des Landes. Wanderern bieten die westlichen, höheren und feuchteren Inseln interessante Wege in beeindruckender und vielfältiger Landschaft.

Für **Individualreisende** ist es empfehlenswert, zumindest für den Ankunftstag und den Tag vor der Abreise ein Zimmer im Voraus zu reservieren. In den Sommermonaten Juli und August, wenn viele Emigranten zu Besuch sind und Portugal Ferien hat, um Weihnachten und Neujahr sowie in der Zeit um Ostern gestaltet sich die Zimmersuche schwieriger. Ansonsten dürfte sich immer eine Unterkunft finden lassen.

Die Kapverden lassen sich auch pauschal buchen, die individuelle Zusammenstellung der Reise ist meist möglich.

Reiseveranstalter mit den Kapverden im Programm sind: TUI, Kreutzer-Reisen, Neckermann, Olimar (eigener Kapverden-Katalog), Reisebüro Schellmann (vorwiegend über das Internet: www.reisetraeume.de) und Hotelplan (Schweiz). Spezielle Wanderreisen gibt es bei DAV-Summit-Club, Hauser Exkursionen, Studiosus Reisen, Wikinger Reisen, Gomera Trekking u.a. Alfred Mandl organisiert vor Ort (Santo Antão) persönlich mit dem Kunden zusammengestellte Reisen auf alle Inseln (nur über Internet und E-Mail-Austausch: www. alsatour.de, s. auch S. 57, 215). CV-Atlantis Reisen (www.cv-atlantis.de) veranstaltet u. a. Tauchsafaris und Minikreuzfahrten und bietet Klettern und Canyoning auf Santo Antão an.

Große Touristenhotels und Hotels für gehobene Ansprüche gibt es auf Sal, Boavista, Santiago, São Vicente und demnächst Fogo. Die Preise liegen dort im Bereich von 10 000 ECV und mehr pro Doppelzimmer. Standard und Service entsprechen europäischem Niveau. Auf allen anderen Inseln gibt es kleinere Hotels und Pensionen (*pensão* oder *residencial*). Sie sind meist recht ordentlich und sauber und bieten ein familiäres Ambiente. Die Zimmer verfügen in der Regel über Dusche/WC oder Bad/WC, allerdings gibt es nicht immer warmes Wasser. Mit 2500–5000 ECV muss auch hier gerechnet werden. Auf allen Inseln sind auch einfachste Unterkünfte ab ca. 1000 ECV zu finden, meist mit Etagenbad, kaltem Wasser und nicht immer sauber.

Die schönsten Strände

Ausgesprochene Strandinseln sind Sal, Boavista und Maio. Santa Maria auf **Sal** verfügt über einen hellen, sauberen Strand mit feinem Sand. Ohne Windschutz fühlt man sich jedoch auf die Dauer wie in einem Sandstrahlgebläse. Viele Hotels verfügen über Strandbars, wo es Erfrischungen und Kleinigkeiten zu Essen gibt. Dort werden Liegen oder Matten vermietet, die sich in einen windgeschützten Areal befinden. Die Bucht von Santa Maria ist einigermaßen gegen die aus Nordosten stets anrollende Brandung abgeschirmt, so dass Baden möglich ist. Der wenig besuchte Strand an der Ostküste bei Santa Maria ist dem Passatwind ausgesetzt und zum Baden nicht geeignet. Auch im Westen, in Richtung Pontinha und Ponta Preta, wird es einsamer. Allerdings ist dort die Brandung unberechenbar, die Strömungsverhältnisse sind tückisch. Auf Sal finden sich außerdem noch in der Bucht von Murdeira einige geschützte Strandabschnitte.

Der beste Badestrand auf **Boavista** zieht sich von Sal Rei aus in Richtung Süden (Praia do Estoril, Praia da Chave). Die Bucht liegt auf der windabgewandten Seite und ist somit gut geschützt. Feiner Dünensand hat sich hier abgelagert. Die Strände im Süden der Insel sind zwar alle schön anzusehen, zum Baden sind sie kaum geeignet.

Vila do Maio hat einen schönen Strand zwischen Stadt und Hafenmole, wo die Einheimischen gerne baden. Er ist sauber und gut geschützt, die Fischer lagern hier ihre offenen Boote. Südlich der Stadt liegt die Praia Ponta Preta etwas abseits in einer reizvollen Bucht.

Schönster Strand auf der Insel **Santiago** ist der von Tarrafal. In Hintergrund der Bucht liegt idyllisch unter Palmen die Bungalowanlage Baía Verde. Die Hauptstadt Praia verfügt zwar über einen Stadtstrand, der allerdings ist nicht empfehlenswert. Für einen Badetag ist der Strand im Stadtteil Prainha mit Bar und Restaurant geeignet, ebenso wie die von wohlhabenderen Einheimischen am Wochenende gern aufgesuchte Praia Baixo an der Ostküste.

Wer **Santo Antão** besucht, kommt sicher nicht zum Baden. Die Praia de Escoralet östlich von Porto Novo eignet sich jedoch gut für erholsame Stunden am Meer.

São Filipe, die Hauptstadt von **Fogo,** verfügt über einen schönen schwarzen Sandstrand. Die Brandung verhindert meist sicheres Schwimmen. Geeigneter ist der Strand direkt am Hafen. Trotz Hafennähe ist er sauber. Oder man fährt zu der idyllischen Felsbucht Ponta da Salina.

Auf **São Vicente** sind die Strände bei Baía das Gatas und Calhau zum Baden empfehlenswert. Sie werden auch von den Einheimischen gern aufgesucht. Strandkneipen sorgen für das leibliche Wohl.

Der einzige Strand der Insel **São Nicolau** liegt bei Tarrafal. Dem schwarzen Sand wird heilende Wirkung bei rheumatischen Erkrankungen nachgesagt. In den Sommermonaten mausert sich Tarrafal dank der vielen Emigranten zu einem richtigen Badeort.

Für viele der schönste Strand: die Praia Santa Mónica auf Boavista

Brava verfügt über keine nennenswerten Strände. Eine Bademöglichkeit im Meer besteht jedoch in den natürlichen Felstümpeln zwischen Fajã de Água und dem (stillgelegten) Flugplatz. Bei rauer See wird es dort allerdings gefährlich.

Strandwachen findet man auch in den Touristengebieten selten! Der Atlantik ist tückisch, Eltern sollten auf ihre Kinder besonders Acht geben.

Unterwegs auf den Inseln

Inselhüpfen

Jede der Kapverdischen Inseln für sich ist eine Reise wert. Bis auf Brava sind alle Inseln mit dem **Flugzeug** gut zu erreichen. Die komfortabelste Weise die einzelnen Inseln zu besuchen ist zu fliegen. Wobei die meisten Besucher die kurze Strecke zwischen Santo Antão und São Vicente mit dem Schiff zurücklegen. **Fähren** kreuzen zwischen allen Inseln, sie fahren jedoch nach keinem strikten Fahrplan. Die Fährbüros zeigen zwar jeweils einen Plan für die nächsten ein oder zwei Wochen, mit Verzögerungen ist jedoch zu rechnen. Vorwiegend transportieren die Schiffe Fracht, und die Menge der zu ladenden Güter bestimmt wie lange sie irgendwo liegen, oft auch über Nacht. Passagiere werden jedoch mitgenommen. Geduld, Zeit und eine gehörige Portion Abenteuerlust und Strapazierfähigkeit sind Voraussetzung, um die Inseln per Schiff zu bereisen. Ein besonderes Erlebnis ist dies allemal. Die Fähren sind zwar fahrbereit, jedoch lässt der allgemeine Zustand etwas zu wünschen übrig. Stabilisatoren oder klimatisierte Innenräume gibt es nicht, Seekrankheit dagegen oft.

Um alle Inseln mit Schiff oder Flugzeug zu bereisen sollte man sich ca. acht Wochen Zeit nehmen. Innerhalb eines zwei- bis dreiwöchigen Urlaubs ist es sinnvoll, nicht mehr als vier bis fünf Inseln einzuplanen. Einige Agenturen bieten von Sal aus organisierte Ausflüge zu anderen Inseln an – für Urlauber mit wenig Zeit eine durchaus attraktive Alternative.

Auf den Inseln

Einsame Strände und abgelegene Gebiete auf den Inseln lassen sich am besten mit dem **Mietwagen** erkunden. Außer auf Brava sind auf jeder Insel mehr oder weniger leicht Leihwagen ohne Fahrer zu bekommen. Offizielle Autovermietungen gibt es bislang nur auf Sal, Boavista, Maio, Santiago, Fogo und São Vicente. Auf Santo Antão und São Nicolau können von privat Wagen gemietet werden (vgl. aber S. 215). Am besten fragt man in der Unterkunft nach. Auf São Vicente sind die Strecken kurz und die Taxipreise günstig, so dass es sich dort kaum lohnt einen Wagen zu mieten.

Die meisten Orte mit Straßen- oder Pistenanschluss sind auf den Kapverden mit sogenannten **Aluguer** (s. Tipp) zu erreichen. Sie befahren bestimmte Strecken und sind sicher die billigste Variante um auf den Inseln zu reisen. Zudem kommt man in Kontakt mit der einheimischen Bevölkerung. Die Aluguerfahrer bieten gerne auch Taxidienste (*freite* = Fracht oder Taxi) an, allerdings für den zehnfachen Preis der normalen Aluguerfahrt. In entlegene Orte gibt es oft nur eine Verbindung am Tag: morgens in die nächstgelegene Stadt und mittags wieder zurück.

In touristisch geprägten Orten bieten einigen Veranstalter **Bootstouren** an. Ansonsten sind auch Fischer gerne be-

Aluguer

Wichtigstes Transportmittel für die Einheimischen ist der Aluguer. Hierbei handelt es sich um Kleinlaster, Pick-Ups oder Kleintransporter, meist mit Schild ›Aluguer‹ auf dem Dach oder im Fenster. In den größeren Orten gibt es zentrale Abfahrtsstellen. Die Fahrer kreuzen jedoch auch oft durch den Ort um Passagiere aufzusammeln. Genaue Abfahrtszeiten gibt es nicht. Meist fahren sie ab, wenn über die Hälfte der Plätze besetzt ist. Unterwegs halten die Aluguers auf Handzeichen. Auf den Pick-Ups und den Kleinlastern sitzen die Passagiere hinten auf Holzbänken, unter einer Plastikplane oder auch mal ohne Dach. Die geschlossenen Kleintransporter sind komfortabler, doch wenn sie voll sind, kann es stickig werden. Für Urlauber ist der Aluguer die günstigste Möglichkeit auf den Inseln zu reisen. Der Preis pro Strecke ist festgelegt (*passagem*) und richtet sich nicht nach der Anzahl der Passagiere.

reit zahlende Gäste zu transportieren. Auf jeder Insel außer auf Brava gibt es Agenturen, die **Ausflüge, Inselrundfahrten** und **Wanderungen** organisieren. Wer also wenig Zeit hat und mit geringem organisatorischen Aufwand viel von einer Insel sehen möchte, schließt sich so einer Gruppe an.

Aktivurlaub

Hochseefischen

Eine Besonderheit für Hochseefischer ist der Marlin (s. S. 17). Hochsaison für diesen Fisch ist März bis Oktober. Ein erfahrener Kapitän ist in Mindelo auf São Vicente zu finden (s. S. 175). Aber auch von Sal, Boavista und São Nicolau fahren Boote auf großen Fang.

Segeln

Größere Segeltouren sollten schon im Voraus von Deutschland aus gebucht werden. Charteranbieter finden sich auf Sal und São Vicente.

Surfen

Auf Sal hat sich in Santa Maria eine lebendige Surfszene entwickelt. Zahlreich sind die Surfschulen, die auch Material verleihen. Vom Anfänger bis zum Profisurfer findet hier jeder sein Revier. Blutige Anfänger allerdings nur im Sommer. Wer jedoch noch nie auf dem Brett stand, sollte nicht unbedingt auf Sal damit anfangen. Äußerst beliebt ist inzwischen auch Kitesurfen (Surfen am Gleitschirm), die meisten Surfschulen bieten Kurse an.

In Santa Maria auf Sal hat sich eine lebendige Surfszene entwickelt

Des Weiteren gibt es noch auf Boavista, in Sal Rei, Surfschulen mit Verleih. Der Andrang hält sich hier – noch – in Grenzen. Auf allen anderen Inseln ist die Infrastruktur für Surfer dürftig bis nicht vorhanden. Wer mit eigenem Brett anreist, muss mit Schwierigkeiten beim Transport von Insel zu Insel rechnen.

Tauchen

Mehrere Tauchschulen gibt es auf Sal. Aber auch auf Boavista und Santiago besteht die Möglichkeit, die Unterwasserwelt zu erkunden (s. S. 17).

Wandern

Die ausgesprochene Wanderinsel ist **Santo Antão.** Steile Täler und eine bizarre Bergwelt sind von zahlreichen Wegen durchzogen. Zum Teil führen Touren auf alten gepflasterten Verbindungsrouten, die heute noch von den Einheimischen benutzt werden. Schmale Pfade ziehen sich über die Berge entlang winziger Weiler und Terrassenfelder. Vor allem der Norden bietet unzählige Wanderwege in tropischer und subtropischer Vegetation. Der Süden von Santo Antão ist trocken und karg, interessante Erosionsformen wie das Tal der Ribeira das Patas sind hier zu bewundern. Gänzlich anders, vulkanisch, zeigt sich die Gegend um den Tope de Coroa, den höchsten Berg der Insel. Das Gebiet ist allerdings sehr erfahrenen Bergwanderern vorbehalten, oder man besorgt sich örtliche Führer. Alfred Mandl lebt im Tal von Paúl auf Santo Antão. Er organisiert individuelle Reisen über Internet: www.alsatour.de.

Karten und Wanderführer

Der Reiseatlas in diesem Führer (ab S. 229) kann möglicherweise schon ausreichen. Darüber hinaus ist die Karte Cabo Verde im Maßstab 1:200 000 vom AB Kartenverlag Karlsruhe empfehlenswert. Auf der Rückseite kurze Infos über die Inseln.

Für Wanderer gibt es den DuMont aktiv: Wandern auf den Kapverdischen Inseln mit 35 ausgewählten Wandertouren auf den Inseln Sal, Santiago, Fogo, São Nicolau, São Vicente und Santo Antão.

Der Goldstadtverlag, Pforzheim, publiziert detaillierte Karten im Maßstab 1:50 000 von den Inseln Santo Antão, São Vicente, São Nicolau, Sal, Boavista und Maio.

Interessantestes Wandergebiet auf **Santiago** ist die Serra Malagueta. An scheinbar unzugänglichen Stellen liegen kleine Dörfer, die alle durch ein Netz von Wegen verbunden sind. Durch die tropische Erosion verursachte spitze Felsen, steile Berge und gewaltige Täler beeindrucken beim Wandern in diesem Gebirge. Ebenfalls einen besonderen Reiz haben Wege um den Pico do António, den höchsten Berg der Insel.

Bei einem Besuch der Insel **Fogo** sollten sich Wanderbegeisterte eine

Besteigung des Pico de Fogo nicht entgehen lassen. Wer es weniger anstrengend bevorzugt, kann sich mit dem ›Kleinen Pico‹ begnügen, der inmitten des gewaltigen Kraters der Caldeira bei einem Ausbruch im Jahre 1995 entstanden ist.

Auch die landschaftliche Vielseitigkeit von **São Nicolau** lässt sich gut zu Fuß erkunden. Der Ostteil bietet zwar interessante Wege. An- und Abfahrt sind jedoch nicht einfach zu organisieren. Die Fajã-Ebene und der Monte Gordo im Zentrum der Insel sind von der Hauptstadt Ribeira Brava aus gut zu Fuß zu erreichen. Sehenswerte ursprüngliche Täler bietet die Nordwestküste.

Eine Besonderheit an **Brava,** der kleinsten bewohnten Insel, ist ihre abgeschiedene Lage. Nur wenige Touristen wagen das Unternehmen das Eiland zu besuchen. Diese werden dann aber mit Ruhe und Ursprünglichkeit belohnt. Die Gegend um den Hauptort Vila Nova Sintra und das Inselzentrum lassen sich hervorragend zu Fuß erkunden. Landschaftlich reizvoll ist der Weg nach Fajã de Água (s. S. 158).

Auf den Inseln **Sal, Boavista** und **Maio** lassen sich vor allem ausgedehnte einsame Strandwanderungen unternehmen.

Sprachkenntnisse

Will man die Kapverden auf eigene Faust erkunden, ist es äußerst nützlich, sich Grundkenntnisse des Portugiesischen anzueignen, das überall verstanden wird und in dem auch Speisekarten, Fahrpläne usw. abgefasst sind. Mit Deutsch allein ist die Verständigung auf den Kapverden schwierig. Englisch wird in größeren Hotels sowie in Restaurants, die auf Touristen eingestellt sind, verstanden. Vor allem auf Sal und Boavista reichen Englischkenntnisse aus. Auch auf den anderen Inseln sind in der Bevölkerung Fremdsprachenkenntnisse weit verbreitet, da viele eine Zeit lang im Ausland gelebt haben. Außer auf Englisch kann man sich relativ häufig auf Französisch verständigen.

Urlaub mit Kindern

Die Kapverdianer sind sehr kinderfreundlich. Einrichtungen speziell für Kinder gibt es allerdings nicht. Zum Baden sind die Inseln für die Kleinen nur bedingt geeignet. Zu bedenken sind auch der relativ lange Flug und die hohe Sonneneinstrahlung vor Ort.

Wer es trotzdem wagen möchte, ist in einer der großen, komfortablen Hotelanlagen am besten aufgehoben. Die Veranstalter offerieren in einigen Hotels Kinderermäßigungen von ca. 30–50 %.

Nachtleben

Bis auf wenige Ausnahmen gestalten sich die abendlichen Unterhaltungen auf den Inseln spärlich. Meist ist nach 23 Uhr Schluss, in ländlichen Gegenden schon früher. Die Kapverdianer sitzen oft einfach nur rum und gucken, was so vor sich geht.

In Santa Maria auf **Sal** gibt es einige Discos und Bars. Die großen Hotels sorgen für abendliche Animation, und in einigen Restaurants treten ab und zu einheimische Musikgruppen auf. Auch auf Boavista werden für Touristen Musikveranstaltungen durchgeführt.

In der ›verruchten‹ Hafenstadt Mindelo auf **São Vicente** hat das pralle Nachtleben bessere Zeiten gesehen. Meist ist in Musikpubs und Bars nur am Wochenende etwas los. Gelegentlich hat man das Glück Morna (s. S. 35) zu hören. Während des Karnevals in Mindelo wird allerdings tagelang bis in den frühen Morgen getanzt, gefeiert, gesungen und getrunken. Regelmäßig findet während des August in Baía das Gatas auf São Vicente ein Musikfestival am Strand statt. Es treten einheimische, aber auch internationale Bands auf.

Auf **Santiago** finden in Praia, der Hauptstadt der Kapverden, finden regelmäßig kulturelle Veranstaltungen und Konzerte statt, oft in kleinem Rahmen in einem Restaurant. Die Bars und Discos sind hier belebter als anderswo.

Am Wochenende treffen sich die Einheimischen auf den zentralen Plätzen der Städte oder auch am Strand um zu trinken und zu feiern. Ebenso beleben sich Plätze und Strände in der Hochsaison, also im Sommer und um Weihnachten und Neujahr, wenn viele Emigranten aus Übersee zu Besuch sind.

Wahlen und politische Veranstaltungen der beiden großen Parteien MPD und PAICV gestalten sich meist wie Partys. Riesige Musikanlagen sorgen für Beschallung, auf den Straßen wird dann getanzt.

Reisewetter & Kleidung

Das Klima auf den Kapverden ist das ganze Jahr ausgeglichen. Die Inseln liegen zwischen dem nördlichen Wendekreis und dem Äquator. Die Sonne erreicht zweimal im Jahr ihren Höchststand, am 22. Mai und 20. Juli. Kühlster Monat ist der Februar mit Temperaturen von 20–25 °C an der Küste. Am wärmsten ist es im September mit Werten zwischen 27 und 32 °C. Kühler sind allgemein die Inseln Santo Antão, São Vicente und São Nicolau. Auf Sal und Boavista weht stets ein kräftiger Wind. Sehr heiß kann es im Sommer auf Santiago, Fogo und Maio werden. Auf Brava hingegen ist es häufig frischer als auf den anderen südlichen Inseln.

Regen fällt kaum, höchstens einmal als nässender Passatnebel in den mittleren Lagen der Nordosthänge der gebirgigen Inseln. In den feuchten Nebelbänken ist es merklich kühler. Die seltenen tropischen Regenfälle im Sommer und Herbst sind kurz und sehr heftig, so dass es oft zu Wasserschäden kommt.

Ganzjährig genügt Sommerkleidung. Für abends sowie für Aufenthalte in höheren Lagen sollten ein Pullover, lange Hosen und eine leichte Jacke mitgenommen werden. Wanderer benötigen zusätzlich einen leichten Anorak und feste, knöchelhohe Wanderschuhe. Auf ausreichend Sonnenschutz ist zu achten.

UNTERWEGS AUF DEN KAPVERDEN

Ein Leitfaden für die Reise und viele Tipps für unterwegs.

Genaue Beschreibungen von Städten und Dörfern, Sehenswürdigkeiten und Stränden, Ausflugszielen und Reiserouten.

Die Kapverden erleben: ausgesuchte Hotels und Pensionen, Restaurants, Bars und Mercearias, Wanderungen und Bootstouren.

Im Bergland von Santo Antão

Die östlichen Inseln

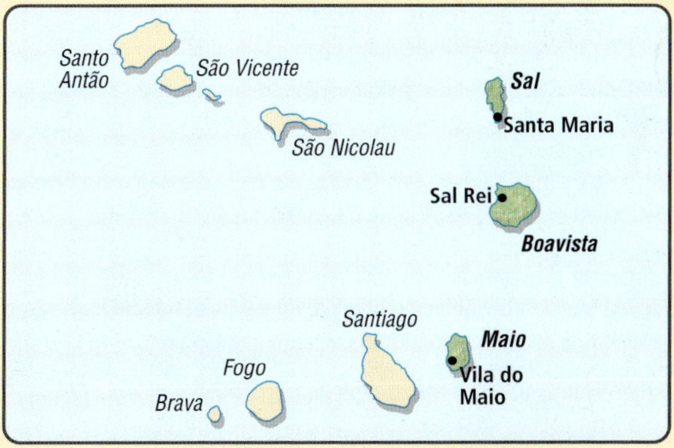

Kapverden-Atlas S. 234/35, 237

SAL

Touristen landen auf dem internationalen Flughafen von Sal, und viele bleiben auch gleich auf der Insel. Der Ferienort Santa Maria lockt mit endlosen Sandstränden und afrikanischem Ambiente. Mit dem stetigen, kräftig wehenden Passatwind ist Sal ein Paradies für Surfer. Tauchern erschließt sich an den Felsriffs eine tropische Meeresfauna.

Santa Maria

Kapverden-Atlas: S. 234, B 3
Die wichtigste Touristensiedlung der Kapverden ist Santa Maria auf der Insel Sal. Vom Fünf-Sterne-Hotel internationalen Zuschnitts bis zur einfachen Pension mit fließend kaltem Wasser ist hier für jeden Geldbeutel die passende Unterkunft zu finden. Der lange, glitzernd weiße, noch lange nicht überfüllte Sandstrand Praia de Santa Maria im Westen des Ortes ist die Hauptattraktion. Ein weiterer, schmalerer Strand, die Praia António de Sousa, schließt östlich an Santa Maria an. Verschiedenste Wassersportmöglichkeiten sind im Angebot, außerdem gibt es im Ort zahlreiche Restaurants und Geschäfte. Nirgendwo in Cabo Verde wird man so viele Europäer zu Gesicht bekommen wie hier. Dennoch besteht reichlich Gelegenheit, am Lebensrhythmus der Einheimischen teilzuhaben, und zu keinem Zeitpunkt kommt das Gefühl auf in seelenlosem Massentourismus zu versinken.

Stadtgeschichte

Um 1830 gründete Manuel António Martins (s. S. 75) den Ort und ließ hier Salinen anlegen. Diese lagen teils recht weit vom Hafen entfernt. Da die Haltung von Eseln und Maultieren wegen des Futtermangels ein Problem war, richtete Martins die erste Eisenbahnlinie auf portugiesischem Territorium ein. Die Wagen hatten Mast und Segel und wurden durch den stetig kräftig wehenden Passatwind angetrieben. Sie konnten jeweils ein bis zwei Tonnen Salz befördern. Die Segel bestanden aus Jutesäcken. Die Bahn funktionierte bis in die 1950er Jahre, dann übernahmen Traktoren die Aufgabe des Salztransports bis zur Stilllegung der Salinen 1984.

Durch die touristische Entwicklung, die in den 1960er Jahren sehr bescheiden einsetzte und seit Mitte der 1980er Jahre von der Regierung systematisch gefördert wurde, hat sich einiges im Ort zum Besseren gewendet. Ein spürbarer Wohlstand hat sich ausgebreitet.

Stadtzentrum

Die quadratische Praça Marcelo Leitão markiert das Zentrum von Santa Maria. Hier kann man auf Parkbänken die Morgensonne genießen. Auf dem Platz vergnügen sich gern Kinder beim Ballspielen und Radfahren. Flankiert wird die Praça von zwei alten, herrschaftlichen Häusern, von denen eines heute das **staatliche Kulturzentrum** 1 (Centro Cultural) von Sal beherbergt. Auch einige Privathäuser in der angrenzenden Rua 15 de Agosto, einer Parallelstraße zum Strand, wurden renoviert. Weiter östlich befindet sich in derselben Straße die **Markthalle** 2 (Mercado Municipal, tgl. 9–18 Uhr). Obst- und Gemüsehändler sind hier in der Minderheit. Die meisten Stände werden von afrikanischen Händlern betrieben, die ihre Souvenirs in allen europäischen Sprachen anpreisen. Ein Besuch des Marktes ist irgendwo zwischen Spaß und Stress angesiedelt.

Neben der Markthalle wird der **Porto Antigo** 3 restauriert, der alte Hafen von Santa Maria. Sein kleines Hafenbecken ist von halbrunden Molen fast ganz umschlossen. Dahinter sollen Luxusapartments entstehen. Östlich des Porto Antigo beginnt die sandige Praia António de Sousa, die es zwar an Schönheit nicht ganz mit den Stränden im Westen von Santa Maria aufnehmen kann, aber hervorragende Bedingungen für Surfer bietet. Im angrenzenden Neubauviertel gibt es eine Reihe kleinerer Hotels und Pensionen.

Bedeutendste Achse von Santa Maria ist die Rua 1°de Junho, die hinter der Praça Marcelo Leitão als zweite Parallelstraße zum Strand verläuft. Hier häufen sich Geschäfte und Restaurants. Auch die katholische **Kirche** 4 mit dem hohen Turm befindet sich in der Rua 1°de Junho. Sie ist der Schmerzensreichen Muttergottes (Santa Maria das Dores) geweiht. Ihr Inneres ist äußerst schlicht gestaltet. Allerdings erweist sich der Altar als Kleinod der Holzschnitzkunst, und das Allerheiligste ist eine wertvolle Einlegearbeit.

Mit der **Nazarenerkirche** 5 besitzt Santa Maria ein weiteres Gotteshaus. Sie steht an der dritten Parallelstraße zum Strand, der Rua Amílcar Cabral. Umrahmungen von Fenstern und Türen sind im für die Nazarener typischen Türkisgrün gehalten. Jenseits dieser ›Durchgangsstraße‹ befindet sich ein Wohnviertel mit vielen kleinen, einstöckigen Häusern. Hier sind die Einheimischen fast unter sich. Auf den Straßen bieten Marktfrauen ihre Ware an, in winzigen Läden und Kneipen schnuppert man authentische Atmosphäre.

Hafenkai und Waagehaus

Der halb verfallene, hölzerne **Hafenkai** 6 trennt Stadtzentrum und Hotelviertel voneinander. Hier landen die Fischer ihren Fang an, meist in den frühen Nachmittagsstunden. Zahlreiche Urlauber finden sich ein, um das Spektakel fotografisch festzuhalten. Nach geglücktem Fang ziehen die Fischer ihre Boote neben dem Kai an Land und verteilen den Erlös. Ein Großteil des Fangs wird von den Hotels und Restaurants gekauft. Man kann sich jedoch auch privat mit frischem Fisch versorgen.

Sehenswürdigkeiten

1 Staatliches Kulturzentrum
2 Markthalle
3 Porto Antigo
4 Kirche
5 Nazarenerkirche
6 Hafenkai
7 Waagehaus
8 Salinengelände
9 Salinengelände

Übernachten

10 Crioula Hotel
11 Bravo Club Vila do Farol
12 Hotel Belorizonte Oásis Atlântico
13 Djadsal Holiday Club
14 Hotel Morabeza
15 Hotel Odjo d'Água
16 Hotel Albatros
17 Residencial Leme Bedje
18 Hotel Central
19 Hotel Sobrado
20 Pensão Les Alizés
21 Hotel Da Luz
22 Aparthotel Santa Maria Beach
23 Residencial Nha Terra
24 Residencial Cabo Verde Palace
25 Apartamentos Ilha do Sol
26 Residencial Alternativa

Essen und Trinken

27 Atlantis
28 Piscador
29 Crêtcheu
30 Américo's
31 Casa Amarela
32 Funaná
33 Esplanada Mateus
34 Nha Terra Chico
35 Turifogo »Zum Fischermann«
36 Café Kreol
37 Cyber Boutique

Von der Landseite her ›bewacht‹ das alte **Waagehaus** 7 den Kai, ein sorgfältig restauriertes Gebäude mit Holzbalkonen. Hier wurde früher das Salz, das den Hafen verließ, gewogen. Heute sind in dem Waagehaus mehrere Andenkenläden untergebracht, ebenso wie in benachbarten Neubauten.

Hotelviertel

Westlich des Kais beginnt an der Praia de Santa Maria eine lange Fußgängerpromenade, die das Hotelviertel erschließt. Die Bebauung erstreckt sich heute fast bis zur Südwestspitze von Sal, der Ponta do Sinó mit dem Leuchtturm. Die Promenade wurde darüber hinaus bis zum (Ende 2005 öffnenden) Clubhotel Riu Funaná geführt.

Hinter der Hotelzeile liegt eines der beiden ehemaligen **Salinengelände** der Stadt 8. Vor den Hotels Morabeza und Barceló Belorizonte stehen jeweils restaurierte Windräder, die einst Meerwasser in die Salzpfannen pumpten. Das Wasser wurde aus Brunnen gefördert, die man in die feuchten Salzwiesen hinter dem Sandstrand grub.

Ponta Preta

An der Westküste ragt in Fußgängerentfernung von Santa Maria die felsige Landzunge Ponta Preta in den Atlantik. Sowohl südlich davon als auch weiter nördlich, in der Baía do Algodoeiro, dehnt sich schier endloser, einsamer Sandstrand aus. Nur Surfer kommen gerne her, um die kräftig anrollende Brandung zu nutzen. An der Ponta Preta wurden bereits zweimal Windsurf-Weltmeisterschaften ausgetragen. Zum Baden sind die Strände der Westküste eher ungeeignet. Dennoch wird sie touristisch erschlossen. Es sollen acht große Hotels entstehen, außerdem sind Parzellen für Wohnhäuser und Pensionen abgesteckt. Das 500-Betten-Hotel Riu Funaná eröffnet bereits Ende 2005. Ein weiteres Hotel ist schon im Bau.

Salinas und Costa da Fragata

Vereinzelte private Salzgewinnung findet bis heute im **Salinengelände** 9 nordöstlich von Santa Maria statt. Dorthin lassen sich ausgedehnte Spaziergänge unternehmen. Über die Salinen oder auch entlang der Praia António de Sousa und vorbei an der Ponta do Leme Velho mit dem Leuchtfeuer gelangt man an die Ostküste, die Costa da Fragata. Dort erstrecken sich einsame Sandbuchten, die den Passatwinden recht ungeschützt ausgesetzt sind. Zum Baden sind sie nicht geeignet.

*****__Crioula Hotel__ 10**:** Praia de Santa Maria, Tel. 242 16 15, Fax 242 1376 crioulahotel@cvtelecom.cv. Sehr komfortabel, großzügiger Garten, Tennisplätze, Panorama-Tanzterrasse mit Livemusik. Pauschal buchbar. *All inclusive,* DZ 15 000–20 000 ECV.

Bravo Club Vila do Farol 11**:** Praia de Santa Maria (nahe Leuchtturm), Tel. 242 17 25, Fax 242 17 30, bcfarol.dir@renthotel.org. Bungalowdorf mit Clubcharakter, vorwiegend junges Publikum. Originelle Architektur: Der Eingangsbereich ist dem Bug eines Schiffes mit einem Leuchtturm

Der Strand von Santa Maria auf Sal

nachempfunden. Pauschal buchbar. Nur *all inclusive,* DZ 17 000–24 000 ECV.

****Hotel Oásis Belorizonte Atlântico 12: Praia de Santa Maria, Tel. 242 10 90, Fax 242 12 20, www.oasisatlantico.com. Bungalows im Tropenstil in einem Palmengarten, für individuelles Wohnen. Komfortabler sind die Zimmer im Hauptgebäude mit Blick auf den Pool. Sehr gutes Halbpensionsbuffet, ausgezeichnete abendliche Animation. Pauschal buchbar. DZ mit Frühstück 12 000–15 000 ECV.

****Djadsal Holiday Club 13: Praia de Santa Maria, Tel. 242 11 70, Fax 242 10 70, djadsal.hotel@cvtelecom.cv. Pastellfarbene Reihenbungalows in Flachbauweise. Mit großer Poollandschaft, von animativer Musik überflutet. Clubatmosphäre. DZ 11 000–15 000 ECV (mit Frühstück).

****Hotel Morabeza 14: Praia de Santa Maria, Tel. 242 10 20, Fax 242 10 21, www.hotelmorabeza.com. Gediegenes Haus. Strandnah, ruhig und doch relativ zentral. Geschmackvolle Poolanlage. Alle Zimmer orientieren sich Richtung Meer. Fitnessraum, diverse Animationsveranstaltungen. Pauschal buchbar. DZ mit Frühstück 10 000–14 000 ECV.

Hotel Odjo d'Água 15: nahe Porto Antigo, Tel. 242 14 00 und 242 14 14, Fax 242 14 30, www.odjodagua.com. Optisch sehr ansprechend im Stil eines andalusischen Gutshofes. Am schönsten die Zimmer im Obergeschoss sowie in den Nebengebäuden mit Meerblick. Begrünter Poolbereich, eigener schmaler Strandabschnitt. Spezialitätenrestaurant. Pauschal buchbar. DZ ca. 10 000 ECV.

Hotel Albatros 16: Praia António de Sousa, Tel. 242 13 00, Fax 242 13 02. Von der ehemals sowjetischen Fluglinie Aeroflot geführt. Praktikable und komfortable Unterkunft für Surfer. Pauschal buchbar. DZ mit Frühstück 7500–8000 ECV.

Residencial Leme Bedje 17: Rua 15 de Agosto (bei der Praia António de Sousa), Tel. 242 11 46, Fax 242 16 84, lemebedje cv@cvtelecom.cv. Geschmackvoll möblierte Zimmer, freundlicher Frühstücksraum. Viel junges Surfpublikum. Pauschal buchbar. DZ mit Frühstück 7000–8000 ECV.

***Hotel Central** 18: Rua das Salinas, Tel. 242 15 03, Fax 242 15 30, centralhotel@cvtelecom.cv. Modernes Gebäude in einem Wohnviertel am nördlichen Stadtrand. Restaurant mit kapverdischer Küche. Ruhe und Komfort (Klimaanlage, warmes Wasser) machen die dezentrale Lage wett. Pauschal buchbar. DZ mit Frühstück um 8000 ECV.

***Hotel Sobrado** 19: am Ortseingang, Tel. 242 17 20, Fax 242 17 15, hotelsobrado @cvtelecom.cv. Gepflegte große Zimmer. Bar und Restaurant im Haus. DZ mit Frühstück ca. 6000 ECV.

Pensão Les Alizés 20: 1°de Junho, Tel. 242 14 46, Fax 242 10 08, lesalizes @cvtelecom.cv. Unterkunft mit Flair in sorgfältig renoviertem altem Handelshaus. Unter französischer Leitung. Mit Dachterrasse. DZ mit Frühstück 5000–6000 ECV.

Hotel Da Luz 21: östlicher Ortsrand, Tel. 242 11 38, Fax 242 10 88, www.pousadadaluz.cv. Bei Surfern sehr beliebt. Zimmer auf der windabgewandten, meerwärtigen Seite im ersten oder zweiten Stock geben lassen! Pauschal buchbar. DZ mit Frühstück ca. 5500–6000 ECV.

Aparthotel Santa Maria Beach 22: Rua 15 de Agosto (hinter der Praia António de Sousa), Tel. 242 14 50, Fax 242 14 78, santamaria_beach@yahoo.com.br. Viel Surfer-Publikum. Schön die Zimmer mit Balkon und Meerblick in der oberen Etage. Pauschal buchbar. DZ mit Frühstück um 5000 ECV.

Residencial Nha Terra 23: 1°de Junho, Tel. 242 11 09, Fax 242 15 34. Freundliches, gepflegtes Haus am Westrand des Ortszentrums. Empfehlenswert vor allem die Zimmer im ersten Stock mit Meerblick. Kleine, hübsche Poolanlage. DZ 4700–5500 ECV.

****Residencial Cabo Verde Palace** 24: Praia António de Sousa, Tel. 242 13 38, Fax 242 10 04. Ca. 1 km vom Ortszentrum in Strandnähe, Studios und Apartments mit allem Komfort und privater Terrasse, originell-verspielte Architektur. DZ ab 41 €.

Apartamentos Ilha do Sol 25: hinter der Pousada da Luz, Tel. 242 15 99, Fax 242 16 33. Für Selbstverpfleger Ferienwohnungen für bis zu vier Personen 6000 ECV.

Residencial Alternativa 26: Rua Amílcar Cabral, Tel. 242 12 16, Fax 242 11 65. Die wohl preiswerteste Unterkunft in Santa Maria, aber mit Privatbad. DZ ab 2500 ECV.

Atlantis 27: Praia de Santa Maria (vor dem Hotel Belorizonte), Tel. 242 18 79, tgl. geöffnet. Modernes, geräumi-

Strandliegen

Wenn die Unterkunft fernab vom Strand liegt, kann man im Beach Club vom Hotel Morabeza für 500 ECV auch als Nicht-Hotelgast eine Strandliege mit Auflage ausleihen und den ganzen Tag ungestört in einem abgegrenzten Strandabschnitt verbringen. Auf der windgeschützten Terrasse werden mittags Fisch und Fleisch vom Grill serviert. Im Strandclub des benachbarten Hotels Barceló Belorizonte kostet die Liege pro Tag sogar nur 250 ECV.

ORIL-SPIEL

Eine beliebte Freizeitbeschäftigung der Kapverdianer ist das afrikanische Oril-Spiel (creolo: *urim*). Es gilt als eines der ältesten strategischen Spiele der Welt. Das Oril-Spiel besteht aus zwei parallelen Brettern mit je 6 Kuhlen, genannt die Banco de Urim, und 48 Spielsteinen. Bei Spielbeginn sind in jeder Kuhle 4 Steine. Gespielt wird immer abwechselnd. Jeder Spieler nimmt alle Steine aus irgendeiner Kuhle auf seiner Seite und verteilt sie entgegen dem Uhrzeigersinn auf die folgenden Kuhlen, auch diejenigen des Gegners. In jede Vertiefung wird jeweils nur ein Stein gelegt. Wird ein Spielzug mit einer Kuhle begonnen, in der mehr als 11 Steine liegen, muss diese Startkuhle bei der Verteilung ausgelassen werden. Landet der letzte Spielstein auf der Seite des Gegenspielers und befinden sich nach Ende des Spielzuges 2 oder 3 Steine in dieser Kuhle, hat der Spieler die Steine gewonnen. Sie werden aus dem Spiel genommen. Befinden sich dann in Gegenrichtung (mit dem Uhrzeigersinn) direkt in den an diese letzte Kuhle angrenzenden Vertiefungen jeweils 2 oder 3 Steine, so darf der Spieler auch diese zu seinem Gewinn zählen und aus dem Spiel nehmen, jedoch nur auf der Seite des Gegenspielers. Die Steinentnahme ist an einer Kuhle mit einem oder an einer mit 4 oder mehr Steinen zu Ende. Dann ist der andere Spieler am Zug. Gewinner ist derjenige, der zuerst mehr als 24 Steine entnommen hat.

ges Restaurant mit hervorragender Küche. Unter der Leitung des Franzosen und ehemaligen Surfprofis Patrick Heintz. Mehrmals wöchentlich Live-Musik. Hauptgerichte um 900 ECV, Langusten 2000 ECV.

Piscador 28: von der Praça Marcelo Leitão durch die Rua 1° de Junho nach Osten, dann erste Straße links, Tel. 242 10 10. Beliebtes Fischlokal mit gehobenem Niveau. Terrasse und Innenraum sind maritim dekoriert. Frühzeitig kommen oder am Vortag persönlich reservieren! Hauptgerichte ab 800 ECV.

Crêtcheu 29: neben dem alten Waagehaus, Tel. 242 12 66. Auf der luftigen Terrasse mit Meerblick speist man italienisch: Nudelgerichte, Pizza, Carpaccio vom Tunfisch. Pizza ca. 750 ECV.

Américo's 30: Rua 1° de Junho. Sehr beliebt. Große Terrasse in ersten Obergeschoss. Reichhaltiges Angebot an portugiesischer und kapverdischer Küche. Hauptgerichte ab 750 ECV.

Casa Amarela 31: am westlichen Ortseingang hinter der Enacol-Tankstelle, Tel. 994 15 12. Italienisch, große Auswahl an Nudelgerichten, Fisch und Meeresfrüchten. Basilikum, Rucola und andere Kräuter aus eigenem Anbau. Hauptgerichte ab 750 ECV.

Funaná 32: Praia de Santa Maria (westlich Hotel Morabeza), Tel. 242 10 68, tgl. geöffnet. Klassiker, der schon vor den Hotels am Strand von Santa Maria existierte. Jeden Abend Musik und Tanz, am Do, Fr und Sa Buffet. Hauptgerichte ab 700 ECV.

Esplanada Mateus 33: Praça Marcelo Leitão, Tel. 242 13 13. Solide Fischgerichte auf der Terrasse am Platz. Häufig Livemusik. Hauptgerichte ab 700 ECV.

Nha Terra Chico 34: 1° de Junho (am Westrand des Ortszentrums). Einheimische Küche, z.B. frisches Tunfischsteak oder Spagetti mit Meeresfrüchten. Immer wieder Livemusik. Hauptgerichte um 600 ECV, Gambas 1300 ECV.

Turifogo »Zum Fischermann« 35: am westlichen Ortseingang, Tel. 991 76 00, tgl. 18–23 Uhr. Unter deutscher Leitung, aber kapverdische Küche. Große Auswahl an Fischgerichten und Meeresfrüchten. Gemütliche, begrünte Terrasse. Hauptgerichte ab 500 ECV, Languste ab 1800 ECV.

Café Kreol 36: von der Praça Marcelo Leitão durch die Rua 1° de Junho nach Osten, dann dritte Straße links, Tel. 242 17 74. Eiscafé und Bar. Nette kleine Terrasse.

Cyber Boutique 37: Rua 1° de Junho (gegenüber der Kirche), Tel. 242 15 43, tgl. 9–24 Uhr. Internet-Zugang.

Kapverdische Souvenirs: Centro de Artesanato, Rua 1° de Junho, in restauriertem Stadthaus (Töpferwerkstatt mit Keramikverkauf, Musik und vor allem die ansonsten selten erhältlichen Panos). Sol e Sal, Rua 1° de Junho, im Erdgeschoss der Pension Les Alizés (alternative Mitbringsel, z. B. Spielautos und -motorräder aus Blechdosen, Taschen und Portemonnaies aus Panos, exotische Marmeladen, Kräuter und Kräutertees).

Afrikanische Souvenirs: Schmuck, Batiken und Holzschnitzereien vom ›schwarzen Kontinent‹ in den Boutiquen im und bei dem alten Waagehaus sowie in der Markthalle. Besonders urig der namenlose Laden in der Rua Principal links neben der Boutique Souvenir De Tudo um Pouco (s.u.). Dort verkauft eine Afrikanerin auf winzigstem Raum Schmuck und Kleidung. Im Shops' Center am Hotel Morabeza (in einem separaten Gebäude mit zeltförmigem Dach) gibt es edles afrikanisches Kunsthandwerk. Wertvolle alte Masken und Musikinstrumente aus Westafrika, Batikmode und Schmuck im Souvenirshop des Hotels Vila do Farol und im Cabo Shop (Djadsal Holiday Club).

Grogue/Ponche: Boutique Souvenir De Tudo um Pouco, Rua 1° de Junho (außerdem Batikkleidung, T-Shirts, Strandutensilien, Ansichtskarten).

Musik: Das Centro Cultural (Ecke Praça Marcelo Leitão/Rua 15 de Agosto) bietet eine reiche Auswahl an CD's mit kapverdischen Klängen. Ein weiterer CD-Laden befindet sich in der unteren Etage der Pension Les Alizés (s. S. 69).

Kunst: Boutique Mis A'rte, im Hotel Vila do Farol. Zeitgenössische kapverdische Malerei, die ihren Preis hat.

Pub Calema: Rua 1° de Junho. Surfer wie Nichtsurfer wissen die gemütliche, kommunikative Bar zu schätzen.

O Pirata: am westlichen Ortseingang. Pizzeria und Disco-Pub. Urige Einrichtung, einer alten Karavelle nachempfunden. Von 23 bis ca. 4 Uhr geöffnet.

Café Pub Birimbau: am Strand beim Djadsal Holiday Club. Liveauftritte be-

Cultural Café

Im Cultural Café an der Praça Marcelo Leitão gibt es Eis, Kuchen und vor allem frisch gepresste Fruchtsäfte, eine Seltenheit auf den Kapverden. Auch schön für abends, dann wird ein täglich wechselndes Gericht serviert. Originell: Die Tische auf dem Platz haben die Form der einzelnen Inseln von Cabo Verde. Internetzugang (30 Min. 100 ECV).

kannter kapverdischer Musiker (auf Plakate im Ort achten), Diskothek.
Pub Titanic: im Untergeschoss des Hotels Odjo d'Água. Gepflegtes Tanzlokal mit Livemusik.

Surfen: Planet Windsurfing I, Praia António de Sousa, Tel. 242 15 75 oder (in Deutschland) Tel. 0881/927 71 17, Fax 0881/927 71 19 (deutsche Leitung, private Surfstunde mit Ausrüstung 47 €, Kitesurfen Privatstunde 60 €). Planet Windsurfing II (Kitesurf Center), Praia de Santa Maria, Tel. 995 34 86, www.pezihuber.com (Schulung, auch für Anfänger). Fun System, Praia de Santa Maria, Tel. (in Deutschland) 089/92 18 52 59, sal@funsystem.com, www.fun-system.com (riesiger Komplex mit Schnupperkursen für Surfen und Kitesurfen).
Tauchen: Pro Atlantic, am Residencial Leme Bedje, Tel. 241 26 21, Fax 241 26 22, www.cabo-verde.de (Ableger des Naui-Zentrums von Murdeira (s. S. 74), deutsche Leitung. Manta Diving Center, bei Hotel Barceló Belorizonte, Tel. 242 15 40, Fax 242 15 50, www.mantadivingcenter.com (PADI-Tauchbasis, Tauchgang 31 €, Schnuppertauchen 90 €, Ausrüstungsverleih). Atlantic Divers, am Crioula Hotel (PADI Open Water Diver ca. 350 €, Tauchgang ca. 40 €).
Bootsausflüge: Segeln mit der Yacht Midway, buchbar am Fischereisteg, Tel. 991 62 81 (Delfin- und Walbeobachtung, Schnorcheln, 3 Std. für 3600 ECV, Schleppfischen inklusiv Ausrüstung für 6000 ECV).
Hochseefischen: Morabeza MD Marine System, im Hotel Morabeza, Tel. 242 11 11 (gegen Gebühr werden hoteleigene Boote verchartert; ab 44 000 ECV).
Jeepsafaris und Ausflüge: CVTS, Rua 1° de Junho, Tel. 242 12 20, Fax 242 12 24, cvtssid@cvtstours.com (Tagesausflüge nach Boavista ca. 150 €, San-

Entspannen im Djadsal Holiday Club

tiago 173 €, Fogo 181 €; Inselrundfahrt Sal 32 €). Planeta Cabo Verde Turismo, von der Praça Marcelo Leitão durch die Rua 1° de Junho nach Osten, dann zweite Straße links (verschiedene Ausflüge auf Sal und zu anderen Inseln).
Fahrradverleih: im Djadsal Holiday Club, Tel. 993 59 81 (pro Std. 300 ECV). Die Hotels Crioula und Vila do Farol verleihen gegen Gebühr Fahrräder an ihre Gäste.

Aluguers und Taxis: am Ortseingang bei der Bar Lourdes/Parada. Passagem nach Espargos 100 ECV.
Mietwagen: Intercaribe Tour (Hertz), im Djadsal Holiday Club (s. S. 68), Tel. 242 16 61. Alucar, im Hotel Morabeza, Tel. 242 11 11, Fax 242 11 87. ACV (Avis), im Hotel Barceló Belorizonte.
Mofa-Verleih: Rua Amílcar Cabral, Tel. 991 93 37. Kleine Mopeds für 2000 ECV pro Tag gibt es bei FMG, Tel. 991 66 03.

Espargos und das Inselzentrum

Baía da Murdeira und Flughafen

Kapverden-Atlas: S. 234, B 2/3
Die Landschaft zwischen Santa Maria und Espargos ist kaum besiedelt. Trockentäler durchziehen die karge Ebene. Vereinzelt gedeihen in den Talgründen Palmen, ansonsten stellen schüttere Akazien das einzige Grün dar. Erste Sehenswürdigkeit am Wege ist eine winzige Fátima-Kapelle, die auf einer Anhöhe mit weitem Blick nach Süden errichtet wurde.

Zwei große, sandige Buchten gliedern hier die Westküste: Baía do Algodoeiro und Baía da Murdeira. Zwischen beiden liegt inmitten von Felsriffen die kleinere Sandbucht Calheta Funda. Sie ist über eine Piste (von der Hauptstraße ausgeschildert) zu erreichen. Durch vorgelagerte Felsen ist der Strand geschützt und sogar für Kinder zum Baden geeignet. Nördlich der Calheta Funda erstreckt sich die wesentlich größere **Baía da Murdeira** mit dem einsamen Aparthotel da Baía. Sie ist in ihrem Nordteil in zahlreiche kleine Strände gegliedert. Diese sind alle über eine – nicht beschilderte – Piste in Richtung auf den markanten Monte Leão (165 m) hin zu erreichen. Das Meer ist hier meist recht ruhig, da die Strände auf der windabgewandten Seite der Insel liegen.

Schließlich passiert die Straße nach Espargos einen großen, von einer Mauer umgebenen Flachbau, den **Präsidentenpalast.** Er dient dem Staatsoberhaupt von Cabo Verde als Unterkunft und Tagungsstätte, wenn er sich auf Sal aufhält.

Etwa 2 km südlich von Espargos liegt der internationale **Flughafen Amílcar Cabral,** benannt nach dem populären kapverdischen Freiheitskämpfer (s. S. 24). Mit dem Bau begonnen hatte 1939 die italienische Regierung, die hier Flugzeuge auf dem Weg nach Südamerika betanken wollte. Nach dem Zweiten Weltkrieg kaufte Portugal die Anlage und stellte sie fertig. Ein weiterer Ausbau erfolgte dank finanzieller Zuwendungen des südafrikanischen Apartheid-Regimes. Flugzeuge aus Südafrika durften damals den afrikanischen Kontinent nicht überfliegen. Demgegenüber erteilten die Kapverden, auch nach der Unabhängigkeit, die Landeerlaubnis – gegen harte Devisen, die bis heute eine wichtige Einnahmequelle des Landes darstellen. Denn nach wie vor ist der Flughafen von Sal eine wichtige internationale Drehscheibe, wenn auch die Bedeutung nach dem Ende der Apartheid geschrumpft ist.

Die Verbindung vom Flughafen nach Espargos bzw. zum 17 km entfernten Ferienort Santa Maria ist eine von bislang zwei geteerten Straßen auf den gesamten Kapverdischen Inseln, ansonsten gibt es nur Pflasterstraßen!

***Aparthotel da Baía:** Baía da Murdeira, Tel. 241 26 21, Fax 241 26 22, geturim@cvtelecom.cv. Neue Bungalowanlage mit großem Pool und Kinderbecken. Minimarkt für Selbstversorger, Halbpension möglich. Pauschal buchbar. Apartment für 2 Personen 5800 ECV.

Tauchen: Pro Atlantic, beim Aparthotel da Baía, Tel. 241 26 21, Fax 241 26 22, www.cabo-verde.de (Naui-Zentrum unter deutscher Leitung, einzige Dekompressionskammer der Kapverden, Scubadiver-Kurs um 300 €, Tauchgang ca. 30 €).

Parken in Espargos

Wer mit dem Mietwagen nach Espargos fährt, sollte nicht in der Umgebung des Hotels Atlântico und der Esplanada Bom Dia parken! Dort ist mit Straßenkindern zu rechnen, die sich recht aggressiv darum reißen, dem Touristen das ohnehin meist saubere Auto zu waschen – gegen ein entsprechendes Trinkgeld, versteht sich.

Espargos

Kapverden-Atlas: S. 234, B 2

In Espargos lässt sich afrikanisches Flair abseits vom Tourismus erleben. Auch bietet es sich an hier zu übernachten, wenn man am nächsten Tag auf eine andere Insel weiterreisen möchte. Vom Ortseingang führt die breite Rua 5 de Julho Richtung Norden zur gleichnamigen Praça mit der **Kirche.** Es handelt sich um ein Gotteshaus der Nazarener mit dem typischen, kräftig türkisblauen Anstrich. Auf dem Platz bieten Marktfrauen ihre Ware feil, afrikanische Händler versuchen Uhren und Modeschmuck an den Mann oder an die Frau zu bringen.

Durch die Rua 5 de Julho weiter nordwärts und dann schräg links gelangt man zu einem dreieckigen Platz. Im Schatten gewaltiger Akazien treffen sich dort die Männer des Ortes zum Kartenspiel. Einen Besuch wert ist auch die **Markthalle** (Mercado). Vom Kirchplatz geht es über die Rua 5 de Julho hinweg in westlicher Richtung, dann rechts und die nächste Straße links. In der Markthalle bieten afrikanische Händler neben Kleidung, Schuhen und Hausrat allerlei Krimskrams an.

Espargos entwickelte sich aus einer Gruppe von Baracken, die hier – in der Nähe des Flughafens – gegen Ende des Zweiten Weltkriegs errichtet worden waren. Seither ist der also noch recht junge Ort kräftig gewachsen. Na-

Der Kirchplatz von Espargos

mengebend war der wilde Spargel, der rings um Espargos nach den seltenen sommerlichen Regenfällen aus dem Boden schießt. Allerdings ist dieser im Gegensatz zu seinem europäischen Verwandten nicht essbar, daher nennen ihn die Einheimischen *batata de gongon* (Teufelskartoffel).

******Pensâo Paz e Bem:*** hinter der Kirche (Rua Jorge Barbosa), Tel. 241 17 82, Fax 241 17 90, pensaopaz bem@cvtelecom.cv. Italienische Leitung. Komplett renoviert, gute Ausstattung, z. T. mit Balkon. Hübsche Cafeteria, in der es Espresso und Capuccino gibt! DZ 3500 ECV.

*****Hotel Atlântico:** Rua Amílcar Cabral (am Ortseingang), Tel. 241 12 10, Fax 241 15 22, hotelatlantico@cvtelecom.cv. Weitläufige Anlage im Motel-Stil, Zimmer nur z.T. mit warmem Wasser! Im Hauptgebäude mit zeltförmigem Dach Rezeption, Restaurant sowie im Obergeschoss gediegene Bar mit Terrasse. DZ 3200 ECV.

Residencial Central: Rua 5 de Julho, Tel. 241 11 13 und 241 13 66, Fax 241 16 10, central@cvtelecom.cv. Sehr zentrale Lage, Zimmer teilweise mit Balkon, Dachterrasse. Einheimische Gäste überwiegen. DZ 3000 ECV.

Salinas: Rua 5 de Julho, Tel. 241 17 99. Etwas nüchterne, aber gepflegte Atmosphäre. Spezialisiert auf Fischgerichte, als Besonderheit verschiedene Variationen vom Lachs! Hauptgerichte 800–1200 ECV.

Hotel Atlântico (s.o.): Sehr gutes, landestypisches Essen. Hauptgerichte um 700 ECV.

Da Angela: Rua B. Leza, in der Nähe des dreieckigen Platzes (s.o.). Gepflegtes Haus (vermietet auch Zimmer). Landestypische Küche. Hauptgerichte ab 600 ECV.

Sivy: Praça 5 de Julho. In der Bar viel einheimisches Publikum, Tische im Freien. Das zugehörige kleine Restaurant um die Ecke ist ordentlich. Gerichte ab 500 ECV.
Esplanada Bom Dia: schräg gegenüber vom Hotel Atlântico, Tel. 241 14 00. Wohl nettester Treffpunkt im Ort. Bunt geflieste Terrasse mit Sonnenschirmen. Zu essen nur Kleinigkeiten, wie *percebes* (Entenmuscheln) oder *cachupa*.
Cyber Space: in der südlichen Parallelgasse zur Praça 5 de Julho. Internet-Café.

Musik: Tropical Dance in der Rua 5 de Julho und MCM Magra Center Music in der Rua B. Leza (nahe Restaurant Da Angela) mit guter CD-Auswahl, viel kapverdische Musik.
Kapverdische Souvenirs: Souvenir De Tudo um Pouco, Rua 5 de Julho. Geschmackvolle Ansichtskarten, Keramik, Grogue und das typisch kapverdische Spiel Oril (s. S. 70).
Afrikanische Souvenirs: Zion Artenera, Rua 5 de Julho. Fein aufgemachter Laden mit Kunsthandwerk, z.B. Schmuck aus natürlichen Materialien, Batiken.

N.E pub concert: Rua B. Leza (nahe Restaurant Da Angela). Typisch kapverdisches Nachtlokal mit sporadischen Livemusik-Veranstaltungen (auf die Plakate an der Tür achten oder im Musikladen nebenan nachfragen).

Flug: TACV, Büro im Flughafen, Tel. 241 12 68, Fax 241 13 20.
Mietwagen: Alucar, Tel. 242 11 87.
Aluguers und Taxis: Ortseingang von Espargos. Passagem Santa Maria:

Salzbecken auf dem Kratergrund bei Pedra Lume

70 ECV. Taxistand am Flughafen (dort keine Aluguers), Freite Flughafen – Santa Maria 700 ECV. Nachtzuschlag 30 %.

Pedra Lume

Kapverden-Atlas: S. 234, B 2
Der kleine Ort wirkt wie ausgestorben. Dennoch leben hier ein paar Menschen vor allem vom Fischfang. Es gibt sogar einen winzigen Fischerhafen. Sehenswert sind die **Salzbecken** auf dem Grund des nahe gelegenen Kraters. Der Kraterboden befindet sich knapp unter Meeresniveau. Salzwasser dringt durch poröses Gestein in die Salzpfannen. Je nach Wasserstand kann man in den Salinen baden. Ein geschäftstüchtiger Arbeiter vermietet Liegestühle, andere verkaufen große, schön ausgebildete Salzkristalle an die wenigen Besucher.

Pedra Lume ist, wenn man so will, der geschichtsträchtigste Ort auf Sal. Außer ein paar Schildkrötenfängern verirrte sich jahrhundertelang kaum jemand auf die wüstenhafte Insel. Erschlossen wurde Sal erst Ende des 18. Jh. durch Manuel António Martins Velho, einen Unternehmer aus Boavista. Er gründete die Salinen von Pedra Lume. 1804 wurde der Tunnel durch die Kraterwand gebohrt um leichter an die Salzpfannen zu gelangen. Aus dem 19. Jh. stammt auch die kleine weiße Kapelle. Die französische Firma Les Salines du Cap-Vert erweckte die Salinen 1919 erneut zum Leben und installierte die heute noch vorhandene Seilbahn. Sie kann theoretisch 25 Tonnen Salz pro Stunde von der Saline zum Hafen transportieren. Doch seit den 1930er Jahren nahm der Export stetig ab. Heute wird nicht einmal genügend Salz für den Bedarf der Insel produziert. Die Verladestation ist in einem denkbar schlechten Zustand.

Ca´ da Mosto: Schönes großes Ausflugslokal vor der Salzverladestation mit überdachter Terrasse. Spezialisiert auf Gegrilltes aller Art. Hauptgerichte ab ca. 700 ECV.

Aluguer/Taxi: Von Espargos fahren sporadisch Aluguers nach Pedra Lume. Für die Rückfahrt Taxi bestellen (250 ECV bis Espargos), am besten schon in Espargos oder im Restaurant Ca´ da Mosto.

Palmeira

Kapverden-Atlas: S. 234, B 2
Hier befindet sich der Haupthafen der Insel. Sämtliche Güter, die nicht auf dem Luftweg nach Sal kommen, werden hier angelandet, insbesondere der Treibstoff für die Fluggesellschaften. Besonderen Flair sollte man allerdings nicht erwarten. Wer nach Palmeira hineinfährt, sieht zunächst nichts als die Tanklager der Firmen Enacol und Shell. Dahinter verbirgt sich jedoch ein recht ursprünglicher Hafenort. An der Hauptstraße steht die völlig intakte Markthalle, wo wirklich noch Bauern Gemüse verkaufen. In der Bucht neben dem eigentlichen Haupthafen liegen die Fischerboote. Hin und wieder ankern hier auch Segelyachten. Der Strand ist nicht gerade das, was üblicherweise als sauber bezeichnet wird. Aber oberhalb der Fischereimole hat man vor der **Capela de São José** einen recht schönen gepflasterten Platz angelegt. Von

SALZ – DAS WEISSE GOLD

Die Geschichte des Salzes ist eng mit politischen Machenschaften und Betrügereien verbunden. Für Mensch und Tier ist die Substanz unentbehrlich. Einem Menschen genügen ca. 5–6 g am Tag, eine Kuh braucht schon 90 g am Tag. Ohne Salz sterben die Menschen und das Vieh. In der Viehzucht spielte Salz immer eine wichtige Rolle, aber auch in der Haltbarmachung von Lebensmitteln wie Fleisch, Butter, Käse und Fisch. Es sicherte die Entwicklung bedeutender Erwerbszweige. England mit seiner ausgeprägten Viehwirtschaft war besonders interessiert an Salz. Die skandinavischen Länder und Holland aufgrund der Fischerei ebenfalls. Schon vor Jahrhunderten entwickelten sich Handelswege, Monopole, Abhängigkeiten. Auf Salz erhob man Zölle und Steuern. Mit Verträgen legten die Länder den Salzpreis fest. Könige und Staaten versuchten sich am Salz zu bereichern. Die meisten Staaten bemühten sich daher, soweit als möglich selbst Salz zu produzieren.

Die Portugiesen begannen mit der intensiven Salzproduktion auf den Kapverdischen Inseln im 17. Jh., zunächst auf Maio. Notwendig wurde dies durch einen Vertrag, den 1669 die Holländer mit Lissabon schlossen: Die Niederlande ließen sich den Rückzug aus den zuvor besetzten Gebieten in Portugals Kolonie Brasilien mit Salz bezahlen. Im 18. Jh. übernahmen die Engländer auf Maio die Produktion und handelten mit Argentinien. 1810 begannen englische Firmen mit der Salzproduktion auf Boavista und brachten der Insel Geld. Doch 50 Jahre später bedrohten Wanderdünen die Salinen, die Salzförderung wurde eingestellt. Ende des 18. Jh. begann die Salzproduktion auch auf Sal. Der portugiesische Geschäftsmann Martins ließ die Salinen bei Pedra Lume und 1830 bei Santa Maria anlegen. Brasilien war bis 1887 Hauptabnehmer des Salzes. Hohe Schutzzölle für importiertes Salz ließen den Markt dann aber zusammenbrechen.

Zu einem erneuten Aufschwung kam es Anfang des 20. Jh. Die Salinen von Santa Maria wurden damals von einer portugiesischen Firma betrieben, Pedra Lume gehörte einer französischen Gesellschaft aus Bordeaux. In Kooperation erschlossen sich die beiden Salzproduzenten Belgisch Kongo als Markt. Seit 1908 befand sich das heutige Zaïre im Besitz des belgischen Staates und war für jeglichen Handel offen. Mit der Unabhängigkeit von Belgisch Kongo im Jahre 1960 fiel dieser Abnehmer jedoch weg. In den 1970er Jahren kam der Salzhandel zum Erliegen.

Heute importieren nur noch vier Länder Salz im großen Stil: Japan, welches keine Salzvorkommen hat, Schweden, Finnland und Belgien versorgen sich in Spanien. Auch die USA importieren seit den 1960er Jahren. Ansonsten produziert jeder Staat sein Salz selbst. Für die Konservierung ist Salz heute nicht mehr notwendig, mittlerweile ist die chemische Industrie Hauptabnehmer von Salz. Sie benötigt die Grundstoffe Natrium und Chlor. Auch kommen chemische Düngemittel ohne Salz nicht aus. Es lohnt sich in unserer Zeit nur noch, Salz für den Eigenbedarf zu produzieren.

dort lässt sich in Ruhe der Beschaulichkeit in der Bucht zuschauen. Und wie in allen Hafenorten, so verteilen sich auch in den Gassen von Palmeira zahlreiche Bars und Spelunken.

Schon am Ortseingang zweigt am Shell-Tanklager eine Piste in Richtung Süden zur **Praia Fontana** ab. Der Strand liegt in einer geschützten Bucht. Im Hinterland erblüht eine grüne Oase. Die Bewohner versuchen sich mit Landwirtschaft über Wasser zu halten.

Nôs Pimba: im Neubaugebiet am Hafen, Tel. 241 23 19. Auf Meeresfrüchte spezialisiert, sympathisches Ambiente. Hauptgerichte ab ca. 600 ECV.
Capricornio: nahe Capela de São José. Snackbar mit überdachter Terrasse. Eher ein Platz zum Sitzen und Schauen als zum Essen.

Aluguer: Sporadischer Aluguerverkehr von und nach Espargos.
Fähre: s. S. 220.

Buracona

Kapverden-Atlas: S. 234, B 1
Ein schöner Badeplatz ist die Bucht von Buracona. In den dortigen Felsbecken vulkanischen Ursprungs haben sich kleine Tümpel gebildet. Bei Flut wird das Wasser auf natürliche Weise ausgetauscht. Eine weitere Attraktion ist das ›Blaue Auge‹, ein Loch im Felsen, unter dem das Meer gurgelt. Um die Mittagszeit fallen die Sonnenstrahlen bis zum Wasser hinunter, das dadurch tiefblau aufblitzt.

Von Palmeira führt eine Piste entlang der Küste zum 6 km entfernten Buracona, Schilder weisen den Weg. Zu Fuß ist die Felsbucht in etwa 1,5 Std. erreicht. In letzter Zeit kam es in Buracona häufig zu Autoaufbrüchen! Man sollte auf keinen Fall irgendetwas im Wagen liegen lassen. Auch ein Handtuch kann einen Dieb reizen!

Der Norden

Nördlich von Espargos erstreckt sich ein fast menschenleeres Gebiet. Um auf die staubigen Pisten des Nordens zu gelangen, fährt man durch Espargos auf der Hauptstraße geradeaus, vorbei an dem dreieckigen Platz (s.o.), und dann hinunter auf die westlichste Parallelstraße zur Hauptstraße, in der sich auch die Markthalle befindet. Auf ihr geht es weiter in Richtung Norden. Kurz vor einer großen Kreuzung, bei einer öffentlichen Wasserstelle, zweigt links eine Piste ab. Sie schwenkt gleich darauf wieder nach Norden. Im Osten erhebt sich nun weithin sichtbar eine Vulkanreihe, angeführt vom höchsten Berg der Insel, dem Monte Grande (406 m). Im Westen ragt der Monte Leste (263 m) auf.

Der Fahrweg führt auf die Oase Terra Boa zu. Er ist breit und – abgesehen von Querrillen – gut zu befahren. In **Terra Boa** bauen die Bewohner des Ortes Palmeira traditionell Kohl, Mais, Bohnen und anderes Gemüse an. Einfache Wellblechhütten dienen als Viehställe.

Hinter der Oase wird die Landschaft abrupt trocken. Je nach Lage der Luftschichten kann es hier zum Phänomen der Fata Morgana kommen: Große Seen scheinen sich voraus auszubreiten, überdimensionale Akazien wiegen sich im Wind, eventuell vorausfahrende Jeeps sehen aus wie doppelstöckige Busse. In Norden ist ein kleiner spitzer Berg, der **Morrinho de Açucar** zu erkennen. Oft sieht es so aus, als läge er in einem See – aber er befindet sich in einer karg-schönen Steinwüste. Bei dem Berg handelt es sich um einen ehemaligen Vulkanschlot. Die gesamte Erhebung besteht aus schön herausgebildeten Basaltsäulen.

Die Piste gabelt sich hier. Rechts geht es nur zu einem Steinbruch. Bleibt zu hoffen, dass der Morrinho de Açucar ihm nicht zum Opfer fällt. Halblinks, also eher geradeaus führt der Fahrweg noch ein Stück weiter, wird aber undeutlicher. Es folgt eine weitere Gabelung. Links gelangt man in Richtung Meer, gleich darauf endet die Piste. Wenige Schritte durch eine Steinwüste sind es noch zur Nordküste. Bizarres, schwarzes Lavagestein und stetig starker Seegang sind hier die Sehenswürdigkeiten.

Ponta Norte und Baía de Fiúra

Kapverden-Atlas: S. 234, B 1
Am nördlichsten Punkt der Insel, der Ponta Norte, steht einsam in mysteriöser Atmosphäre ein zerfallener Leuchtturm. Um zur Ponta Norte zu gelangen, fährt man von Espargos aus an der Oase Terra Boa vorbei (s.o.). Jenseits der Oase zweigt von der breiten Hauptpiste ein zunächst undeutlicher sandiger Fahrweg nach rechts (Osten) ab. Zur Orientierung kann ein Windrad dienen, das links der Hauptpiste steht. Der Verlauf wird vorübergehend sehr undeutlich, denn der Sand ist hier staubartig fein und wird leicht verweht. An dieser Stelle befand sich einst der Grund eines heute ausgetrockneten Sees. Die Fahrspuren bleiben stets östlich des Morrinho do Açucar und vereinen sich bald zu einer deutlicheren Piste. Es folgt eine eindeutige Gabelung, beide Spuren treffen aber wieder zusammen. Kurz vor dem Ziel fächern sich die Spuren abermals auf. Hier sucht man sich den besten Weg, bis eine deutliche Schotterpiste erreicht ist, die direkt zum Leuchtturm führt. Er wurde mittlerweile durch ein solarbetriebenes modernes Leuchtfeuer ersetzt. Südöstlich vom Leuchtturm liegt die Bucht von Fiúra. Dort blieben von einem winzigen Fischerdorf nur noch schwarze Ruinen.

Caletinha

Kapverden-Atlas: S. 234, B 1
Um den Monte Curral, den auffälligen 107 m hohen ›Antennenhügel‹ von Espargos, führt gegen den Uhrzeigersinn eine gepflasterte Straße. Nordöstlich der Stadt dienen niedrige Wellblechhütten als Viehställe. Die Piste nach Caletinha führt rechts daran vorbei, die Oase Terra Boa lässt man links liegen.

Zunächst führt der undeutliche Fahrweg stets auf den Monte Grande zu, biegt aber vor dem Berg nach Osten ab. Die Sandpiste endet an der Ostküste, an der Bucht Caletinha. Ein kleiner dunkler Sandstrand ist der durch den Nordostpassat stetig aufgewühlten See ausgesetzt. Zum Baden ist die Stelle nicht geeignet.

BOAVISTA

Boavista ist die Insel der Dünen, der Palmen und der Steinwüsten. In der geschützten Bucht von Sal Rei ist das Wasser meist spiegelglatt. Das lockt Baderatten und Surfer an den hellsandigen Strand. Sahara ›light‹ bieten Abenteuerfahrten per Jeep zu den Stränden des Südens.

Sal Rei

Kapverden-Atlas: S. 235, D 2
Trotz des aufkeimenden Tourismus wirkt die Hauptstadt Sal Rei noch recht verschlafen. Die Infrastruktur ist nicht ganz so perfekt wie auf der Nachbarinsel Sal. Dafür ist die Bucht von Sal Rei durch eine vorgelagerte Insel geschützt und das Meer ruhig. Südlich des Ortes erstreckt sich mit der Praia do Estoril ein kilometerlanger Sandstrand, an dem man vergleichsweise gefahrlos baden kann. Auch Windsurfer, Taucher und andere Aktivurlauber treffen in Sal Rei gute Bedingungen an.

Praça de Santa Isabel

Vom Flughafen her führt die Rua dos Emigrantes auf die zentrale Praça de Santa Isabel zu. Gleich zu Beginn der geräumigen Platzanlage bieten afrikanische Händler ihre Waren feil: bunte, ausdrucksstarke Batiken und holzgeschnitzte Figuren. Nebenan offerieren Marktfrauen Obst und Gemüse. Zwei Pavillons zieren den Platz. Einer dient bei Feierlichkeiten als Bühne. In Blumenbeeten blüht auf der Praça der Hibiskus, Bänke laden zum Ausruhen ein. Der Springbrunnen wird allerdings nur selten angeschaltet. Rundum spenden Akazien Schatten, für die Kleinen gibt es einen großzügigen Kinderspielplatz. Die neue **Markthalle** [1] an der meerwärtigen Seite steht kurz vor der Eröffnung.

Ebenfalls zum Meer, gegenüber der Kirche, erinnert das ehemalige **Haus der jüdischen Familie Ben Oliel** [2] an Zeiten, als Sal Rei die wirtschaftlich bedeutendste Stadt der Kapverden war. Das Gebäude ist an dem breiten Balkon zu erkennen. Die Ben Oliels kamen in der zweiten Hälfte des 19. Jh. aus Rabat nach Boavista und investierten in den Baumwoll-, Salz- und Kalkhandel. Zwei große Frachtschiffe transportierten im Auftrag der Familie regelmäßig Kalk, Ziegeln, Fleisch und Ziegenkäse nach Mindelo und Praia.

Die breite Front der **Igreja de Santa Isabel** [3] von Sal Rei beherrscht seit 1857 die Praça. Im Kolonialstil (s. S. 42) mit barocker Fassade erbaut, wirkt die Kirche auf den Betrachter vor allem durch die jüngst erneuerte Bemalung:

Ocker kombiniert mit einem strahlenden Hellblau um Fenster und Türen sowie an den Kanten der klotzigen Türme. In den frühen Abendstunden ist die Kirche häufig geöffnet. Das Innere ist sehr schlicht gehalten. Auf der Kanzel erhebt sich eine Figur der Jungfrau von Fátima, die durch die Familie Ben Oliel (s. S. 85) höchste Verehrung erfuhr.

Am Meer

Am Meer entlang verläuft die Avenida dos Pescadores. Von hier aus genießt man den Blick hinüber zur vorgelagerten Ilha do Sal Rei. Im Süden der kleinen Insel sind die Reste des Forte Duque de Bragança auszumachen. Die Festung wurde 1818 errichtet, nachdem es im Jahr zuvor mehrfach Angriffe von südamerikanischen Schiffen gegeben hatte. In Brasilien gab es 1817 eine – bald blutig niedergeschlagene – Rebellion gegen die portugiesische Kolonialherrschaft, die sich bis zu den Kapverden auswirkte. Auf dem Höhenrücken der Ilha do Sal Rei erhebt sich die Ruine des alten Leuchtturms neben einem modernen Leuchtfeuer. An der Sal Rei zugewandten Felsküste der Insel zieht eine säulenförmige Basaltformation die Blicke auf sich.

Der **alten Hafenkai** 4 aus dem 19. Jh. war der erste seiner Art auf den Kapverden. Nördlich angrenzend befindet sich eine kleine Bootswerft. Die Fischerboote werden dort komplett von Hand mit altertümlich wirkenden Werkzeugen gezimmert. Für Kiel, Planken oder Spanten finden verschiedene Holzsorten Verwendung.

Vom alten Hafenkai lohnt es auf der Avenida Richtung Norden entlang dem Stadtstrand zu spazieren. Zum Baden ist er kaum geeignet, denn er ist recht schmutzig. Fischer ziehen hier ihre Boote an Land. Dahinter befindet sich die öffentliche Badeanstalt, die vielen Bewohnern der Stadt das private Badezimmer ersetzt. Die Straße macht hier der Bezeichnung ›Avenida‹ alle Ehre: Sie ist breit und wird von hohen Bäumen gesäumt. Knallbunt sind die meist einstöckigen Häuser der Fischer angestrichen, jedes in einer anderen Farbe.

Vom Ende der Avenida dos Pescadores blickt man hinüber zum neuen, 1997 erbauten Hafen. Er wird von fünf Windrädern dominiert. Sie versorgen Sal Rei mit Strom. An dem Betonkai legen Versorgungsschiffe und die Inselfähre an. Sofern nicht gerade eine Fähre ankommt, ist das Hafengelände verschlossen.

Drinks und Snacks

Nördlich des alten Hafenkais stellt mitten auf der Avenida dos Pescadores ein kleiner, aber feiner Kiosk Tische ins Freie. Dort gibt es neben einer großen Auswahl an kühlen Drinks auch *bafas*, die typischen kapverdischen Snacks.

Praia do Estoril

Südlich des Ortes grenzt die Praia do Estoril an, die in die Praia da Chave (s.S. 89) übergeht. Die Strandzone ist ca. 10 km lang und bislang praktisch

Sehenswürdigkeiten

1 Markthalle
2 Haus der jüdischen Familie Oliel
3 Igreja de Santa Isabel
4 Alter Hafenkai
5 Salinen
6 Jüdischer Friedhof
7 Kapelle Nossa Senhora de Fátima

Übernachten

8 Marine Club Boavista
9 Hotel Dunas
10 Migrante Lodge
11 Aparthotel Cá Nicola
12 Estoril Beach Resort Hotel
13 Pousada Boa Vista
14 Residencial Bom Sossego
15 Residencial Boa Esperança

Essen und Trinken

16 L'Incontro
17 Naida
18 Oásis
19 Riba d'Olte
20 Tambrera
21 Tortuga Beach Resort
22 Hermosa
23 Esplanada 5 de Julho Marchetti
24 Geladaria Criola
25 Hot Dog Café

unbebaut. Nur in der Nähe der Stadt sind Surf- und Tauchstationen entstanden (s.u.). Die geschützte Bucht eignet sich in idealer Weise fürs Windsurfing, vor allem für Anfänger. Ein Strandspaziergang drängt sich geradezu auf. Unterwegs lassen sich in den angrenzenden Dünen mit etwas Glück versteinerte Korallen entdecken. Nach etwa einer Stunde ist die ehemalige Ziegelei (s. S. 91) erreicht, von wo man entweder nach Rabil hinübergehen oder am Strand entlang wieder zurückkehren kann.

Afrikanische Batiken und Holzfiguren auf der Praça de Santa Isabel

Nördlich der Stadt

Im Nordosten führt eine Straße aus Sal Rei heraus, vorbei an den **ehemaligen Salinen** 5. Das bis 1979 gewonnene Salz war von ›königlicher‹ Qualität, daher der Name der Stadt (*sal* = port. Salz, *rei* = port. König). Bis zu 600 Arbeiter sollen hier auf dem Höhepunkt der Salzproduktion, im 19. Jh., tätig gewesen sein. Den Salinen meerwärts vorgelagert ist die Praia da Cruz. Zum Baden ist dieser – recht ungepflegte – Strand nicht zu empfehlen.

Die Straße endet am Marine Club Boavista. Wer zu Fuß unterwegs ist, kann zu dem Feriendorf auch auf einer Piste an den alten Salinenbecken entlang schlendern. Der Marine Club liegt unterhalb der Rochinha (130 m), des Hausberges von Sal Rei. Architektonisch wurde die Anlage geschickt in die Landschaft eingefügt. Der Club verfügt über eine eigene Badebucht.

Unmittelbar vor dem Marine Club, am Parkplatz, befindet sich ein winziger, von einer Steinmauer umgebener **jüdischer Friedhof** 6. Hier ruhen mehrere Mitglieder der Familie Ben Oliel. Mit David Ben Oliel, der 1950 verstarb, endete die Dynastie. Nebenan steht in einer hufeisenförmigen Anlage der steinerne Sarkophag der an Gelbfieber verstorbenen Engländerin Julia Maria Louisa Pettingal (1825–45). Sie war die Tochter von Charles Pettingal, einem Mitglied in der portugiesisch-britischen Kommission zur Abschaffung der Sklaverei. Deren Sitz war ab 1843 Boavista. Juden und auch Anglikaner durften damals nicht auf katholischen Friedhöfen beigesetzt werden.

Jenseits des Marine Clubs erhebt sich oberhalb der Felsküste die Ruine der **Kapelle Nossa Senhora de Fátima** 7. Entweder geht man durch das Feriendorf (offiziell nur Hausgästen erlaubt) und folgt nach dem Hinterausgang einem deutlich erkennbaren Pfad. Oder man benutzt den gepflasterten Fußweg, der links vor dem Feriendorf beginnt und an den Klippen entlang zu dem bereits beschriebenen Pfad führt. Nach ca. 10 Min. ist die Ruine erreicht. Sie thront auf einer natürlichen Felskuppe. Eine breite, mit Basaltgeröll gepflasterte Treppe führt hinauf. Dem Natursteinbau fehlen heute sowohl das Dach als auch Portal und Fenster. Auch die Altarnische ist leer. Zu Füßen der ehemaligen Kapelle steht das verfallene Pfarrhaus. Einige zum katholischen Glauben übergetretenen Nachkommen der Ben Oliels (s.o.) ließen das Gotteshaus 1930 nach einer Pilgerreise zu dem portugiesischen Wallfahrtsort Fátima erbauen. Doch schon 1948, nach dem Aussterben dieses Familienzweigs, wurde die Kapelle dem Verfall preisgegeben.

Wrack der »Cabo de Santa Maria«

Vor dem Marine Club Boavista fährt oder läuft man auf einer Piste, den Hausberg Rochinha zur Linken, am aufgelösten Friedhof von Sal Rei vorbei. Hinter einer Linkskurve hält man sich an einer Gabelung rechts. (Links gelangt man zur Ruine der Fátima-Kapelle.) Über eine öde Fläche, auf der nur wenige Ziegen ihr karges Auskommen finden, geht es nordwärts. An einer weiteren Gabelung – unmittelbar nachdem eine flache Senke durchquert wurde – fährt man rechts auf der undeutlicheren Spur. (Die linke führt zur Müllkippe von Sal Rei.) Wer sich die Weiterfahrt auf der von nun an recht holprigen Piste nicht zutraut, sollte spätestens hier den Wagen abstellen (3 km ab Marine Club).

Bald kommt das Wrack des spanischen Frachtschiffs »Cabo de Santa Maria« in Sicht. Es liegt unmittelbar vor dem brandungsumtosten Strand von Boa Esperança. Die Piste beschreibt nun einen Bogen nach rechts und entfernt sich ein wenig von der Küste. Einen mit Flugsand bedeckten Hang hinab geht es dann wieder aufs Meer zu. Kurz vor Erreichen des Strandes passiert man eine lange Mauer, die als Schutz vor Sandaufwehungen errichtet wurde. Dahinter endet die Piste bald (2 km ab Gabelung). Am Strand entlang läuft man weiter bis zu dem Wrack. Seit 1968 trotzt es hier schon der schäumenden Brandung. Mit Konservendosen, Getränkeflaschen und Olivenöl an Bord lief es auf dem Weg nach Brasilien aus unerklärlichen

Auf einen Espresso

Wem der Sinn nach italienischen Cappuccino oder Espresso steht, der sollte den Spaziergang zur Fátima-Kapelle mit der Einkehr in der Terrassenbar des Marine Club Boavista verbinden.

Gründen an der Nordküste Boavistas auf Grund, so wie es vor allem im 19. Jh. schon Dutzenden anderer Schiffe ergangen war. Warum gerade hier? Man spricht von mangelhaften Seekarten, magnetischen Anomalien, fehlenden Leuchttürmen und ungünstigen Meeresströmungen. In der Vergangenheit sollen aber auch immer wieder die Bewohner Boavistas ›nachgeholfen‹ haben, indem sie falsche Leuchtfeuer entzündeten.

Resort Hotel Marine Club Boavista 8: Praia da Cruz, Tel. 251 12 85, Fax 251 13 90, marineclub@cvtelecom.cv. Terrassenförmige Ferienanlage, eine der komfortabelsten auf dem Archipel. Italienische Leitung. Zimmer und Bungalows für bis zu 6 Personen. Großzügiger Poolbereich mit separatem Kinderbecken und Whirlpool. Mountainbikeverleih, Shuttlebus ins Stadtzentrum. Pauschal buchbar. DZ mit Frühstück 9200–12 000 ECV.

Hotel Dunas 9: Avenida Amílcar Cabral, Tel. 251 12 25, Fax 251 13 84, leonardo @bwscv.com. Besonders schön die Zimmer im Neubau zum Meer hin mit Balkon. Internetzugang, Mountainbikeverleih. Italienische Leitung. Pauschal buchbar. DZ mit Frühstück 80–100 €.

Migrante Lodge 10: Av. Amílcar Cabral, Tel./Fax 251 11 43, www.migrante-lodge.com. Fünf Zimmer in stilvollem Stadthaus aus der Kolonialzeit. Zimmer mit warmem Wasser und Privatbad. Restaurant, schöner Innenhof. DZ 60–100 €.

Aparthotel Cá Nicola 11: am Südrand des Ortes nahe Praia do Estoril, Tel. 251 17 92, Fax 251 15 49, www.canicola.com. Geräumige Apartments, ansprechendes Ambiente, deutsch-italienische Leitung. DZ 6200 ECV.

Estoril Beach Resort Hotel 12: am Südrand des Ortes nahe Praia do Estoril, Tel. 251 10 78, Fax 251 10 46, inf@estorilbeachresort.com. Inmitten wüstenhafter Umgebung. Gelungener Architektur-Mix mit andalusischen und kapverdischen Elementen. Restaurant mit schöner Veranda. Italienischer Besitzer. Pauschal buchbar. DZ mit Frühstück 57 €.

Pousada Boa Vista 13: Rua dos Emigrantes (am Ortseingang), Tel. 251 11 45, Fax 251 14 23. Praktische Unterkunft in zentraler Lage. Unbedingt Zimmer mit Balkon geben lassen! Pauschal buchbar. DZ um 4000 ECV.

Residencial Bom Sossego 14: Rua de Bom Sossego (hinter der Kirche), Tel. 251 11 55. Einfach, einige Zimmer mit Gemeinschaftsbad, eilweise mit Balkon. DZ 1600–2000 ECV.

Residencial Boa Esperança 15: Ecke Rua Amizade/Rua Boa Vista (Parallelstraße zur Praça de Santa Isabel, bei der Polizei aufwärts), Tel. 251 11 70. Billigste Unterkunft in Sal Rei. Zimmer teils mit Gemeinschaftsbad. DZ 1100–1800 ECV.

L'Incontro 16: im Hotel Dunas. Gehobene italienische Küche. Hauptgerichte 1000–1500 ECV.

Naida 17: Praça de Santa Isabel. Nett mit bunten Wandbildern dekorierter Speisesaal. Diverse Fisch- und Fleischgerichte, z.B. Zicklein. Hauptspeisen 750–800 ECV.

Oásis 18: Rua 5 de Julho (am Beginn der Praça de Santa Isabel recht hinauf). Vorne eine schlichte Bar, dahinter sitzt man recht idyllisch im Innenhof. Schlicht, aber bewährt. Hauptgerichte um 750 ECV.

Riba d'Olte 19: Rua 1° de Maio (am Nordrand von Sal Rei in einem rosafarbenen Haus), Tel. 251 10 15. Kleines, nettes Restaurant mit wohltuend knapper italienischer Speisekarte. Empfehlenswert die Langusten. Hauptgerichte ca. 700 ECV, Langusten 1500 ECV.

Tambrera 20: in der Pousada Boa Vista. Solide einheimische und portugiesische

Küche, nette Dekoration mit großflächigen Bildern von Dina Lima. Propeller an der Decke sorgen für einen angenehmen Luftzug. Hauptgerichte 600–900 ECV.
Tortuga Beach Resort 21: s. Tippkasten.
Hermosa 22: in der Straße, die von der Pousada Boa Vista Richtung Meer führt. Neues, einfaches und sauberes Lokal. Im Speiseraum nur vier Tische. Kapverdische Küche. Hauptgerichte um 500 ECV.
Esplanada 5 de Julho Marchetti 23: Avenida dos Pescadores, gegenüber vom alten Hafenkai. ›In‹-Treffpunkt unter italienischer Leitung mit weitläufiger, schattiger Terrasse. Innen mit Bildern von Dina Lima dekoriert. Fr ab 21.30 Uhr Tanz zu kapverdischer Live-Musik. Nudelgerichte und Pizzen 300–350 ECV, Fisch ca. 700 ECV.
Geladaria Criola 24: am Strand südlich des Ortszentrums. Italienisches Eiscafé. Schöne Terrasse.
Hot Dog Café 25: Largo da Escola (von der Kirche Santa Isabel aufwärts neben einer weiteren, modernen Kirche). Internet-Point, Fax-Service. Snacks und Getränke.

Souvenirs: Hotelshop des Marine Club Boavista. Geschnitzte Holzfiguren, Batiken, Ledersandalen aus Westafrika, Wein von Fogo.
Musik: Tropical Dance, Avenida Amílcar Cabral, nördlich vom Hotel Dunas. Gute CD-Auswahl.

Estoril Beach Resort Hotel (s.o.): Schicke, von außen zugängliche Bar, wo man es sich zum Sundowner oder auch zu späterer Stunde gemütlich machen kann.
Tortuga Beach Resort (s.o.): In der lockere Strandatmosphäre schmeckt abends die Caipirinha besonders gut.
Té Manché: auf dem alten Hafenkai. Einheimische wie auch jüngere Touristen finden sich abends gern an dem einfachen Kiosk ein.
Marine Club Boavista (s.o.): Im Restaurant der noblen Ferienanlage findet ab 21.30 Uhr fast jeden Abend ein Showprogramm statt, auch für Nicht-Hotelgäste.

Tortuga Beach Resort

Szenig ist das Tortuga Beach Resort, ein großes, überdachtes Terrassenlokal mit Surfzentrum (s.u.) an der Praia do Estoril. Auf der Speisekarte sind u.a. gebackene Muräne oder auch eine kräftige Fischsuppe zu finden. Außerdem gibt es täglich wechselnde Gerichte zu attraktiven Preisen. Jeden Mittwoch wird ein kapverdisches Buffet mit typischer Musik ausgerichtet. Hauptgerichte 600–700 ECV. Auf dem abgegrenzten Areal hinter dem Strand stehen Sonnenschirme, die man ebenso wie die dazugehörigen Liegen auch als Nicht-Surfer anmieten kann (500 ECV pro Tag).

4. Juli: Festa Santa Isabel zu Ehren der Schutzheiligen von Sal Rei. Größtes Fest der Insel.
Im August, meist am dritten Wochenende des Monats, findet an der Praia da Cruz ein Musikfestival statt.

Surfen/Segeln/Seekayak: Hippie Surf (Boavista Watersport System), Praia do Estoril, Tel. 992 28 63, bws@bwscv.com (tgl. 9–17.30 Uhr; Windsurfing und Kitesurfing; Unterricht auf allen Niveaus auch in deutscher Sprache; über 50 *boards*).

Tauchen: Diving Submarine, Praia do Estoril, Tel. 992 48 65, atilros@hotmail.com. PADI-Kurse (Open Water bis Dive Master), geführte Tauchgänge, Schnorcheltouren; Info-Stand am alten Hafenkai. Simply Divers Center (Boavista Watersport System), Praça de Santa Isabel, Tel. 992 28 63, bws@bwscv.com. PADI-Tauchzentrum mit Kursen für alle Ausbildungsstufen, Ausfahrten mit voll ausgerüstetem 11-m-Boot.
Bootsausflüge/Whale Watching: Santamónica, Praça de Santa Isabel, Tel./Fax 251 14 45, agsantamonica@cvtelecom.cv. Ausfahrten mit einer 18-m-Segelyacht, unterwegs Gelegenheit zum Angeln und Baden.
Hochseefischen: Boavista Watersport System (s.o.) betreibt ein eigenes, gut ausgestattetes Boot (Arcoa 1080, 11 m). Santamónica (s.o.) vermittelt ebenfalls Ausfahrten (Tagesmiete 500 US-$, für vier Fischer). Infos zum Hochseefischen auch bei Ruth, Tel. 251 13 92.
Ausflüge: Ruth (Tel. 251 13 92) veranstaltet Rundfahrten: Povoação Velha / Santa Mónica (ein Tag), Norte–Curral Velho (ein Tag), Praia das Chaves–Cabo de Santa Maria (halber Tag).
Fahrräder: Mountainbikes verleiht Boavista Watersport System an der Praça de Santa Isabel (s.o.).
Reiten: Santamónica (s.o.). Geführte Ausritte zu Pferd (1–3 Std.)
Desert Running/Trekking: Boavista Marathon Club, Geladaria Criolo (s.o.).
Quad/Geländemoped: Cabo Gesat, Tel. 251 12 87. Geführte Exkursionen per Motoquad und diversen Geländemopeds. Zu buchen in Hotels, Restaurants und Bars.

Flug: TACV-Büro: Largo da Escola (von der Kirche Santa Isabel aufwärts neben einer weiteren, modernen Kirche), Tel. 251 11 86. Flugtickets auch bei Santamónica (s.o.).
Taxi/Aluguer: Gegenüber Pousada Boa Vista. Freite zum Flughafen 700 ECV.
Mietwagen: Méndez & Méndez, Pousada Boavista (Geländewagen, z.B. Mitsubishi Pajero, für 5500–6200 ECV pro Tag). Cab Auto, hinter der Igreja de Santa Isabel, Tel. 251 11 66. Santamónica, Praça de Santa Isabel, Tel./Fax 251 14 45, agsantamonica@cvtelecom.cv.
Fähre: s. S. 220, Tickets bei Santamónica (s. o.).
Fähre zur Ilha do Sal Rei: Keine feste Fährverbindung. Mit Fischern nach Vereinbarung, ca. 1500–2500 ECV.

Rabil und der Südwesten

Kapverden-Atlas: S. 235, D 2
Rabil selbst hat neben der Kirche und einer kleinen Töpferei nicht viel an Sehenswürdigkeiten zu bieten. Esel sind hier noch ein häufiges Transportmittel. Der Flughafen nördlich des Ortes belebt sich nur zwei- oder dreimal am Tag, wenn die kleinen Maschinen aus Sal oder – seltener – von anderen Inseln eintreffen. Derzeit wird die Landebahn allerdings erweitert.

»Oásis« und Lagune von Rabil

Die alte Straße (Via Pitoresca) zwischen Sal Rei und dem Flughafen durchschneidet ein interessantes Dünengebiet – die so genannte Oásis. Dort bildet die endemische Atlantische Palme einen regelrechten Urwald. Bei ihr wachsen aus einem Wurzelstock mehrere Stämme. Diese Landschaft eignet sich auch gut für Streifzüge zu Fuß.

Der Esel ist das häufigste Transportmittel in Rabil

Im von Akazien gesäumten Mündungsbereich der Ribeira Grande, den sowohl die Hauptstraße von Sal Rei nach Rabil als auch die Via Pitoresca kurz vor dem Flughafen queren, hat sich eine Brackwasserlagune gebildet. Die Lagune von Rabil ist ein Eldorado für Wasservögel. Vogelbeobachter haben hier schon zahlreiche interessante Zugvögel gesichtet.

Igreja São Roque

Von Sal Rei kommend zweigt in Rabil eine Stichstraße im spitzen Winkel nach links zur Igreja São Roque ab. Das Gotteshaus stammt aus dem Jahre 1806 und wurde 1851 gründlich umgebaut. Mit den zwei gedrungenen Türmen wirkt die Igreja São Roque recht klobig. Rundum stehen einige zerfallene Natursteinhäuser sowie einfache neuere Häuser aus Zementsteinen. Die Bewohner trocknen ihre Wäsche auf dem erdigen Platz vor der Kirche. Von hier aus ergibt sich ein herrlicher Blick auf das üppig grüne Tal der Ribeira Grande sowie auf Dünen und Berge.

Escola de Olaria

Rabil besitzt eine große Keramiktradition, viele ältere Leute beherrschen noch die Kunst, Gefäße ohne Drehscheibe von Hand aufzubauen. Am Südrand des Ortes ist in einem unscheinbaren Natursteinhaus seit dem Jahr 2000 die Escola de Olaria (port.: Töpfereischule) untergebracht. (Im Ort nicht links abbiegen Richtung Norte, sondern zunächst in Richtung Praia da

MEERESSCHILDKRÖTEN

Fünf Arten von Meeresschildkröten gibt es in den Gewässern um die Kapverdischen Inseln: Die Echte sowie die Unechte Karettschildkröte, die Lederschildkröte, die Suppenschildkröte und die Bastardschildkröte. Nur zur Eiablage Ende Mai bis Ende Oktober kommen die Tiere an Land. Ansonsten leben sie in den Weiten des Atlantiks. Hauptsächlich bevorzugen sie die östlichen Inseln Sal, Boavista und Maio, wo es noch Sandstrände gibt, die kaum erschlossen sind.

Auf den Kapverdischen Inseln soll die drittgrößte Population weltweit vorkommen. Anscheinend bevölkern hier bis zu 2000 Tiere das Meer. Allein 70 % davon kommen zur Eiablage an die ruhigen Strände von Boavista.

Häufigste Schildkrötenart auf Cabo Verde ist die Unechte Karettschildkröte. Die anderen Arten kommen nur in sehr geringer Zahl zur Eiablage auf die Inseln. Im Durchschnitt wird die Unechte Karettschildkröte 1,50 m lang und wiegt 150 kg. Ihr Panzer ist schwach gewölbt und oben braun, an der Unterseite gelblich. Nach der Befruchtung, die im offenen Meer erfolgt, legen die weiblichen Tiere ihre Eier am Strand ihrer Geburt ab. Zu diesem Zweck graben sie etwa 60 cm tiefe Sandgruben oberhalb der Gezeitenzone. Nach 48–60 Tagen schlüpfen dann die Jungtiere. Die jungen Schildkröten streben sofort zum Meer. Sie orientieren sich am Glitzern der Sterne und des Mondes auf dem Wasser. Lichter einer Stadt im Landesinneren können die Tiere verwirren, so dass sie in die falsche Richtung laufen. Schätzungsweise gelangt nur eine von 1000 geschlüpften Karettschildkröten zur Geschlechtsreife, die erst mit 15–30 Jahren eintritt.

Die Echte Karettschildkröte ist kleiner und leichter. Sie wird im Durchschnitt nur 50 cm lang. Ihr Panzer liefert das echte Schildpatt, eine durchsichtige, sehr gut zu bearbeitende Hornmasse, deren Verwendung allerdings heute international geächtet ist (s. u.). Die größte Meeresschildkröte ist die Lederschildkröte, mit über 2 m Panzerlänge und über 500 kg Gewicht. Sie ernährt sich von Fischen, Krebsen, Weichtieren, aber auch Algen. 80–100 Eier legen die Weibchen in Sandgruben.

Ebenfalls recht groß wird die Suppenschildkröte. Mit einem Gewicht von 200 kg ist sie außerhalb des Wassers ziemlich unbeholfen und hat Schwierigkeiten zu atmen. Werden die Tiere an Land gehalten, sterben sie meist an Erschöpfung. Die kleinste Meeresschildkröte ist die Bastardschildkröte. Sie kann leicht mit der Unechten Karettschildkröte verwechselt werden. Ihr Panzer ist jedoch olivfarben.

Schon im 15. Jh. begann die Jagd auf Schildkröten. Damals galt ihr Fleisch als Heilmittel gegen Lepra. Später ging es dann mehr um Luxusgüter wie Kämme und Schnallen aus Schildpatt oder Lederwaren. Als Delikatesse werden immer noch in einschlägigen Kreisen die Eier der Suppenschildkröte gehandelt.

Vorsicht beim Kauf von Souvenirs: Meeresschildkröten sind äußerst gefährdet, und jegliche Einfuhr von Schildpattprodukten oder Leder in die EU-Länder und die Schweiz ist verboten!

Chave und dann links aufwärts fahren.) Vor dem Eingang steht ein Steinofen. Er wird jedoch kaum in Betrieb genommen. In einem schmalen Hof fertigt man Fliesen. Vasen und Töpfe gibt es im Inneren des Gebäudes zu sehen. Dort befindet sich auch ein moderner Brennofen. Dieser steht allen Bewohnern von Rabil zur Verfügung, um ihre in Heimarbeit gefertigten Tonwaren zu brennen. Wer den Ofen benutzt, muss für Gas sorgen und das Gerät überwachen. Wenn geöffnet ist, sind Besucher stets willkommen, viel zu verkaufen gibt es allerdings nicht.

Oase in der Ribeira Grande

Das Tal der Ribeira Grande zwischen Rabil und Estância de Baixo ist eine richtige Oase. Zahlreiche Kokospalmen ragen hier mit ihren schlanken Stämmen auf. Daneben, etwas niedriger, auch Dattelpalmen. Die Ortschaften hat man auf dem trockenen Plateau beiderseits des Tales gegründet. Im Talgrund selbst war der Boden zu wertvoll um darauf zu siedeln. Hier wurde immer Landwirtschaft betrieben. Die Zeiten, als man Bananen und Zuckerrohr ernten konnte, sind allerdings vorbei. Ältere Bauern ringen ihren Feldern noch Bohnen ab und bringen die Ernte mit Hilfe von Mauleseln ein. Zahlreiche Kuhreiher bevölkern den Wiesengrund unter den Palmen. Der Abstecher nach Estância de Baixo (ausgeschildert hinter Rabil) lohnt kaum. Auch berührt die dorthin führende Straße die eigentliche Oase nicht. Besser erkundet man sie zu Fuß von der Hauptstraße aus.

Auf der Weiterfahrt nach Norte, noch vor der Abzweigung nach Santa Mónica, sieht man rechts eine vom Flusslauf geschaffene Steilkante. Unten ist dort Plateaubasalt zu erkennen, der wie mit dem Messer abgeschnitten wirkt. Darüber liegt eine ebenso horizontale, etwa 10–15 Meter dicke Flugsandschicht und bildet einen eindrucksvollen Kontrast zum dunklen Basalt.

Alte Ziegelei und Praia da Chave

In Rabil ist die Praia da Chave ausgeschildert. Es geht am Friedhof vorbei, der Schornstein der alten Ziegelei dient als Orientierung. An der Praia da Chave befindet sich die private Bungalowsiedlung **Parque da Dunas Village.** Restaurant und Bar sind allerdings öffentlich zugänglich.

In der Nähe liegt die Ruine einer alten Ziegelei, die wegen des Vorkommens von exzellentem Ton bei Rabil von der Familie Ben Oliel hier am Strand zwischen 1895 und 1899 erbaut wurde. Man produzierte Dachziegeln und Backsteine, die auf alle anderen Inseln und sogar nach Afrika verschifft wurden. Die Kohle für den Brennofen kam aus São Vicente. Damals gab es an der Praia da Chave einen Schiffskai, er ist komplett verschwunden. Auch von den Häusern für 50 Mitarbeiter, der Krankenstation und der Bar ist nicht mehr viel zu erkennen. Aus finanziellen Gründen wurde die Produktion 1910 eingestellt. Mit moderneren Maschinen aus Portugal ging die Fabrik zehn Jahre später noch einmal in Betrieb. Doch 1928 war endgültig Schluss. Alle Zie-

geln aus der Fabrik an der Praia da Chave tragen übrigens als Herkunftszeichen einen eingeprägten Schlüssel (Schlüssel = port. *chave*).

Große Teile der Mauern sind inzwischen von Sand bedeckt. Ein wenig Richtung Norden lässt sich landeinwärts ein interessantes Feld mit sichelförmigen Wanderdünen entdecken. Man kann regelrecht zuschauen, wie sie allmählich, aber unaufhaltsam alles unter sich begraben und nach einiger Zeit doch wieder freigeben.

Sodade di nha terra: in der Nähe des Flughafens, Tel. 251 10 48. Eines der besten Restaurants der Kapverden, der Küchenchef hat in der Schweiz gelernt. Langusten, fangfrischer Fisch, Zicklein. Reservierung empfohlen. Hauptgerichte ab ca. 800 ECV.

Pico Santo António und Povoação Velha

Kapverden-Atlas: S. 235, D 3
Die Straße nach Santa Mónica beginnt viel versprechend. Doch schon bald folgt ein längerer Abschnitt ohne Asphaltdecke. Ein Geländefahrzeug ist hier von Vorteil. Im weiteren Verlauf ist die Strecke zwar wieder durchgehend gepflastert, doch Vorsicht wegen größerer Löcher in der Fahrbahn!

Der **Pico Santo António,** ein erodierter Vulkan, dessen Schlot als bizarre Felsformation aus dem Gipfelbereich herausragt, liegt zur Linken. Die Route verläuft durch eine Steinwüste, in der man oft kleine Trupps von sandfarbenen Vögeln beobachten kann, die flink hin und her laufen: Wüstenläufer. Dann hält die Straße genau auf die Ro-

cha Estância zu, einen imposanten Felsklotz, von dessen Hängen sich Vulkanaschefächer in die Ebene erstrecken.

Am südwestlichen Fuß des Berges liegt **Povoação Velha** (›alte Siedlung‹). Es handelt sich in der Tat um den ältesten Ort der Insel, der wohl schon vor 500 Jahren gegründet wurde. Die ersten Siedler wählten diese von der Küste nicht einsehbare Stelle, weil sie hier vor Piratenangriffen sicher waren.

Mittelpunkt des Ortes ist die Praceta de Santo António, eine kleine, mit Blumenbeeten und Bänken ausgestattete Platzanlage. Am hinteren Ortsrand erhebt sich linker Hand etwas abseits die hübsche, gepflegte Igreja Nossa Senhora da Conceição. 1828 wurde die Kirche erbaut, sie steht aber auf den Fundamenten einer Kapelle aus

Die schneeweiße und menschenleere Praia de Santa Mónica

dem Jahre 1680. Den stets mit Blumen geschmückten, bunt bemalten Altar zieren naive Heiligenbilder. Von dem kleinen Vorplatz schaut man Richtung Süden und erahnt in der Ferne die Praia de Santa Mónica.

13. Juni: Prozession zu Ehren des hl. Antonius zum Pico Santo António.
8. Dezember: Fest zu Ehren von Maria Empfängnis, der Schutzheiligen von Povoação Velha.

Praia de Santa Mónica

Kapverden-Atlas: S. 235, D 3
Viele halten die menschenleere Praia de Santa Mónica für den schönsten Strand in ganz Cabo Verde. Bis dorthin

GEBRANNTER KALK

Die kegelförmigen Ruinen von Kalköfen sind auf Boavista allgegenwärtig. Überall stehen sie verstreut in der Gegend, vor allem im Norden der Insel. In mehr als 500 Steinöfen wurde einst der reichlich vorhandene Kalk gebrannt. Davon befinden sich etwa 100 rund um Rabil. Heute sind die Öfen dem Verfall preisgegeben. Allerdings blieben viele so gut erhalten, dass man sich ein Bild von dem Produktionsprozess machen kann.

Abwechselnd wurden in den Ofen Lagen von Kalk und Holz geschichtet. Nach erfolgter Befeuerung begann sich das Gestein unter Abgabe von Kohlendioxid zu zersetzen und fiel durch ein Gitter zur Ofentür, wo es noch heiß herausgenommen wurde. Dann breitete man es aus und löschte es mit kaltem Wasser ab, woraufhin es zu Pulver zerfiel – dem so genannten Löschkalk. Dieser wurde gesiebt und für den Verkauf in Säcke abgepackt. Jetzt konnte man ihn zur Herstellung von Mörtel und für Kalkanstriche verwenden. Auf den Süd- und Nordinseln des Archipels kommt Kalk von Natur aus selten oder gar nicht vor. Dort gab es viele dankbare Abnehmer für den Löschkalk, denn im 19. Jh. begann auf den Kapverden eine enorme Bautätigkeit. Außerdem wurde er auch an die westafrikanische Küste exportiert.

Natürlich waren Kalkproduktion und -ausfuhr in industriellem Ausmaß nicht ohne erhebliche Investitionen möglich. Ausschließlich ausländische Unternehmer betätigten sich in der Branche. Um das Jahr 1820 wurde auf Boavista der erste Kalkofen in Betrieb genommen. Zu dieser Zeit war Sal Rei die wirtschaftlich bedeutendste Stadt der Kapverden. Hier gab es große Handelshäuser, zumeist von Engländern geführt. Der Export von Salz, Baumwolle, Vieh und dem Naturfarbstoff der Färberflechte (*urzela*) florierte. Dennoch hielten die ortsansässigen Unternehmer nach weiteren lukrativen Handelsgütern Ausschau. 1872 ließ sich die aus Marokko geflüchtete jüdische Kaufmannsfamilie Ben Oliel auf Boavista nieder und förderte die Kalkindustrie. Damals zeichnete sich ein Rückgang des Salzexports ab, und künstliche Anilinfarben lösten die Naturfarbstoffe ab. Schließlich musste zu Beginn des 20. Jh. der Baumwollanbau auf Boavista aufgegeben werden, bedingt durch gefallene Weltmarktpreise. Wiederum wurde die Kalkindustrie angekurbelt. 1939 konnte man immerhin 21319 t Kalk exportieren, 1956 waren es dann allerdings nur noch 685 t. Die Konkurrenz von importiertem Zement war zu plötzlich zu stark geworden. Was blieb, war die entwaldete Landschaft. Die schüttere Akaziensavanne war in den Kalköfen verfeuert worden. Fischerei und Fischverarbeitung traten an die Stelle des Kalkexports. Doch an die großen Zeiten einer prosperierenden Wirtschaft konnte man auf Boavista damit nicht anknüpfen. So werden heute alle Hoffnungen in den Tourismus gesetzt, der seit einigen Jahren geradezu boomt. Schon gibt es auf Boavista etwa 300 Gästebetten, weitere werden folgen.

sind 8 km auf einer Piste zu bewältigen, die einen Geländewagen erfordert. Unterhalb der Kirche von Povoação Velha beginnt der zunächst noch gepflasterte Fahrweg (ausgeschildert: Santa Mónica), der schon bald in eine Erdpiste übergeht. Diese gabelt sich. Der rechte Abzweig endet am Friedhof, einem von einer weißen Mauer umgebenen Areal außerhalb des Ortes. Links führt die Hauptpiste weiter.

Eine breite Salzwiese schließt landwärts an den fast schneeweißen Traumstrand an. Man kann normalerweise bedenkenlos über die Wiese hinweg zum Strand fahren. Nur nach starken Regenfällen oder bei Sturmflut steht sie kurzzeitig unter Wasser. Am Strand selbst kann man meist wegen des Passatwindes das Sonnenbaden nicht genießen. Aber hinter der Salzwiese erstreckt sich ein mit Libellen bevölkerter Gürtel von Akazien, die Schatten und Windschutz spenden. Zwar führt hinter dem Strand in östlicher Richtung eine Fahrspur weiter, doch sollte man der Versuchung widerstehen entlang der Küste nach Curral Velho weiterzufahren. Im weiteren Verlauf ist die Gefahr des Steckenbleibens recht groß.

Norte und der einsame Südosten

Kapverden-Atlas: S. 235, F 2
Von Rabil führt die Straße nach Norte zunächst hinab ins Flusstal und folgt dessen Verlauf ein kurzes Stück. Dann geht es über den Campo da Serra weiter, eine flache, von faustgroßen schwarzen Vulkangesteinsbrocken übersäte Wüste. Sie ist rundum von einem Gebirgszug umgeben und erinnert an einen großen Kraterboden. Nach Überqueren einer Passhöhe zeigt sich voraus schon ein Teil des Tales der Ribeira do Norte. Rechts und links von der Straße häufen sich Ruinen von Kalköfen. Die Straße quert den meist ausgetrockneten Flusslauf. Schöne Exemplare der Atlantischen Palme, aber auch hochstämmige Kokospalmen sind hier zu bewundern.

Man passiert den ersten, wenig spektakulären Ortsteil von Norte. Er heißt **João Galego.** Dann ist der Hauptort **Fundo Figueiras** schnell erreicht. Die weiß und pastellfarben angestrichene Pfarrkirche der Gemeinde Norte steht direkt an der Straße. Sie ist Johannes dem Täufer (São João Baptista) geweiht und ähnelt im Baustil der Igreja São Roque von Rabil. Errichtet wurde sie zwischen 1850 und 1870. Fundo Figueiras ist ein gepflegtes Dorf. Die Straßen sind sauber, die schmucken Häuser bunt.

Als dritter Ortsteil folgt **Cabeço dos Tarafes.** Dieses Dorf wirkt ärmlicher als die anderen. Viele Häuser sind verlassen und verfallen allmählich. Am Ende der Siedlung befinden sich ein gepflasterter Platz und ein Fußballfeld. Dahinter geht es auf einer Piste weiter zu den Stränden des Südostens.

Piste zur Südostküste

Diese Tour sollte nur mit einem geländegängigen Fahrzeug und einer gehörigen Portion Unternehmungsgeist in Angriff genommen werden. Zum Baden eignen sich die Strände im Südosten nicht, dafür wird man mit herrlicher Einsamkeit und einem kleinen Wüstenabenteuer belohnt. Ersatzreifen und Wagenheber sollten zur Beruhigung mitgenommen werden. Genügend Trinkwasser ist ebenfalls angebracht. Die gesamte Strecke beträgt hin und zurück ca. 80 km. Mit einer reinen Fahrzeit von mindestens 4,5 Std. ist zu rechnen. Des Weiteren ist es ratsam so viel Zeit einzukalkulieren, dass man auch von Cabeço dos Tarafes nach Sal Rei nicht im Dunkeln zurückfahren muss. Keinerlei Straßenbeleuchtung oder Leitpfosten erleichtern auf dieser Strecke die Orientierung. Mit Schlaglöchern und anderen Unregelmäßigkeiten ist auch auf den Pflasterstraßen zu rechnen!

Hinter Cabeço dos Tarafes endet die Pflasterstraße (s.o.). Auf einer Piste geht es weiter Richtung Süden. Sie gabelt sich nach Durchqueren eines ausgetrockneten Flusstales, man hält sich geradeaus. Links liegt eine begrünte Senke, im Hintergrund ist der Monte Negro mit Leuchtturm zu erkennen. Die Piste wird teilweise von Steinmännchen gesäumt und ist im weiteren Verlauf deutlicher zu erkennen und auch besser zu befahren. Nach ca. 7 km Pistenfahrt trifft man auf Reste einer ehemaligen Pflasterung. Die Fahrt führt jetzt über eine helle Ebene. Rechter Hand erhebt sich der spitze Monte Estância. Bei Kilometer 7,9 sollte man auf eine Abzweigung nach links achten. (Wer versehentlich geradeaus fährt, trifft auf eine mit einem Wagen unüberwindliche Stelle.) Der Abzweig links umgeht die Passage und mündet wenig später wieder in die ehemalige

Die Ponta Carreto bei Norte

Pflasterstraße. Dann ergibt sich der erste Blick auf den Atlantik, wo sich links unten an einer Flussmündung ein schöner Palmenhain erstreckt. Rechts dehnt sich die hellsandige Praia João Barrosa aus.

Kurz vor der Wasserlinie hält man sich an ein paar Ruinen rechts. Die Piste folgt nun dem Küstenlauf, lässt aber einen kleinen Strandsee links liegen. Rechts breitet sich eine große Steinwüste mit Ruinen alter Kalköfen aus. Im weiteren Verlauf wird noch ein Strandsee passiert.

Wenig später liegen rechts die zerfallenen Steinhäuser des Weilers **João Barrosa.** Der Pistenverlauf führt dann durch einen weiteren Salzsee. An diesem sollte man, um der Gefahr des Steckenbleibens zu entgehen, rechts vorbeifahren. Nach dem Überfahren einer Kuppe erkennt man links voraus die **Ilhéu Curral Velho,** wo einige Exemplare des äußerst selten gewordenen Prachtregattvogels (kreol. *rabil*) brüten. Es lohnt sich, nach dem mit bis zu 2,20 Metern Spannweite gewaltigen, rabenschwarzen Vogel Ausschau zu halten.

Im Vordergrund erstreckt sich eine weite Bucht mit der hellsandigen Praia Curral Velho. Noch vor dem Ort **Curral Velho** geht es hinunter in eine Ebene, in der sich Salzlagunen ausbreiten. An diesen entlang hält man sich, Steinreihen folgend, möglichst weit rechts. Dahinter liegt auf einer Anhöhe das Dorf. Die Route biegt hier nach rechts ab und führt nach ca. 22,5 km durch den Weiler. Er ist von seinen Bewohnern verlassen, die meisten Häuser sind dem Verfall preisgegeben.

Hinter Curral Velho hält man sich am einer T-Kreuzung links und fährt entlang einer Natursteinmauer. Etwas später wird ein Gehöft passiert. Große Areale für Vieh sind mit Natursteinmauern abgegrenzt. Nach anstrengendem Gehoppel landeinwärts erreicht man an der Praia do Sul erneut das Meer. Danach entfernt sich die Piste wieder von der Küste und führt über einen mit schwarzem Geröll bedeckten, flachen Hang. Bald ist dann die Ponta de Curralinho erreicht. Ein großes Steinmännchen am Pistenrand markiert hier den Beginn der **Praia de Santa Mónica.** Die sichelförmige Bucht mit hellem Sand breitet sich in Richtung Westen aus. Die Piste führt hinab ans Meer, wo es sich in absoluter Einsamkeit verweilen lässt. Eine Weiterfahrt direkt in Strandnähe ist zwar möglich, aber wegen der Gefahr des Steckenbleibens nicht zu empfehlen. Man sollte also umkehren, um zurück nach Cabeço dos Tarafes zu fahren. (Wer Lust hat, kann oberhalb des Strandes auf der Hauptpiste noch ein Stück weiterfahren. An einem tief eingeschnittenen Tal endet die Piste nach knapp 40 km ab Cabeço dos Tarafes. Einst führte hier eine Brücke hinüber, doch sie ist komplett eingestürzt!)

Wer nicht nach Cabeço dos Tarafes zurückkehren möchte, kann von Curral Velho auf wilden Pisten gut 20 km durchs Landesinnere bis zur Straße Rabil–Norte fahren. Hierzu wendet man sich an der T-Kreuzung hinter Curral Velho rechts und biegt ca. 300 m darauf wieder links ab. Die Orientierung in dem wüstenhaften Gelände ist allerdings denkbar schwierig!

MAIO

Auf Maio geht es bescheidener zu als auf den bekannteren Nachbarinseln. Rund um den Hauptort Vila do Maio gibt es allerdings schöne Strände. Wer Einsamkeit, Ruhe und Natur pur liebt, kommt hier auf seine Kosten. Meeresschildkröten und zahlreiche Vogelarten beleben die Szenerie.

Vila do Maio

Kapverden-Atlas: S. 237, E 2
Vila do Maio mit farbenfroh angestrichenen, blumengeschmückten Häusern wirkt sympathisch. Doch verharrt die Stadt meist in einer Art Dämmerzustand. Die Bewohner sitzen gleichgültig an den Straßen oder kehren die Gehwege. Sie warten darauf, dass etwas passiert... Bei den wenigen Urlaubern handelt es sich meist um Traveller, die ihren ganzen Ehrgeiz daran setzen, alle Inseln gesehen zu haben.

Stadtzentrum

Den zentralen Platz, wo zwischen Blumenrabatten Bänke im Schatten hoher Bäume zur Rast einladen, dominiert die katholische **Kirche.** Der Bau wurde 1872 aus einer eigens eingeführten Salzsteuer finanziert. Ein breiter Treppenaufgang führt zu dem von zwei Türmen flankierten Eingang. Der Frontgiebel weist barocke Elemente auf, wie sie für den portugiesischen Kolonialstil typisch sind (s. S. 42). Innen ist die Kirche schlicht, aber sehr gepflegt.

In einer Seitenstraße, die südwärts vom Kirchplatz abzweigt, steht die kleine **Markthalle** (tgl. 8–17 Uhr). Hier kann man sich mit dem Nötigsten versorgen.

Oberhalb der Kirche erstreckt sich die weitläufige **Praça Évora.** Dort erhebt sich gegenüber vom Hotel Marilú das einstmals wohl schönste Haus von Vila do Maio, im Stil eines Sobrados (s. S. 41) errichtet. Bauherr war António Évora, der zu Beginn des 20. Jh. faktisch über das Salz-Monopol auf Maio verfügte. Auch den Handel mit getrocknetem Ziegenfleisch *(tchassina),* das in England reißenden Absatz fand, kontrollierte er. Nach der Unabhängigkeit transferierten die Erben das Familienvermögen nach Amerika. Das Haus gehört seit den 1980er Jahren der Partei PAICV und verfällt allmählich.

Noch weiter oberhalb, an der Straße Richtung Figueira, liegt die **Post,** von weitem schon an den Funkantennen zu erkennen. An einem lang gestreckten Platz befinden sich dort weitere Bars und Mercearias sowie die unvermeidliche Shell-Tankstelle, eine wichtige Anlaufstelle wie überall auf den Kapverden.

Am Meer

An der Uferstraße steht auf einem Sockel aus Marmor ein steinernes Kreuz von 1955 mit einer Christusfigur (Cristo Rei). Die Straße heißt seit der Unabhängigkeit **Avenida Amílcar Cabral.** Viele Einheimische sprechen aber immer noch vom ›Passeio dos Ingleses‹. Vila do Maio wurde früher Porto Inglês genannt, denn vom 17. bis ins 19. Jh. hinein kamen jährlich etwa 80 Fischereiboote aus England, um Salz an Bord zu nehmen, das Esel von den Salinen herbeischleppten. Anschließend fuhren sie nach Neufundland, um dort Kabeljau zu fangen und mit Hilfe des Salzes zu Stockfisch zu verarbeiten.

Am Südwestrand der Stadt stehen am Meer die Reste einer **Festung** aus dem 18. Jh. Die Außenmauer wurde restauriert, der Putz bröckelt aber schon wieder ab. Um die englischen Interessen zu wahren, war lange Zeit eine englische Garnison in der Festung stationiert.

Die sehr feinsandige Praia da Vila, an der stets einige Fischerboote liegen, eignet sich recht gut zum Baden. Im Gegensatz zu vielen Stadtstränden von Cabo Verde bleibt man hier noch weitgehend unbelästigt. Weit zieht der Strand sich nach Norden zum ›Hafen‹, einer erst 1997 eingeweihten Betonmole, die so weit ins Meer reicht, dass auch große Frachtschiffe anlegen können. Zuvor war dies nicht möglich,

Die katholische Kirche im portugiesischen Kolonialstil

Eldorado für Vogelbeobachter

Ohne größeren Aufwand, vom Mietwagen oder Aluguer aus, kann man bei einer Rundfahrt auf Maio die verschiedensten exotischen Vogelarten bewundern. Häufig sind Wüstenläufer, Sandlerche und Rennvogel zu beobachten. An der Westküste werden sogar immer wieder Fischadler gesichtet.

was zur wirtschaftlichen Stagnation auf Maio beitrug. Hinter der Kaimauer dehnt sich bis zum Flughafen ein riesiger Strandsee mit **Salinenbecken** aus. In geringen Mengen wird heute noch Salz gewonnen und nach Guinea-Bissau ausgeführt. Die Salinen sind ein Eldorado für Vogelbeobachter, häufig finden sich hier vor allem Seeschwalben und verschiedene Watvögel ein.

Praia Ponta Preta

Die Praia Ponta Preta ist der landschaftlich vielleicht beeindruckendste Teil Maios, gut zum Baden geeignet und obendrein von der Stadt aus in etwa 15 Min. zu Fuß zu erreichen. Dazu wendet man sich am Kreisverkehr oberhalb der Kirche rechts, dann auf der nächsten größeren Straße links. Man kommt am Gebäude der 1985 gegründeten **Verbrauchergenossenschaft** (Cooperativa) vorbei, einer Sehenswürdigkeit für sich. Mit seinen Kuppeln erinnert es an afrikanischen Rundbauten. Hier werden Gasflaschen gelagert und an die Mitglieder günstig abgegeben. Im Bogen führt die Pflasterstraße aus der Stadt heraus zu dem von einer hohen weißen Mauer umgebenen Friedhof. Noch vor diesem biegt man rechts in eine breite Piste ein. Zwischen steinernen Ziegenpferchen führt die Piste Richtung Meer und hinab zum Westrand der **Praia Ponta Preta.** Dort wird sie von der gleichnamigen Landzunge begrenzt, die ihren Namen auffällig schwarzem Lavagestein verdankt, das der Küste in Form von Felsriffen unmittelbar vorgelagert ist.

Der wunderschöne, gelbsandige und – noch – äußerst einsame Strand dehnt sich von hier aus etwa 6 km in östlicher Richtung aus. Ein Erschließungsgelände an der Ponta Preta deutet bereits auf künftige touristische Bauvorhaben hin. Noch weiden auf dem Küstenplateau Ziegen. Zum Strand hin fällt die Ebene ein paar Meter steil ab. Hier tritt ein farbenfrohes, rötliches Gestein zutage. Es handelt sich um verwitterten Kalk. Weiter im Osten wird der Strand breiter, dahinter dehnt sich bald eine riesige Salzwiese aus. Dieser Abschnitt ist nur zu Fuß zu erreichen.

Residencial Bom Sossego: am Kirchplatz, Tel. 255 13 65, Fax 255 13 27. Ansprechende Zimmer, allerdings mit kaltem Wasser. Dachterrasse. Senegalesische Leitung. DZ 3800 ECV.
Hotel Marilú: Rua 24 de Setembre, Tel. 255 11 98, Fax 255 13 47. Funktionale Zimmer, mit einfachen Mitteln jedoch liebevoll eingerichtet. Kühlschrank, Ventilator, warmes Wasser. Im Haus eine Bar mit Tischen vor der Tür, auf dem Dach Ter-

rasse und Aufenthaltsraum. Pauschal buchbar. DZ 2400–2800 ECV.

Bom Sossego: im gleichnamigen Hotel. Zuverlässige Adresse, da das Restaurant meist geöffnet hat. Solide kapverdische und portugiesische Küche.

Disco Esperanza: Avenida Amílcar Cabral. Einfache Disco, nur am Wochenende geöffnet, selten was los.
Bar Nunha: Rua 3 de Maio/Praça Évora (gegenüber Hotel Marilú). Überdachte Terrasse mit nur einem Tisch!
Ein wichtiger Treffpunkt ist auch die namenlose Bar in einem umgebauten Schiffscontainer auf der Praça Évora.

3. Mai: Kreuzerhebungsfest und Feierlichkeiten zum Gedenken an die Entdeckung der Insel (s. S. 33).
24.–26. Juni: Festa São João (Johannisfest) mit Tabanka-Tänzen.
21. November: Festa do Cristo Rei mit traditionellen Tänzen und Gesängen.

Fahrradverleih: Fahrräder, aber auch Mofas und kleine Mopeds vermietet das Residencial Bom Sossego (s.o.).

Flug: TACV-Büro: am Südrand der Stadt in einer Parallelstraße, die oberhalb der Praça Évora nach Süden führt, Tel. 255 12 56.
Aluguer: Am Ortsausgang Richtung Figueira. Morgens fahren die Wagen in die Stadt und am frühen Nachmittag wieder zurück in die Dörfer. Man muss also meist komplett mieten. Freite zum Flughafen 200 ECV.
Mietwagen: Maio Car, Avenida Amílcar Cabral (Straße Richtung Flughafen), Tel. 255 17 00. Verschiedene vierradgetriebene Wagen. Reparaturen von alten Reifen schlagen mit umgerechnet ca. 5 € zu Buche...
Fähre: s. S. 220.

Der bewaldete Westen

Morro

Kapverden-Atlas: S. 237, E 2
An der Straße von Vila do Maio zum Flughafen thront eine Marienfigur mit Kind auf einer weißen Säule – wohl zur Sicherung der Landebahn. Nach Passieren des Flughafens weist ein Schild links Richtung ›Aldeia Turística‹. Zwei wie Burgen wirkende Anlagen im Dünengelände bilden hier ein ›Feriendorf‹. Eine der Anlagen ist zur Zeit geschlossen. Doch gibt es sicherlich ein großes touristisches Potential, denn Morro verfügt über einen schönen, hellsandigen Badestrand. Im Sommer finden sich Meeresschildkröten am Ufer ein, um hier ihre Eier abzulegen. Am Strand entlang kann man bis zum rund 6 km entfernten Ort Calheta laufen (s.u.).

Kleine Kokospalmenhaine umstehen den Ort Morro, der sich ansonsten dadurch auszeichnet, dass Kühe, Schweine, Ziegen und Hühner auf den Straßen herumlaufen. Im Nordosten erhebt sich der **Monte Batalha** (294 m), markanter Berg innerhalb eines lang gestreckten Höhenzugs. Sein Gipfel mit toller Aussicht ist von Morro aus zu Fuß zu erreichen (hin und zurück ca. 4 Std.).

Hotel-Villas Bela Vista: Morro, Tel. 256 13 66, Fax 256 13 77, www.terra.es/personal/hawaii. Gemütliche, komfortable Apartments rund um einen geräumigen Meerwasserpool. Freundliches Restaurant, Tennisplatz. Pauschal buchbar. Bungalow für 2 Personen 41 €.

Calheta und Morrinho

Kapverden-Atlas: S. 237, E 1/2
Calheta ist eine etwas größere Ansiedlung. Die hübsche Kirche besitzt eine auffällig breite, weiß und gelb angestrichene Fassade. Beachtung verdient die von außen zugängliche Seitenkapelle mit ihrem Spitzbogen. Hier, an der blumengeschmückten Praça vorbei, lohnt es sich links einzubiegen. Einstöckige Häuser mit bunten Fassaden und gepflegten Vorgärten stehen neben ärmlicheren, oft nur halb fertig gestellten Behausungen. Sogar zwei doppelstöckige Gebäude gibt es in der Rua São José, der Hauptstraße von Calheta. Treppenaufgänge führen außen an der Vorderseite zur Veranda im Obergeschoss.

Nördlich des Ortes beginnt ein großes Waldgebiet, das zwischen 1966 und 1974 durch Aufforstung mit Akazien entstanden ist. Große Heuschrecken fliegen hier wie Vögel umher. Auch lassen sich Schwärme von gar nicht scheuen Schopfperlhühnern beobachten. Dieser in ganz Westafrika heimische Vogel gilt als Stammform unserer Hausperlhühner. Eine beschilderte Piste führt zur Praia de Pau Seco. Wegen der spitzen Akaziennadeln, denen die vielfach reparierten Mietwagenreifen nicht immer gewachsen sind, sollte man den knappen Kilometer bis zu dem einsamen Strand zu Fuß zurücklegen. Zum Baden, mehr noch zum Schnorcheln eignet sich die Praia de Pau Seco recht gut. Einige Vorsicht ist aber wegen der vorgelagerten Felsen am Platz. In den Wintermonaten fehlt es dem Strand an Sand.

In **Morrinho** ist lediglich die Hauptstraße ein wenig belebt. Viele Häuser stehen leer und zerfallen. Oleanderbüsche zieren den weiten Vorplatz der Dorfkirche mit ihrer asymmetrischen Fassade und dem seitlich in Bodennähe angebrachten Glockenstuhl. Man lebt auch in Morrinho von der Viehhaltung. Gefüttert werden die Tiere mit den Schoten der Akazien. Außerdem wird Holzkohle produziert, ein Prozess, den man sowohl an der Hauptstraße (an beiden Ortsausgängen) als auch an der Piste, die von der Kirche westlich aus Morrinho hinausführt, beobachten kann. Zu Haufen aufgeschichtet schwelt Akazienholz vor sich hin und verwandelt sich allmählich in Kohle. Diese wird in große Säcke verpackt und auf die anderen Inseln exportiert.

19. März: Festa São José (Sankt Josef) in Calheta mit traditionellem Tabanka (s. S. 33).

Abenteuer im Osten

Der Osten von Maio ist großenteils nur auf Pisten zu erreichen. Die Tour kann zu einer tagesfüllenden Inselrundfahrt gegen den Uhrzeigersinn ausgebaut werden. Einkehrmöglichkeiten gibt es unterwegs nicht, abgesehen von den üblichen Mercearias/Bars, daher Proviant und Getränke mitnehmen!

In östlicher Richtung verlässt man Vila de Maio an der Shell-Tankstelle vorbei. Etwa 5 km außerhalb zweigt rechts eine Pflasterstraße nach **Barreiro** ab. Der Abstecher führt über eine

AUFFORSTUNGSPROGRAMM AUF MAIO

Die Holzkohleproduktion gefährdet nicht mehr den Bestand der Bäume

Als die Kapverdischen Inseln 1975 unabhängig wurden, war Maio praktisch vegetationslos. Von der Entdeckung Mitte des 15. Jh. an diente die Insel fast drei Jahrhunderte lang ausschließlich als Weideland für Rinder, Ziegen und Schafe. Niedriges Buschwerk und Grasflächen bedeckten die Insel, bevor sie kahl gefressen wurde. Wenige Viehhirten waren lange Zeit die einzige Bevölkerung auf Maio. Als Mitte des 18. Jh. der Salzhandel blühte, belebte sich die Insel. Die verbliebene Vegetation diente als Brennholz. Was übrig blieb, war nichts als Stein- und Sandwüste.

Deutsche und belgische Entwicklungsprojekte zur Eindämmung der Desertifikation (Wüstenbildung) sorgten schon seit 1975 stetig für Aufforstung mit robusten Akazien. Von Calheta an der Westküste über Morrinho bis nach Cascabulho erstreckt sich inzwischen ein lichter Akazienwald mit 700 ha Fläche. Die weitere Planung sieht vor den Wald auf 3000 ha auszudehnen.

Die Akazien vermehren sich schon selbst, so dass sogar genügend Holz für die Herstellung von Holzkohle vorhanden ist, ohne dass der Bestand der Bäume gefährdet wäre (s. S. 18).

gesteinsübersäte Ebene, in die sich bizarre Täler eingeschnitten haben. Mehrere Ortsteile von Barreiro verteilen sich über die dazwischen stehen gebliebenen ›Finger‹ der Ebene. Grünanlagen und Parkbänke zeugen in Barreiro von relativem Wohlstand. Ähnlich wie in Calheta gibt es hier sogar ein paar zweistöckige Häuser.

Figueira und Ribeira Dom João

Kapverden-Atlas: S. 237, F 2
Auf der Hauptstraße gelangt man nach weiteren 2 km nach **Figueira,** einem niedlichen Ort mit verwinkelten Straßenzügen. Man fährt an der hübschen Kirche mit ihrer Natursteinfassade vorbei und biegt dann rechts ab. Eine Pflasterstraße führt aus dem Ort heraus und quert wenig später das Tal der **Ribeira Figueira,** wo Zuckerrohr und Gemüse angebaut werden. Ein wenig wirkt der Talgrund wie eine Oase inmitten der ansonsten staubtrockenen Landschaft.

Die Straße endet in **Ribeira Dom João.** Dieser Ort liegt auf einer Anhöhe am Rand des gleichnamigen Tals, das relativ dicht mit Kokospalmen bestanden ist. Vom Dorf aus erblickt man den einige hundert Meter entfernten, hellsandigen Strand an der Flussmündung. Eine sehr abenteuerliche Piste (besser zu Fuß gehen!) führt kurz vor Straßenende steil hinab zu der breiten, geschützten Praia. Da die Dorfbewohner selten auswärtigen Besuch bekommen, wird man dort allerdings schnell die Neugierde der Kinder und Jugendlichen erwecken.

Auf Pisten nach Alcatraz und Pedro Vaz

Kapverden-Atlas: S. 237, F 1/2
Östlich von Figueira, an der Straße nach Ribeira Dom João, zweigt noch vor dem Tal der Ribeira Figueira eine sichtlich viel befahrene Piste in nördlicher Richtung ab, einen Bergrücken hinauf, den Talgrund zur Rechten. Sie ist extrem ausgewaschen. Die Route quert den in mehrere Arme aufgespaltenen oberen Talgrund der Ribeira Figueira. Auch hier gibt es Bewässerungsfeldbau: Maniok, Zuckerrohr, Bananen, Süßkartoffeln, Zwiebeln. Wiederholt verzweigt sich die Piste, die Spuren führen stets wieder zusammen.

Nach Verlassen des Tals kommt man auf eine wellige, öde Ebene, die Hirten mit ihren Kühen und Ziegen durchstreifen. Esel tragen Kanister mit Wasser aus dem feuchten Talgrund herauf. Einziger Baum weit und breit ist eine gewaltige Feige, ein uraltes knorriges Exemplar. Sie gilt als letzte Zeugin eines einstmals größeren Feigenbestandes. Der **Monte Branco** (265 m) dominiert die Gegend. Seinen Namen (›weißer Berg‹) verdankt er dem auffällig hellen Kalkgestein.

Hinter einem weiteren Talgrund gelangt man nach **Pilão Cão,** dessen einzige Sehenswürdigkeit die Viehställe ringsum darstellen. Am Ende der – gepflasterten – Hauptstraße geht es im Bogen links weiter und auf einer Piste aus dem Ort heraus, an einer auffälligen Bauruine vorbei.

Nächstes Ziel ist **Alcatraz.** Auch hier gibt die Viehhaltung den Ton an. Die Hauptpiste führt links am Dorf vorbei, man sollte sich aber den Abstecher ins Zentrum gönnen. Dort geht es sehr traditionell zu, mehr noch als im Nachbarort Pilão Cão.

Zwischen Alcatraz und Pedro Vaz erhebt sich links der **Monte Penoso,** mit 436 m höchster Berg von Maio. Einsam steht die Wallfahrtskapelle **Nossa Senhora do Rosário** am Pistenrand. Sie ist das einzige erhaltene Gebäude des Dorfes **Povoação Penoso,** der ältesten Siedlung von Maio, die bis ins 18. Jh. hinein existierte. Eine Mauer umgibt das idyllische Gelände, in dem einige Akazien Schatten bieten. Normalerweise ist die Rosenkranzkapelle verschlossen. Ein Gedenkstein über dem Eingang und ein Giebelkreuz schmücken die Fassade.

Hinter dem nächsten Bergrücken taucht in einer Senke **Pedro Vaz** auf. Vom Wind angetriebene Wasserschöpfräder fördern das notwendige Nass für ein wenig Bewässerungsanbau. Hier gibt es einen Zwillingsrundbau nach afrikanischer Art, in dem die östliche Verbrauchergenossenschaft ihren Sitz hat, ähnlich wie in Vila do Maio. Im Zentrum knickt die Piste nach links, dem Talgrund aufwärts folgend, von Steinmauern gesäumt. Nach Verlassen des Tals geht die Fahrt durch eine Savanne, die zu einem großen Aufforstungsgebiet im Nordwesten gehört. Eine breite Abzweigung nach links wird ignoriert. Dann gabelt sich die Piste mehrfach, doch die Spuren führen immer wieder zusammen. Schon bald erblickt man den Ort **Cascabulho.** Dort beginnt eine Pflasterstraße, die über Calheta nach Vila do Maio führt.

2. Februar: Festa Nossa Senhora da Luz. Zu Ehren von Maria Lichtmess, der Inselpatronin, findet eine Wallfahrt zur Rosenkranzkapelle statt.

Letzter Zeuge einstmals größeren Bestandes: Feigenbaum in der Ribeira Figueira

Die südlichen Inseln

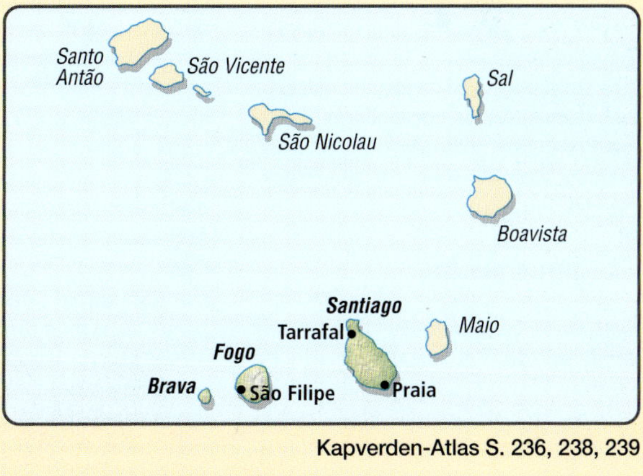

Fischtransport in Praia (Santiago)

Kapverden-Atlas S. 236, 238, 239

SANTIAGO

Santiago gilt als afrikanischste der Kapverdischen Inseln. Die Kultur der ehemaligen Sklaven konnte sich in einsamen Bergdörfern der Serra Malagueta erhalten. Hingegen ist die Hauptstadt Praia quirlig und modern. Eintauchen in die Geschichte lässt sich in Cidade de Santiago.

Praia

Kapverden-Atlas: S. 236, C 4

Praia ist Hauptstadt und mit ca. 100 000 Einwohnern auch größte Stadt von der Kapverden. Jeder Stadtteil hat seinen eigenen Charakter. Verwaltet wird Praia vom Platô (auch Plateau) aus, das beinahe einen europäischen Eindruck macht, wäre da nicht der afrikanische Gemüsemarkt. Ausländische Botschaften und schicke Villen verteilen sich an der Praia Prainha. Fast rund um die Uhr geht es auf der Achada Santo Antonio lebhaft zu. Der armen Bevölkerungsschicht vorbehalten ist der Stadtrand, wo Rohbauten aus groben Zementsteinen dominieren. Einziger Farbtupfer in diesem grau-braunen Gebiet ist die Wäsche, die zum Trocknen an den Häusern hängt.

Stadtgeschichte

Die ersten Siedler hatten ihre Hauptstadt an der Mündung der Ribeira Grande (s. S. 117ff.) gegründet. Doch stellte sich bald heraus, dass das benachbarte Praia den besseren Naturhafen besaß. Überdies unterlag dieser zunächst kaum einer behördlichen Kontrolle. So richteten sich nicht nur so genannte Neuchristen (getaufte Juden und Mauren) hier ein, die vor der Inquisition in Portugal geflüchtet waren, sondern es blühte auch der illegale Handel. Beides wirkte sich belebend auf die Entwicklung Praias aus.

Obwohl die Todesstrafe darauf stand, begann in Praia um 1687 ein schwunghafter illegaler Handel mit Baumwollstoffen *(panos)*, die auf Santiago hergestellt und an englische Kapitäne verkauft wurden. Diese wiederum trieben an der afrikanischen Küste Handel damit. Selbstredend war der lukrative Schmuggel den portugiesischen Autoritäten ein Dorn im Auge. Doch erst 1757 versuchten sie durch die Übertragung des Monopols auf den Außenhandel der Kapverden an die Companhia do Pará e Maranhão diesem Einhalt zu gebieten. Die Gesellschaft verstärkte die Verteidigungseinrichtungen an der Bucht und bestand darauf dass der Gouverneur der Kapverden seinen Sitz von Ribeira Grande nach Praia verlegte, um den getroffenen Maßnahmen mehr Gewicht zu verleihen. Bald siedelten weitere öffentliche Institutionen und viele Privatleute von Ribeira Grande nach Praia um. 1858 wurde Praia endgültig zur Hauptstadt des Archipels erklärt.

Das südliche Plateau

Noch zu Beginn des 19. Jh. nahm Praia lediglich den Südteil des Platô unmittelbar oberhalb des alten Hafens ein. Von der Altstadt blieb allerdings nichts erhalten, denn ab 1808 nahm die Kolonialverwaltung eine grundlegende Neustrukturierung der Stadt in Angriff, mit breiten Straßenzügen und großzügigen Plätzen.

Mittelpunkt des Platô ist seither die riesige **Praça Alexandre Albuquerque.** Ein großer Pavillon auf dem Platz dient als Bühne für Veranstaltungen und Musikdarbietungen. Blumenrabatten und -kübel dekorieren die Anlage, Snack-Bars und der unvermeidliche Coca Cola-Kiosk sorgen für das leibliche Wohl. Schuhputzer und Kleinsthändler bieten ihre Dienste an. Am Südrand des Platzes wartet das **ehemalige Rathaus** 1 von Praia mit seiner klassizistischen Fassade und dem zentralen, quadratischen Glockenturm auf die überfällige Restaurierung.

Die ebenfalls im klassizistischen Baustil gehaltene katholische **Igreja Nossa Senhora da Graça** 2 beherrscht den Südostrand der Praça. Sie ersetzte im 19. Jh. die kleine Igreja de Santa Maria da Praia von 1526. Durch äußerste Schlichtheit beeindruckt die Inneneinrichtung. Die Rückwand des Hauptaltars ist eine schöne Stuckarbeit, in Nischen stehen ein paar wenige Heiligenfiguren. Hinter der Kirche verläuft eine kurze Stichstraße Richtung Meer. Diese wird von einer interessanten, wenn auch baufälligen Häuserzeile aus dem ausgehenden 19. Jh. gesäumt.

Abseits vom Trubel steht am Ende der Rua Serpa Pinto der **Präsidentenpalast** 3 (Presidência). Das prächtige, Ende des 19. Jh. für den Gouverneur der Kapverden errichtete Gebäude ist von einer gepflegten Gartenanlage umgeben. Wachen stehen an den Eingängen vor Schildhäuschen im englischen Stil und achten darauf, dass sich Fotografen weder Palast noch Garten allzu sehr nähern. Außerhalb des Palastgeländes erhebt sich an der Küstenpromenade ein **Bronzedenkmal** 4. Es würdigt den Seefahrer Diogo Gomes mit Schwert und Sextant in der Hand. Gomes gilt heute als eigentlicher Entdecker Santiagos. Er soll die Insel im Jahr 1460 noch vor dem Italiener António de Noli betreten haben. Die Flotte der beiden bestand aus zwei Karavellen. Auf der Rückfahrt wurde das von Gomes befehligte Schiff angeblich durch widrige Winde weit nach Westen abgetrieben. De Noli traf zuerst in Lissabon ein, heimste den Entdeckerruhm ein und bekam das Legatskapitanat über den Süden Santiagos zugesprochen. Gomes erhielt den Norden der Insel und gründete beim heutigen Praia Baixo seine Hauptstadt namens Alcatrazes, von der jegliche Überreste verschwunden sind. Stattdessen florierte Praia, das ursprünglich Alcatrazes lediglich als Hafen diente.

Vom Denkmal schaut man über die Praia Gamboa vor dem alten Hafen mit den beiden heute kaum noch genutzten Bootsanlegern und dahinter auf den Stadtteil Prainha mit dem Leuchtturm. Links befindet sich der neue Hafen, der geschäftigste von Cabo Verde. In der Bucht liegt die kleine **Ilhéu Santa Maria.** Das Eiland ist unbesiedelt und von Land aus allenfalls mit einem eigenen oder gecharterten Boot zu erreichen. Allerdings gibt es Pläne, dort ein Spielkasino mit Hotel und mehreren Restaurants zu errichten...

Hinter dem Präsidentenpalast beginnt die ruhige **Rua Andrade Corvo,** wo in einer alten Festung das Bataillon Soldaten untergebracht ist, das den Präsidenten bewacht. Hier herrscht absolutes Fotografierverbot!

Hauptgeschäftsstraße von Praia ist die Avenida Amílcar Cabral. Angrenzend an die Praça Alexandre Albuquerque steht dort die **Adega** 5, ein nostalgisches ehemaliges Warenhaus. Zwei Häuser weiter links befindet sich ein Kulturzentrum mit Internetcafé (250 ECV pro Stunde), dort wird auch eine reichhaltige Auswahl von CD's mit kapverdischer Musik verkauft.

Ebenfalls an der Avenida Amílcar Cabral liegt der hallenähnliche **Mercado** 6, ein sehr lebhafter Gemüse-, Obst- und Fischmarkt. Das Angebot an frischen Lebensmitteln und exotischen Gewürzen ist das beste auf dem ganzen Archipel. Nicht einmal frische Kräuter fehlen. Den weiteren Verlauf der Avenida Amílcar Cabral säumen prächtige Handelshäuser aus dem 19. Jh., deren Fassaden allmählich abbröckeln. Es gibt Geschäfte für

Sehenswürdigkeiten

1 Ehemaliges Rathaus
2 Igreja Nossa Senhora da Graça
3 Präsidentenpalast
4 Denkmal des Diogo Gomes
5 Adega
6 Mercado (Markt)
7 Kirche der Nazarener
8 Flachrelief mit zwei Karavellen
9 Ethnographisches Museum

Übernachten

10 Hotel Praiamar Oásis Atlântico
11 Hotel Pestana Trópico
12 Hotel Marisol
13 Residencial Solimar
14 Aparthotel Holanda
15 Residencial Paraiso
16 Residencial Anjos
17 Residencial Rosymar

Essen und Trinken

18 O Poeta
19 Plateau
20 A Falésia
21 Punto d'Incontro
22 Aviz
23 Aquarium
24 Marconi
25 Cachito
26 Café Lee
27 A Bolha

PRAIA
0
400 m
Assomada, Tarrafal
ACHADINHA DO MEIO
BAIRRIO
21
Mercado de Sucupira
Parque 5 de Julho
Flughafen
Praça Domingos Ramos
PLATÔ
Av. Amilcar Cabral
Av. Machado Santos
Rua Andrade Corvo
TERRA BRANCA
Cemetério da Várzea
Av. da O.U.A.
VÁRZEA
Cidade Velha
Estádio da Várzea
Palacio do Governo
Detailplan S. 113
ACHADA STO. ANTÓNIO
Porto da Praia
12
Praia Gamboa
14
27
Av. U.C.L.A
Rua 13 de Janeiro
24
MEIO ACHADA
Ilheu Santa Maria
18
Rua Cidade Maputo
11
Rua O.U.A.
Palácio da Assembleia Nacional Popular
PRAINHA
Rua 19 do Maio
13
Rua do Mar
Prainha
20
Praia Quebra Canela
10
Rua do Farol
Ponta Temoroso

den gehobeneren Bedarf und von Asiaten geführte Warenhäuser mit Konsumartikeln aller Art. Außerdem haben hier einige Reiseagenturen ihren Sitz.

Das nördliche Plateau

Mittelpunkt des ruhigeren Nordens des Platô ist die parkähnliche, fast quadratische Praça Luís de Camões. An ihrem Südostrand steht das Außenministerium von Cabo Verde, entsprechend bemüht man sich um eine gepflegte Atmosphäre. Zwei Parallelstraßen weiter nördlich erhebt sich ein türkisblaues **Gotteshaus der Nazarener** 7 (s. S. 32), eine der beiden großen Kirchen des Platô.

Am Nordrand des Stadtteils befindet sich das Lyzeum. Davor, auf der schön bepflanzten Praça Domingos Ramos, erinnert ein segelförmiges **Flachrelief mit zwei Karavellen** 8 an die portugiesischen Entdecker. Im Halbrund gruppieren sich einige geschmackvoll renovierte Wohnhäuser aus der Kolonialzeit. Rechts am Lyzeum vorbei gelangt man zu einer Mauer über einer Steilwand. An ihrem Fuß liegt das meist ausgetrocknete Bett der Ribeira Filipe. Man blickt hinüber zur Achada Grande, einer dicht bebauten Hochfläche mit dem Flughafen von Praia.

Ein kleines, aber feines **Ethnographisches Museum** 9 (Sa–Di 10–12, Mi/Fr 10–12, 15–18 Uhr) ist in der Avenida 5 de Julho in einem restaurierten Stadthaus aus dem 18. Jh. untergebracht. Zu sehen sind schöne, alte Panos, aber auch Funde aus Schiffswracks und bäuerliche Gebrauchsgegenstände.

Fashion Coffee Sofia

Das Fashion Coffee Sofia stellt Tische auf die Praça Luís de Camões. Riesige Sonnenschirme spenden Schatten. Das Café wird gern von den in Praia lebenden ausländischen Diplomaten aufgesucht. Hier kann man sich über kulturelle Veranstaltungen informieren, außerdem besteht die Möglichkeit für 400 ECV pro Stunde im Internet zu surfen. Nahebei gibt es einen Zeitschriftenkiosk, wo man mit etwas Glück sogar internationale Magazine ergattern kann.

Mercado de Sucupira

Der Markt ist befestigt wie eine Burg, es gibt nur wenige Eingänge. Innen verirrt man sich in einem Labyrinth von schattigen, schmalen Gängen. Die Marktstände werden durch Wellblech und Markisen gegen das Sonnenlicht geschützt. In großen, abschließbaren Fässern lagert über Nacht die Ware. Ausgepackt wird jeden Morgen aufs Neue, gegen 10 Uhr geht der Handel richtig los. Verkauft wird einiges, was auch als Mitbringsel taugt: afrikanische Kleidung, Modeschmuck, Schuhe. Darüber hinaus gibt es alles für den täglichen Bedarf der Einheimischen, sogar Drogerieartikel, Bettwäsche, Koffer und Möbel. Im Zentrum des Mercado de Sucupira befindet sich ein

Sehenswürdigkeiten

1 Ehemaliges Rathaus
2 Igreja Nossa Senhora da Graça
3 Präsidentenpalast
4 Denkmal des Diogo Gomes
5 Adega
6 Mercado (Markt)
7 Kirche der Nazarener
8 Flachrelief mit zwei Karavellen
9 Ethnographisches Museum

Übernachten

10 Hotel Praiamar Oásis Atlântico
11 Hotel Pestana Trópico
12 Hotel Marisol
13 Residencial Solimar
14 Aparthotel Holanda
15 Residencial Paraiso
16 Residencial Anjos
17 Residencial Rosymar

Essen und Trinken

18 O Poeta
19 Plateau
20 A Falésia
21 Punto d'Incontro
22 Aviz
23 Aquarium
24 Marconi
25 Cachito
26 Café Lee
27 A Bolha

adretter Block mit mehreren kleinen Restaurants, die an wenigen Tischen frisch Zubereitetes servieren.

Prainha

Die Praia Gamboa zwischen den Stadtteilen Platô und Prainha ist nicht besonders sauber und zum Baden kaum geeignet. Mit Bettlern und streunenden Hunden ist zu rechnen.

In Prainha befinden sich Botschaften und Wohnhäuser der Diplomaten. Villenartige Häuser und gepflegte Gärten hinter hohen Zäunen säumen die Hauptstraße, die Rua 19 de Maio. Vor den Botschaften stehen Wachleute. Nach Büroschluss sieht man ein bun-

Blick auf den Hafen von Praia

tes Völkchen joggen. In großen Wagen mit roten Diplomaten-Nummernschildern fährt man zu Treffen oder Geschäftsessen. Touristen, die ein etwas größeres Budget haben, finden hier mehrere Hotels. Die wenigen Restaurants und Bars in Prainha passen zum Publikum, wobei die Atmosphäre allerdings entspannt und eher locker ist.

Südwestlich des Hotels Trópico liegt in einer von Felsen umgebenen Bucht mit der **Prainha** ein schöner, zwar nicht sonderlich breiter, aber sauberer Strand. Hier lässt sich ein geruhsamer Badetag verbringen, auch ein Strandrestaurant ist vorhanden. Einsam steht der Leuchtturm auf der **Ponta Temoroso,** einer Landzunge, die im Süden die große Bucht von Praia abschließt. Weiter westlich liegt die größere, weitgehend unerschlossene **Praia Quebra Canela,** an der sich die Stadtjugend vergnügt. Wohlhabendere Klientel meidet diesen Strand eher. Als Ausländer sollte man hier einige Vorsicht walten lassen.

Achada Santo António

Der Stadtteil Achada Santo António liegt auf einer Hochebene im Westen Praias. Hier ist sogar am Wochenende etwas los, wenn die Stadt ansonsten im Dämmerschlaf versinkt. In diesem Ausgehviertel schlechthin reihen sich zahlreiche Bars, und nicht viel weniger Frisöre bieten ihre Dienste an. Restaurants sorgen für das leibliche Wohl. Wenn abends auf dem Platô die Gehwege hochgeklappt werden, geht es auf der Achada Santo António erst richtig los. Dort wo die Straße von Prainha heraufführt, erhebt sich das moderne gigantische Parlamentsgebäude, mit Finanzhilfe Chinas erbaut.

****Hotel Praiamar Oásis Atlântico** 10: Prainha, Tel. 261 41 53, Fax 261 29 72, www.oasisatlantico.com. Standard- und Superiorzimmer sowie Suiten. Viel Komfort, u. a. ein Health-Club. DZ ab ca. 12000 ECV.

****Hotel Pestana Trópico** 11: Prainha, Tel. 261 42 00, Fax 261 52 25, www.pestana.com/EN/hoteis/Africa/CaboVerde/Tropico. Haus der Luxusklasse. Schöner Blick von der Hotelbar Honório auf den Pool im Innenhof. Büro der Autovermietung Hertz, Souvenirshop. Pauschal buchbar. DZ mit Frühstück 11000 ECV.

***Hotel Marisol** 12: Cha de Areica, Praia Gamboa (am Beginn von Prainha), Tel. 261 42 00, Fax 261 52 25. Funktionell mit geräumigen Zimmern, einige mit Balkon und Meerblick, warmes Wasser. Gutes Res-taurant. DZ mit Frühstück 6500 ECV.

Residencial Solimar 13: Rua 19 de Maio (Prainha), Tel. 261 85 49, Fax 261 85 43. Neu und sauber. Zimmer mit Klimaanlage und Kühlschrank. Snack-Bar. DZ ca. 5000 ECV.

Aparthotel Holanda 14: Rua Centro de Saúde (Achada Santo António), Tel. 262 39 73, Fax 262 37 10, hotelholanda@cvtelecom.cv. Ansprechende Zimmer, warmes Wasser, Bar, Restaurant, gutes Frühstück. Holländisch-kapverdische Besitzer. Man spricht deutsch. DZ ab 3300 ECV.

Residencial Paraiso 15: Rua Serpa Pinto, Tel. 261 35 39. In der ruhigen Wohnsiedlung beim Lyzeum. Renovierte Zimmer, teils mit Balkon. DZ 3500 ECV.

Residencial Anjos 16: Rua Serpa Pinto, Tel. 261 41 78, Fax 261 57 01. Saubere Pension, nur kaltes Wasser. Zentral und doch ruhig. Zimmer mit Südbalkon geben lassen! DZ 2700–3000 ECV.

Residencial Rosymar 17: Rua Tenente Valadim 32 (hinter dem Centre Culturel Français), Tel. 261 63 45. Ordentliche Zimmer ohne Balkon, aber Privatbad und warmes Wasser. Begrünter Patio mit Terrasse. DZ 2600 ECV.

O Poeta 18: Rua Achada Santo António. Gehobene Küche, aufmerksamer Service. Viel von Diplomaten, Regierungsmitgliedern und Geschäftsleuten besucht. Aber auch Touristen sind gern gesehen. Große Terrasse mit tollem Blick. Hauptgerichte ab 800 ECV.

Plateau 19: Rua Cândido dos Reis 21, Tel. 261 32 54, tgl. 8–22 Uhr. Gehobene Küche im historischen Altstadtkern, z. B. Fondue oder Reis mit Meeresfrüchten. Am Sonntag Buffet. Zum Dessert gibt es Backwerk aus eigener Herstellung. Hauptgerichte ab ca. 800 ECV.

A Falésia 20: Prainha, am Beginn der Praia Quebra Canela. Gehobenes Ambiente, beliebt auch bei Diplomaten.

Zurück zum Hotel

Nachts ist es ratsam, mit dem Taxi zurückzufahren, falls das Quartier nicht auf der Achada Santo António liegt. Eventuellen Aufdringlichkeiten geht man so am besten aus dem Weg. Die Zufahrten und Zugänge zu dem Stadtteil sind nicht sehr gut beleuchtet und auch wenig begangen.

Französisches Kulturzentrum

Wichtiger Anlaufpunkt für Ausländer ist das Französische Kulturzentrum (Centre Culturel Français) in der Rua Andrade Corvo, wo man Bücher in französischer Sprache über Cabo Verde einsehen und zum Teil auch kaufen kann. Der lauschige Innenhof mit Café ist eine Oase der Ruhe. Immer wieder finden hier aktuelle Kunst- und Informationsveranstaltungen statt (Mo 14.30–18.30, Di–Fr 9–12, 14.30–18.30, Sa 10– 13 Uhr).

Schöne ruhige Terrasse über dem Meer, gute portugiesisch-kapverdische Küche. Hauptgerichte 700–800 ECV.

Punto d'Incontro 21: Avenida Cidade de Lisboa (gegenüber Sucupira). Gute Pizza (ab 500 ECV), ansonsten kapverdische Küche. Gemütliches Ambiente. Hauptgerichte ab 800 ECV.

Aviz 22: Avenida 5 de Julho. In der meist recht vollen Bar nur Snacks. Aber im kleinen Hinterzimmer speist man nett und ungestört. Hauptgerichte um 700 ECV.

Aquarium 23: Nette, wasserblaue Einrichtung mit echten Fischen in Aquarien. Einheimisches Publikum. Ordentlich, preisgünstig. Hauptgerichte um 500 ECV.

Marconi 24: Achada Santo António. Urig mit bunt bemalten Wänden, verruchter Großstadt- und Amüsierviertelflair, geschmackvoll-schummrige Einrichtung. Gegrilltes, Fisch. Hauptgerichte ab 400 ECV.

Cachito 25: Avenida Amílcar Cabral (neben der Adega). Snacks und leichte Mittagsmahlzeiten. Unterkühltes Ambiente mit einem auffallend schönen Wandbild. Propeller an der Decke fächeln Luft zu. Hauptgerichte 350–500 ECV.

Café Lee 26: Rua Andrade Corvo (gegenüber vom französischen Kulturzentrum). Winzig klein, aber todschick. Snacks ab 150 ECV, Tagesgericht um 400 ECV.

A Bolha 27: Achada Santo António. Überdachte Terrasse mit Blick auf das quirlige Treiben. Beliebter Treffpunkt am Mittag, günstige einheimische Küche. Hauptgerichte ab 300 ECV.

Souvenirs: In der Rua Andrade Corvo gibt es neben dem Café Lee kunsthandwerkliche Erzeugnisse von den Kapverden: Lavasteinhäuschen aus Fogo, Keramik aus Boavista u.a.

Ausgehviertel ist der Stadtteil Achada Santo Antonio mit zahlreichen Bars (s.o.). Musik- und Tanzveranstaltungen finden häufig in Restaurants in Außenbezirken statt, die nur per Taxi zu erreichen sind (auf Plakate oder Handzettel achten).

Pub Ruzêro: Rua Cesário de Lacerda, gegenüber der Post. ›In‹-Adresse auf dem Plateau.

5al da Música: Nordende der Avenida Amílcar Cabral gegenüber Air Senegal. Nachtlokal im Innenhof eines Stadthauses. Am Wochenende ab 22 Uhr Live-Musik, oft brasilianisch.

A Capital: Prainha. Disco für die Wohlhabenden. Auf gepflegte Kleidung wird Wert gelegt.

Discoteka Zero Horas: an der Straße zum Flughafen. Große, beliebte Freiluftdisco.

Großes Kino an der Praça Luís de Camões, wo stets die aktuellen internationalen Filme laufen – in (zumeist englischer) Originalsprache mit portugiesischen Untertiteln. Umwerfend nostalgisches Ambiente.

Karneval: Freitag ist Kinder-Karneval. Am Nachmittag präsentieren die Eltern ihren phantasievoll kostümierten Nachwuchs auf der Praça Alexandre Albuquerque. Um 16 Uhr beginnt vor dem Lyzeum ein Kinderumzug. Die Erwachsenen feiern von So bis Di, wenn auch nicht so lebhaft wie in Mindelo.

Organisierte Ausflüge und Wanderungen: Santiagotur, Rua Cândido Dos Reis 21 (Plateau), Tel. 261 97 98, Fax 261 97 99, www.santiagotur.cv. Auch Hotelbuchungen, Transfers, Tauchen, Segeln.

Fähre: s. S. 220.
Flug: TACV-Büro: Rua Serpa Pinto, Platô, Tel. 261 58 13, Fax 261 59 05, Mo–Fr 8–17 Uhr, Sa 9–12 Uhr. Inter Islands Airlines: Av. Unidade Guiné-Cabo Verde, Platô, Tel. 260 02 33, Mo–Fr 8–12 und 14–17 Uhr.
Bus: Stadtbusse fahren eine festgelegte Runde über Platô, Achada Santo António, Sucupira und Fazenda. Einen Fahrplan gibt es nicht, tagsüber kommt alle paar Minuten ein Bus. Gezahlt wird beim Fahrer.
Aluguer: Richtung Assomada/Tarrafal (häufig) und Calheta (seltener) ab Südrand des Sucupira-Marktes. Passagem Praia–Tarrafal ca. 300 ECV. Nach Cidade Velha ab Stadtteil Terra Branca (nördlich Achada Santo António). Passagem Praia–Cidade Velha 100 ECV. Nach Einbruch der Dunkelheit starten kaum noch Aluguers!
Taxi: Innerstädtische Fahrten 100–300 ECV, Tagestour 7000–8000 ECV.
Mietwagen: Alucar (in der Nähe des Hotels Marisol, bei der Shell-Tankstelle, Tel. 261 58 01 oder 261 45 20, Fax 261 49 00). Autobraza (Vila Nova, Tel. 263 18 14, Fax 263 18 24). Sociapra (Av. Amílcar Cabral, Tel. 261 57 90, Fax 261 27 91).

São Francisco

Kapverden-Atlas: S. 236, C 3
Nordöstlich von Praia liegt abseits der Küste der kleine Ort São Francisco. Unterhalb am Meer öffnet sich hier die einsame Baía de São Francisco. Die herrlich hellsandige, palmenbestandene Badebucht ist vom Dorf aus auf einer ca. 5 km langen Piste erreichbar.

King-Fisher Lodge: Baía de São Francisco, Tel. 266 11 00. Info und Buchung in Deutschland: Hermann Rolfs, Strandstraße 57, D-24229 Strande, Tel. 04349-203, Fax: 04349-645, www.king-fisher.de. Schöne große Ferienhäuser für 5–7 Personen, die meisten mit Küche. Es gibt aber auch ein Restaurant. Pauschal buchbar. Studio für 2 Personen ab ca. 80 €.

Cidade de Santiago

Kapverden-Atlas: S. 236, B 4
In Cidade de Santiago (auch Cidade Velha) begann die Besiedelung der Inseln, hier wurde das Mittelalter bis heute bewahrt. Mit interessanten Baudenkmälern und einer romantischen Atmosphäre lohnt die alte Hauptstadt unbedingt einen Besuch. Dazu verlässt man Praia zwischen den Stadtteilen Achada Santo António und Terra Branca (keine Beschilderung). Links zweigt bald eine Straße Richtung ›Santiago Golf Resort‹ ab. Dort liegt die touristische Entwicklungszone von Santiago bisher brach. Durch öde Landschaft geht es weiter geradeaus, den Ort **São Martinho Grande** mit seiner hübschen rosafarbenen Kirche passierend.

SKLAVENMARKT SANTIAGO

Wegen des heißen, trockenen Klimas waren die Kapverden für portugiesische Auswanderer wenig attraktiv. Zwar schickte Lissabon verurteilte Kriminelle nach Santiago. Doch reichte die Zahl der Siedler nicht, um die Insel in ein blühendes landwirtschaftliches Produktionszentrum zu verwandeln, wie man es sich erhofft hatte. Daher wurden Sklaven aus Afrika benötigt. Ab 1466, als die Lehnsherren von Ribeira Grande von der Krone das Monopol auf den Guinea-Handel übertragen bekamen, setzte die Einfuhr im großen Stil ein.

Meist stammten die Afrikaner vom Stamm der Fula in Guinea-Bissau, wo die Portugiesen Handelsstützpunkte entlang der Küste errichtet hatten. Die Fula waren Opfer der Gabu, eines kriegerischen Stammes, der Gefangene gegen Stoffe, Schnaps, Waffen und andere Waren an die Portugiesen verkaufte. Darüber hinaus erstreckte sich der Sklavenhandel auf die heutigen Staaten Senegal, Gambia, Guinea und Sierra Leone.

Die Sklaven wurden auf Santiago und Fogo – die anderen Inseln des Archipels blieben zunächst unbesiedelt – in der Landwirtschaft eingesetzt, um eingesalzenes Ziegenfleisch, später auch Zuckerrohrschnaps (*grogue*) sowie den aus Amerika eingeführten Mais zu produzieren. Diese Güter verkaufte man an hier Station machenden Schiffe. Vor allem aber pflanzte man Baumwolle. Sie wurde anfangs roh exportiert. Später fertigten die Afrikaner nach ihrer Tradition Stoffe (*panos*) von hervorragender Qualität (s. S. 44), die man an der Guinea-Küste wiederum gegen Sklaven eintauschen konnte. Dort wurden die Panos von den Frauen der Oberschicht gern getragen, denn sie übertrafen in Qualität der Farben und Vielfalt der Muster die einheimischen Konkurrenzprodukte bei weitem.

Schon bald entwickelte sich Ribeira Grande zur Drehscheibe des Sklavenhandels im Atlantik. Neuankömmlinge wurden getauft und eingearbeitet, bis sie genügend Portugiesisch gelernt hatten, um Befehle zu verstehen. Dann ›exportierte‹ man sie nach Portugal und Spanien. Bald deckten sich auch spanische und portugiesische Schiffe auf dem Weg zu den südamerikanischen Kolonien auf Santiago mit menschlicher Ware ein. Bezahlt wurde mit landwirtschaftlichen Produkten aus Amerika: Zucker, Baumwolle, Indigo.

Zehntausende von Sklaven sollen über Santiago gehandelt worden sein. Genaue Zahlen sind nicht bekannt. Zu Beginn des 17. Jh. wurden pro Jahr noch mindestens 500 Menschen auf dem ›Markt‹ von Ribeira Grande verkauft. Damals erzielte die portugiesische Krone etwa drei Viertel ihrer Einnahmen aus der Kolonie Cabo Verde mit dem Sklavenhandel, obwohl der Höhepunkt bereits überschritten war.

1645 verloren die privilegierten Adligen in Ribeira Grande durch königliches Dekret das Monopol auf den Handel mit Westafrika, der Sklavenmarkt auf Santiago brach zusammen und wurde bald darauf geschlossen. Jetzt versorgten sich portugiesische Handelsgesellschaften direkt an der Guinea-Küste mit Sklaven.

Am Pelourinho in Cidade Velha wurden Sklaven zur Schau gestellt

Doch die Kapverden nahmen weiterhin – wenn auch indirekt – an dem lukrativen Menschenhandel teil. Die Nachfrage nach Panos an der Guinea-Küste, der Goldküste und sogar in Brasilien war bis ins 19. Jh. hinein groß. Englische und französische Menschenhändler sahen sich zwecks Versorgung der Kolonien in Nordamerika gezwungen, auf der ›Einkaufsfahrt‹ nach Afrika zunächst die Kapverden anzulaufen, um sich mit der wichtigsten ›Währung‹ im Sklavenhandel zu versorgen. Für 60 Panos (aus je sechs Stoffstreifen zusammengesetzt) erhielt man Ende des 17. Jh. einen Sklaven. Während des 18. Jh. verkauften die Portugiesen etwa 6000 Panos pro Jahr an ausländische Sklavenhändler.

Gegen Ende des 18. Jh. zeichnete sich mit der europäischen Aufklärung und der Unabhängigkeit Nordamerikas das Ende des internationalen Sklavenhandels ab. Doch erst 1854 wurde der Handel mit Sklaven in Portugal abgeschafft, die private Sklavenhaltung wurde 1876 verboten. Damals dürfte es auf den Kapverden noch etwa 4000 Sklaven bei einer Gesamtbevölkerung von rund 56 000 Menschen gegeben haben. Häufig wurden aus ehemaligen Sklaven nun Kleinstpächter, die weiterhin von ihren früheren Herren abhängig blieben.

Stadtgeschichte

Ribeira Grande (das heutige Cidade de Santiago) war die erste von Europäern erbaute Stadt südlich der Sahara. Zwei Jahre nach der offiziellen Entdeckung Santiagos kamen 1462 die ersten Siedler. 1533 avancierte Ribeira Grande zum Bischofssitz der Kapverden und der angrenzenden afrikanischen Küste. Gleichzeitig erfolgte die Ernennung zur Cidade (etwa mit ›Großstadt‹ zu übersetzen). Doch mit der Schließung des Sklavenmarkts (s. S. 118) begann Mitte des 17. Jh. ein unaufhaltsamer Niedergang. Besiegelt wurde dieser durch die Verlegung des Bischofssitzes 1754 (s. u.) und den Umzug des Gouverneurs der Kapverden nach Praia 1769 (s. S. 108). Die Baudenkmäler verfielen, und allmählich bürgerte sich der Name Cidade Velha (alte Stadt) ein. Diese von den Bewohnern als Makel empfundene Bezeichnung wurde nun geändert. Seit dem 1. Mai 2005 nennt sich der Ort offiziell Cidade de Santiago.

Largo do Pelourinho

Im Zentrum mündet die Ribeira Grande ins Meer, die wegen ihres Wasserreichtums für die ersten Siedler auf den Kapverden besonders attraktiv war. Das heute meist ausgetrocknete Flussbett wird von hohen Mauern gesäumt, um bei kräftigen Regenfällen Überschwemmungen zu verhindern.

Erste europäische Stadtgründung südlich der Sahara: Cidade de Santiago

Nahebei auf dem mit Strandgeröll gepflasterten Platz erhebt sich neben Kokospalmen der **Pelourinho.** Einen solchen Schandpfahl oder Pranger gab es in jeder Stadt auf portugiesischem Territorium als Symbol der königlichen Justiz und der örtlichen Verwaltung. Der von Ribeira Grande wurde in der ersten Hälfte des 16. Jh. errichtet, aus Marmor und im damals in Portugal üblichen manuelinischen Stil (s. S. 40). Hier wurden ›aufsässige‹ Sklaven ebenso wie weiße Kriminelle festgebunden, ausgepeitscht und dem Unmut des Volkes ausgesetzt. Auch stellte man am Pelourinho Sklaven zur Schau, die verkauft werden sollten.

Im 19. Jh. wurde der Pelourinho als nicht mehr zeitgemäß angesehen und demoliert. Doch im 20. Jh., während der Salazar-Diktatur, sandten ihn die Behörden zur Restaurierung nach Portugal. Nach der Unabhängigkeit Cabo Verdes wurde der Pelourinho als Symbol der verhassten Kolonialzeit wiederum teilweise zerstört. So fehlt ihm heute die ihn einst krönende Armillarsphäre, eine Bänderkugel, die im 16. Jh. Insignium von König Manuel I und zugleich Sinnbild der portugiesischen Entdeckungsfahrten war. Inzwischen akzeptieren die Kapverdianer den Pelourinho als Teil ihrer Geschichte und damit als bewahrenswert.

Fortaleza Real de São Filipe

Die imposante Festung, seit 1999 der Öffentlichkeit zugänglich, wird über eine Stichstraße erreicht, die schon vor Cidade de Santiago rechts abzweigt. Lediglich ein paar Ziegen weiden auf der gesteinübersäten Ebene, an deren Rand sich das Fort erhebt und die Stadt weit überragt. Gegenüber vom Eingang wurde ein modernes Informationszentrum (Centro Interpretativo) in den Boden eingelassen. Es wirkt wie ein Nachbau einer Behausung kanarischer Ureinwohner im Stil des Künstlers César Manrique von Lanzarote. Die Handschrift der spanischen Entwicklungshilfe ist unverkennbar... Im Zentrum kann man sich über die Geschichte der Festung kundig machen und die Eintrittskarten lösen. Außerdem läuft hier regelmäßig ein Film (nur portugiesisch) über die Geschichte von Cidade de Santiago. In einem hübschen Innenhof werden Getränke angeboten (tgl. ab ca. 10 Uhr, keine festen Zeiten).

Zwischen 1580 und 1640 gehörte Portugal zu Spanien. In dieser Zeit wurde 1593 die Fortaleza Real de São Filipe fertig gestellt, benannt nach dem Namenspatron König Philipp II von Spanien. Anlass war ein Überfall des englischen Korsaren Francis Drake im Jahr 1585, der mit 25 Schiffen und mehr als 1000 Mann die Stadt geplündert hatte. Künftige Angriffe des spanischen Erzfeindes England wollte man so verhindern. Auch richtete der Gouverneur in der Festung seine neue – nunmehr gut gesicherte – Residenz ein.

Lediglich die zentrale Zisterne – sie wurde in der heutigen Form 1720 erbaut – befindet sich in gutem Erhaltungszustand. Tausende von Ziegelsteinen wurden für ihren Bau aus Lissabon importiert. Ein restaurierter Wasserkanal *(levada)* demonstriert, wie das im Hof eingefangene Regenwasser in die Zisterne geleitet wurde. Außerdem sind die Grundmauern der ehemaligen Kasernen zu besichtigen. Links vorn wohnte der Gouverneur, rechts vorn befand sich der Pulverturm. Beeindruckend ist der Blick von der Festungsmauer hinab über die Stadt und das Tal der Ribeira Grande.

Kathedrale

Auf einer Anhöhe am Ortseingang steht die Ruine der zwischen 1556 und 1693 errichteten Kathedrale (Sé, von lat. *sedes* = Bischofssitz). Heute sind nur noch Außenmauern vorhanden, der Rest des Gebäudes wurde von der Bevölkerung abgetragen und als Baumaterial für Häuser benutzt. Die Dimensionen der ehemaligen Kathedrale wirken im heutigen Umfeld gewaltig, man fühlt sich spontan an die Überreste römischer Tempelanlagen erinnert. Doch entsprachen ihre Ausmaße (63 m lang, 31 m breit) durchaus denen anderer Bischofskirchen der damaligen Zeit. Sie wurde im Mudéjar-Stil errichtet (s. S. 40). Aus hellem, festem Trachytgestein schuf man die Fundamente sowie Umrahmungen von Fenstern und Türen. Das eigentliche Mauerwerk mit Wandstärken bis zu über einem Meter besteht aus Basalt mit Zwischenlagen von Ziegelbrocken. Das Gelände ist durch einen Zaun abgesperrt und darf nicht betreten werden.

Die lange Bauzeit erklärt sich durch geringes Interesse der meisten Bischöfe. Manche ließen sich während ihrer Amtszeit niemals auf den Kapverden blicken, sondern verblieben nach ihrer Nominierung in Europa aus Furcht vor dem feuchten Klima in Ribeira Grande, wo im Sommer Malariagefahr besteht. Zwischen 1646 und 1672 war die Diözese gar vakant. Diese Umstände wirkten sich verheerend auf die Moral des örtlichen Klerus aus. Die Priester widmeten sich mehr der Geschäftemacherei als der Seelsorge, und von der Einhaltung des Zölibats konnte keine Rede mehr sein. Zwar gab es noch einmal eine Initiative durch Bischof Vitoriano do Porto, während dessen Amtszeit die Kathedrale 1693 endlich eingeweiht werden konnte. Doch schließlich gab Bischof Pedro Valente, dem das Verhalten der Priesterschaft in der Hauptstadt grundlegend missfiel, 1754 den Sitz in Ribeira Grande endgültig auf. Er zog sich nach Santo Antão zurück.

Igreja Nossa Senhora do Rosário

Jenseits des Flusses stehen noch viele traditionelle, einstöckige Natursteinhäuser mit Ziegeldach. Einige wurden geschmackvoll restauriert. Durch die zweite Gasse rechts hinter dem Fluss gelangt man zur Igreja Nossa Senhora do Rosário (Rosenkranzkirche). Sie diente bis zur Fertigstellung der Sé als Kathedrale, heute ist sie Pfarrkirche des Ortes. Für die Treppenstufen, die zu ihr hinaufführen, verwendete man, an den gotischen Lettern zu erkennen, eine Reihe alter Marmorgrabplatten. Weitere stehen im Kirchhof. Einige datieren auf den Anfang des 17. Jh., die jüngsten stammen aus den 1930er Jahren. Auch im Inneren der Kirche fallen Marmorgrabplatten auf, die teils mit

Adelswappen versehen sind, die älteste von 1543. Eine davon zeigt sogar eine Bischofsmütze.

Baubeginn für das Gotteshaus war 1495. Damit ist es eines der ältesten erhaltenen Bauwerke der Kapverden. Ursprünglich wurde die Kirche im gotischen Stil wehrhaft, mit dicken Strebepfeilern errichtet. In der Barockzeit, im 17. Jh., erfolgten einige Umbauten. Damals entstanden das Hauptportal und der Fries aus blauen, gelben und weißen Azulejos (Fliesen), der sich rings um den Innenraum zieht. Die handgemalten Fliesen wurden aus Portugal importiert. Beide Seitenkapellen links weisen noch gedrungen wirkende gotische Spitzbögen auf. Gotisch ist auch das Netzgewölbe in der vorderen, der Taufkapelle. In seinen Schlussstein wurde das Kreuz des Christusritterordens eingemeißelt. Dieser war in Portugal aus dem 1312 verbotenen Templerorden hervorgegangen, hatte federführend die Entdeckungsfahrten der Portugiesen geleitet und war für die Besiedelung von Santiago und Fogo zuständig.

Über dem Altar prangt ein Christus am Kreuz, darunter die Rosenkranzmadonna. Auf einem Baldachin steht die von Pfeilen durchbohrte Figur des hl. Sebastian, die bei Prozessionen mitgeführt wird.

Links neben der Frontfassade ragt der klobige **Turm** auf, der fast genauso breit ist wie die Kirche selbst. Sein Grundriss ist quadratisch. Ein Wendelaufgang führt hinauf, der allerdings nicht mehr benutzt werden kann. Der Glockenturm wurde durch eine provisorische Holzkonstruktion ersetzt.

Franziskanerkloster

Oberhalb der Rosenkranzkirche erhebt sich die Kirche des ehemaligen Convento de São Francisco. Um dorthin zu gelangen, fährt oder läuft man vom Hauptplatz aus zunächst im Flussbett aufwärts, verlässt dieses nach ca. 100 m links auf einem von hohen Mauern gesäumten Fahrweg und biegt an der nächsten Abzweigung rechts ein. Dort steht eine **Grogue-Brennerei,** deren Mühle noch von Tieren angetrieben werden kann. Sie wurde restauriert, ist aber nicht mehr in Benutzung. Zum Zerkleinern des Zuckerrohrs wird heutzutage eine kleinere Motormühle verwendet.

Nebenan führt ein Treppenaufgang zur Kirche mit dem schlichten kleinen Glockengiebel an der Fassade hinauf. Die ersten Franziskanermönche kamen schon 1466 nach Ribeira Grande und spielten eine wichtige Rolle bei der Christianisierung der afrikanischen Sklaven. Allerdings wurde die heutige Kirche erst 1640 erbaut. Die ursprüngliche Mudéjar-Decke im Innenraum wurde jüngst restauriert. Noch nicht ganz fertig ist das Portal. Ein quadratisches Fundament neben dem Gotteshaus dürfte zu einer Kapelle gehört haben. Außerdem gibt es noch Reste von Nebengebäuden, in denen sich früher Zellen für zwölf Mönche befanden. Ein Aquädukt versorgte das Kloster und seine Obstplantagen mit Wasser.

Actal: nördlich des Largo do Pelourinho an der Mauer zum Fluss, Tel./ Fax 267 13 74, actal7@hotmail.com.

Abel Henry Borges: Tel./Fax 267 13 74, actal7@hotmail.com. Privatzimmer im Ort.

Beleco: Einfaches Restaurant im alten Ortsteil. Hauptgerichte ca. 700 ECV.

Grogue: Fortaleza, Largo do Pelourinho. Den örtlichen Zuckerrohrschnaps kann man mitnehmen oder auch hier trinken.
Kunsthandwerk: Actal (s.o.)
Musik: Centro Interpretativo, Fortaleza São Filipe. CD's mit kapverdianischer Musik. Auch schöne Postkarten.

Aluguer: Am Largo do Pelourinho. Tgl. mehrmals nach Praia, Passagem 100 ECV.

São Domingos und São Jorge dos Orgãos

Kapverden-Atlas: S. 236, C 3
Nördlich von Praia führt eine Pflasterstraße zunächst durch ein weitläufiges Savannengebiet. Kurz hinter Ribeirão Chiqueiro geht es an einer Straßengabelung links. Dann ist bald **São Domingos** erreicht. Am Ortseingang bietet die Exposição e Venda Artesanato (Mo–Fr 8.30–18, Sa, So 8.30–12.30, 14.30–18 Uhr) Kunsthandwerk an: afrikanische Holzschnitzereien, Batiken, Ketten, Armreifen, aber auch kapverdische Korbwaren, Schnitzarbeiten aus Vulkangestein von Fogo und traditionelle Panos (s. S. 44) von Santiago.

Ab São Domingos wird die Landschaft gebirgig. Hier wird vorwiegend Mais angebaut. Vor João Teves führt nach rechts eine Straße Richtung Ostküste. Man hält sich aber links und fährt durch das Dorf. Hinter dem Schild in Richtung Assomada zweigt am Ortsausgang links eine Straße nach **São Jorge dos Orgãos** ab, wo ein Botanischer Garten zu besichtigen ist. Er wurde von der INIDA angelegt, einer landwirtschaftlichen Versuchsorganisation, die hier ihren Sitz hat. Im fruchtbaren Talgrund vor dem Ort betreiben die Bewohner Landwirtschaft: Bananen, Kartoffeln, Süßkartoffeln, Papayas, Zuckerrohr gedeihen prächtig. Zur Bewässerung dienen Levadas (schmale, offene Bewässerungskanäle). Das Zuckerrohr wird direkt vor Ort zu Grogue verarbeitet. Die von Ruß geschwärzten Öfen der Brennanlage und die Fässer sind auf der gegenüberliegenden Talseite zu erkennen.

Hinter der Kirche ist der **Jardím Botánico** ausgeschildert. Eine Schranke wird passiert, dann geht es geradeaus und an der nächsten Abzweigung links. Die schmale Pflasterstraße führt bis an das Tor des in herrlicher Bergkulisse gelegenen Gartens. Rechts erhebt sich der eher sanfte Hügel Monte Tchopa (1060 m) mit Antennen und Sendeanlagen. Links thronen bizarre Gipfel über dem Tal.

Die Anlage befindet sich noch im Aufbau. Auf Terrassenfeldern wachsen heimische, teils endemische Pflanzen. Allerdings fehlen die Beschriftungen. Man bedient sich der modernen Tröpfchenbewässerung: Aus schwarzen Schläuchen mit definierter Lochzahl fließt eine bestimmte Wassermenge. Der bunte kapverdische Eisvogel (Graukopfliest) fühlt sich hier wohl und ist in großer Zahl zu beobachten.

Der Kuppelbau in Assomada soll demnächst ein Museum beherbergen

Neben der Kirche von São Jorge dos Orgãos erfrischt man sich an einem **Kiosk** mit gemütlicher Terrasse.

Aluguer: Ab Praia (Sucupira-Markt) häufig nach São Domingos und São Jorge dos Orgãos. Für die Rückfahrt am besten einen Aluguer an der Hauptstraße anhalten.

Assomada und die Serra Malagueta

Assomada

Kapverden-Atlas: S. 236, B 3
Südlich von Assomada steht an der Straße ein großes Betonkreuz, von wo sich der Blick auf die Stadt sowie nach Süden auf den charakteristischen Pico António (1394 m), den höchsten Berg der Insel, eröffnet. Assomada besticht sicher nicht durch Schönheit. Unverputzte Rohbauten gruppieren sich um das Zentrum. An den Häusern wird nur weitergebaut, wenn Geld übrig ist oder die emigrierten Besitzer ihren Urlaub auf Santiago verbringen. Ansonsten begnügen sich die Bewohner mit diesem – in den Augen eines Reisenden – Provisorium.

Die Ebene von Assomada wird intensiv für den Maisanbau genutzt. Schon seit der Erstbesiedlung war die Gegend ein wichtiges landwirtschaftliches Zentrum. Teilweise wohnten hier mehr Menschen als in der damaligen Hauptstadt. Mit 45 000 Einwohnern ist Assomada heute nach Praia und Mindelo drittgrößte Stadt der Kapverden.

REBELADOS

Piratenüberfälle häuften sich Ende 16. bis Ende 17. Jh., die portugiesische Krone verlor das Interesse an dem wenig rentablen Archipel. Damit setzte die Kultur des Badiu ein. Viele der weißen Landbesitzer verließen Santiago. In der Folgezeit gelang es Sklaven zu fliehen und sich in den Bergen zu verstecken. Diese so genannten Badius waren die ersten freien Schwarzen auf Santiago.

Erst in der zweiten Hälfte des 18. Jh. begannen die Portugiesen sich wieder verstärkt um die Insel zu kümmern. In der Zwischenzeit hatte sich jedoch eine kreolische Identität gebildet. Deren Heimstatt sind nicht die Städte. Die Kultur entwickelte sich im Inselinneren, in den abgeschiedenen Dörfern.

Nach dem Verbot des Menschenhandels Mitte des 19. Jh. verpachteten die Großgrundbesitzer und auch die Kirche den ehemaligen Sklaven kleine Landparzellen. Meist lagen diese in fast unzugänglichen Bergregionen. Zudem waren Ende des 19. und Anfang des 20. Jh. christliche Priester auf den Kapverdischen Inseln knapp. Vielfach bildete die Katholische Kirche Einheimische als Seelsorger und Missionare aus. Die Badius waren zwar Christen, pflegten jedoch noch die afrikanischen Traditionen ihrer Herkunftsländer. Die religiösen Praktiken, die sie vollzogen, waren den damaligen Geistlichen christlich genug.

Erst in den 1940er Jahren trafen neue, weiße Priester aus Europa ein. Der portugiesische Diktator Salazar zeigte damals verstärkt Interesse an seinen Kolonien. Salazar wollte die afrikanischen Besitzungen stärker an das Mutterland binden, um eventuelle Unabhängigkeitstendenzen zu unterdrücken. Die Loslösung von Kolonien wäre für Portugal mit großen finanziellen Einbußen verbunden gewesen. Für Salazar hätte dies einen gewaltigen Machtverlust bedeutet. Der Diktator schloss nun mit Papst Pius XII (1939–58) einen Vertrag, der seine Macht im eigenen Land sichern sollte. Im Gegenzug trieb Salazar die christliche Missionierung in den Kolonien voran.

So kam es, dass 1941 zahlreiche portugiesische und italienische Missionare nach Santiago kamen. Ihre Aufgabe bestand darin, im Sinne der Katholischen Kirche wie auch des Staates Portugal die Bevölkerung zu belehren. Den europäischen Priestern waren die Badius und ihre Religion suspekt. Sie verboten ihre religiösen Versammlungen und stempelten sie kurzerhand zu einer politischen Organisation mit kommunistischen Tendenzen ab. Das führte zu einem weiteren Rückzug der Sklavennachkommen und zu der ablehnenden Haltung den Autoritäten gegenüber, aus der sich die Gemeinschaft der Rebelados entwickelte.

Die Rebelados leben noch heute fest nach ihren alten Traditionen aus der Sklavenzeit und der Zeit kurz danach. Sie wohnen in einfachen, mit Stroh gedeckten Stein- oder Lehmhäusern im Gebirge der Serra Malagueta. Ein Rebelado lehnt jegliche zivilisatorische Neuerung ab: Fernsehen und Radio sind des Teufels und somit tabu. Fotografieren lassen sich die Rebelados nicht gern, selten zeigen sie sich

Beeindruckende Felsformen und enge Täler: Serra Malagueta

Fremden, ziehen sich stattdessen zurück. Es scheint, als hätte die Gemeinschaft zu diesem Zweck ein ausgeklügeltes Alarmsystem. Auch medizinische Versorgung wie Impfen, Spritzen oder Blutabnahme ist für einen Rebelado ein zu starker Eingriff in sein Leben, den er unbedingt vermeidet. Nur im äußersten Notfall, also um den unmittelbaren Tod zu verhindern, wird ein Arzt konsultiert.

Oberstes Prinzip für die Rebelados ist ihre Unabhängigkeit und das Leben in Freiheit. Keiner von ihnen geht einer geregelten Arbeit im heutigen Sinne nach. Sie leben von dem, was ihr Land hergibt, und von ein wenig Fischfang. Keine staatliche Macht, Ordnung oder Verwaltung soll sie einschränken.

Zu ihren Versammlungen treffen sich die Rebelados regelmäßig und legen dafür weite Strecken im unwegsamen Gebirge zurück. Ihr Zeichen ist ein Kreuz, an einer Halskette getragen.

Mit der Zeit jedoch sterben die alten Clanvorsteher. Den jungen Rebelados fehlt häufig der Durchhaltewille und inzwischen auch der Sinn ihres Daseins. Viele wenden sich von den Traditionen ab und versuchen einem moderneren Leben nachzugehen. Auch wenn das in der einsamen Bergwelt der Serra Malagueta kaum möglich ist.

Wenn in Assomada das scheinbare Chaos ausbricht, dann ist Markttag. Jeden Mittwoch und Samstag verteilen sich die Händler in der ganzen Innenstadt. Zwar gibt es spezielle Stände und Areale, diese reichen aber bei weitem nicht aus. Jede freie Fläche ist Marktgebiet. Alles, was man zum täglichen Leben braucht oder auch nicht, wird angeboten: Obst, Gemüse, Fisch, Fleisch, Hühner, Tabak. In einer Senke inmitten der Stadt ist der Kleidermarkt untergebracht. Die Verkäufer verkaufen das, was die Einheimischen tragen: Markenturnschuhe, ob echt oder nicht, spielt keine Rolle, Fußballtrikots, Trainingsanzüge, Jeans und T-Shirts. Touristen kaufen hier selten. Im Kleidermarkt gibt es kleine Nischen, in denen Frauen Reis- und Grillgerichte sowie Cachupa zubereiten, meist auch nur für die Einheimischen. Die Mägen der Urlauber könnten rebellieren und sich mit rapider Verdauung rächen. Scharf angebratene Mahlzeiten sollten allerdings keine Magen-Darm-Probleme verursachen. Rundum findet so etwas wie der Wohn- und Heimwerkermarkt statt. Schränke, Sofas, Tische und Stühle stehen zum Verkauf. Auf Decken ist neben dem Werkzeugsortiment die Kücheneinrichtung ausgebreitet.

Neben dem Marktgelände fällt ein Kuppelbau auf, er stellt einen Kalkofen dar. Es ist geplant, darin ein kleines Museum einzurichten.

Lambique: an der Straße Richtung Praia. Ansprechendes Ambiente,

Abstieg ins Gom Gom-Tal (Santiago)

Pausentipp

Die Cafetería in der Nähe des Kleidermarktes, beim kuppelförmigen Nachbau des Kalkofens, serviert Snacks und Getränke auf einer kleinen überdachten Terrasse.

einheimische Küche. Hauptgerichte ab 500–600 ECV, Meeresfrüchte ab 1200 ECV.
Café Paris: östlich der Durchgangsstraße hinter der Bank. Mit dunklen Holzmöbeln eingerichtet. Es werden auch Zimmer vermietet (Tel. 991 56 93). Hauptgerichte um 500 ECV.
Central: an der Durchgangsstraße. Gemütliches Café, wo man auch ›richtig‹ essen kann. Hauptgerichte ab 400 ECV.

Kunsthandwerk und Keramik: Rua Vila Franca de Xira, in der Nähe des Büros der TACV.
Padaria Parisienne: gegenüber Café Central. Baguette, belegte Brote, Croissants.

Flug: TACV-Büro: Rua Vila Franca de Xira.
Aluguer: Täglich mehrmals von und nach Praia und Tarrafal. Nach Praia auch spät abends.

Zum Poilón

Kapverden-Atlas: S. 236, B 2/3
Nördlich von Assomada steht im Tal der Ribeira Boa Vintura der höchste und älteste Baum von Santiago. Am besten geht man von Assomada zu Fuß (ca. 2 Std. mit Rückweg). Dazu quert man vom Marktgelände aus die Durchgangsstraße (bei der Bank BCA), hält sich geradeaus und schlägt am Straßenende einen Pfad nach rechts ein. Am rechten Talhang geht es stets mehr oder weniger abwärts bis zu einem Waschplatz (40 Min.) und dann im Talgrund weiter hinab. Bei dem **Poilón** oder Pie de Palão (Entenfuß) handelt es sich um einen ursprünglich aus Südamerika stammenden Kapokbaum, der vermutlich schon im 15. Jh. hier angepflanzt wurde. Charakteristisch für ihn sind die Stacheln am dicken Stamm. Seine großen lederartigen Früchte liefern baumwollartige Fasern, die früher als Matratzenfüllungen sehr begehrt waren. Sie dienen heute noch zur Herstellung von Schwimmringen und Rettungswesten. Die Wolle hat eine zehnfach höhere Tragfähigkeit als Kork.

Serra Malagueta

Kapverden-Atlas: S. 236, A/B 2
Der zweite große Gebirgszug Santiagos erhebt sich im Norden. In wenigen Spitzkehren windet sich die Straße von Süden her in die Serra Malagueta hinauf. Oben ermöglicht das Dorf **Serra** Blicke nach Osten und nach Westen zugleich. Bei klarer Wetterlage erkennt man die Nachbarinsel Fogo mit dem Pico. Steile fast unzugängliche Täler zerschneiden das Gebirge. Die tropische Erosion ließ beeindruckende Felsformen entstehen. Viele der winzigen Dörfer, die an den Bergrücken kleben, sind nur über schmale Pfade zu erreichen. Die Bewohner leben zurückgezogen und sind häufig Nachkommen ehemaliger Sklaven (s. S. 118).

IMMER WIEDER MAIS

Mais ist Nahrungsmittel Nr. 1 auf den Kapverden. Auf Santiago werden Täler und Hänge von der Küste bis in die Berge mit Mais bestellt, er scheint geradezu überall zu gedeihen. Aktivitäten im Zusammenhang mit seinem Anbau und seiner Zubereitung charakterisieren das kreolische Lebensgefühl: Kinder vertreiben gefräßige Vögel mit der Schleuder, Bauern brechen mit der Hacke den Boden zur Aussaat auf, Frauen singen bei der Zubereitung der Cachupa. Mais ist bei jeder Mahlzeit dabei, vom Frühstück bis zum Abendessen.

Vergeblich hatten die Portugiesen versucht, auf Santiago Weizen und Reis heimisch zu machen. Diese Getreide kommen hier nicht zur Reife, denn die wenigen, aber heftigen Niederschläge fallen zur falschen Jahreszeit, nämlich im Sommer. Im Winter und Frühjahr, zur Zeit der Aussaaat, ist es zu trocken. Erst durch den Mais konnte man den Archipel zu einem Produktionsgebiet für Nahrungsmittel machen, um die portugiesischen Entdeckungsfahrer und die Handelsstützpunkte in Afrika zu versorgen. Später exportierten die Kapverden Mais in großem Stil auf die Insel Madeira, wo es nicht genügend Getreide gab, da dort wegen der großen Nachfrage nach Madeira-Wein jede verfügbare Fläche mit Rebstöcken bepflanzt wurde.

Als die Kapverden entdeckt wurden, war Mais in Europa noch unbekannt. Er ist in der Neuen Welt heimisch und wurde dort von den Indianern seit langer Zeit kultiviert. Kolumbus fand ihn schon bei seiner ersten Reise in Zentralamerika vor. In der Biographie des Entdeckers heißt es, am 5. November 1492 habe man ausgedehnte Plantagen ›einer Art Weizen‹ gesehen, *mahiz* genannt. Rasch begann der Siegeszug des ertragreichen Getreides in Europa. Schon 1498 wurde Mais in Kastilien angebaut, von dort gelangte er vermutlich sehr bald auf die Kapverden.

Heute können sich die Kapverden nicht einmal mehr selbst mit Mais versorgen. Selbst in regenreichen Jahren muss ein Großteil importiert werden. Ursachen dafür sind eine Verteuerung der Arbeitskraft gegenüber früheren, ausbeuterischen Zeiten und ein gewaltiger Anstieg der Bevölkerungszahl. Mancher lässt seinen Acker bereits brach liegen, da er bei öffentlichen Arbeiten auf leichtere Weise genug verdienen kann, um importierten Mais nach Belieben zu kaufen.

Mais macht zwar satt, hat aber einen geringen Nährwert. In Dürreperioden, wenn Mais praktisch das einzige verfügbare Nahrungsmittel war, trat auf den Kapverden immer wieder Pellagra auf, eine Vitaminmangelkrankheit, die zum Tod führen kann. In besseren Jahren waren genügend Bohnen und Ziegenmilch vorhanden. Frühzeitig lernten die Kapverdianer, den Mais in der Cachupa mit Bohnen und in den *papas de milho* (Maisbrei) mit Ziegenmilch zu kombinieren. Heute sorgen zudem Entwicklungshilfeprojekte dafür, dass genügend Gemüse angebaut, Fleisch und Eier produziert sowie Fisch gefangen wird, um eine ausgewogene Ernährung zu garantieren.

Der berühmte Sandstrand von Tarrafal

Tarrafal

Kapverden-Atlas: S. 236, A 1
Tarrafal ist berühmt und beliebt wegen seines Sandstrandes. Er liegt in einer geschützten Bucht, dahinter reihen sich idyllisch die Kokospalmen. Es gibt ein wenig Tourismus, und am Wochenende ist Tarrafal Ausflugsziel der wohlhabenderen Bevölkerungsschicht von Praia. Im Ort selbst liegen an den staubigen Straßen einige einfache Bars. Um den Hauptplatz gruppieren sich Bank, Kirche und Markt.

Von der Praia do Tarrafal führt ein Pfad oberhalb der Küste nach Norden. In ca. einer halben Stunde ist die überwiegend kiesige Praia da Fazenda erreicht. Im hinteren Bereich dieses einsameren Strandes sind jedoch einige sandige Abschnitte zu finden.

Hotel Tarrafal: am Beginn der Strandbucht, Tel. 266 17 85, Fax 266 17 87, htltarrafal@cvtelecom.cv. Freundliches Hotel mit Pool, sauberen Zimmern und Restaurant. Warmes Wasser. Pauschal buchbar. DZ 6000 ECV.
Bungalows Baía Verde: direkt am Strand, Tel. 266 11 28, Fax 266 14 14, baiaverde@cvtelecom.cv. Unter Palmen gelegen. Unterschiedliche Kategorien. Pauschal buchbar. DZ 3000–4000 ECV.

Hotel Sol Marina: in Strandnähe, Tel. 266 12 19, Fax 266 22 51, hotelsolmarinacv@hotmail.com. Renoviert, einige Zimmer haben Meerblick, alle Balkon. DZ 1500 ECV.

Baía Verde: oberhalb des Strandes. Terrassenrestaurant. Sehr gute kapverdisch-portugiesische Küche, täglich wechselnde Speisekarte. Hauptgerichte ab 700 ECV.

Porto dos Milagres: oberhalb des Baía Verde. Treffpunkt auf einen Drink oder Snack.

Tauchen: Dive-Center Peter Greim, direkt am Strand, Tel./Fax 266 18 80 oder (in Deutschland) 06241/92 59 65, E.Greim@t-online.de. Ausfahrten mit eigenem Kutter, Nachttauchgänge, Ausbildung für Anfänger und Fortgeschrittene.

Aluguer: Nach Assomada/Praia an der Straße nach Praia, bis zum frühen Abend mehrere Fahrten täglich. Richtung Ostküste ab Kirche, mehrmals täglich. Passagem Tarrafal–Calheta 100, Tarrafal–Praia 300 ECV.

Chão Bom und das Konzentrationslager

Kapverden-Atlas: S. 236, A 1

Chão Bom liegt am Rand der Akaziensavanne, die sich zwischen Tarrafal und der Serra Malagueta erstreckt. Außer der Hauptstraße gibt es in dem ärmlichen Ort fast nur staubige Wege. An der Landstraße nach Tarrafal liegt das ehemalige **Konzentrationslager,** heute ein Museum (keine festen Zeiten, meist ist der Wärter da). Ein Teil der ersten provisorischen Holzbaracken des Lagers wurden mit den Reparationszahlungen, die nach dem Ersten Weltkrieg von Deutschland geleistet wurden, finanziert. Die ersten Gefangenen kamen 1936. Es handelte sich um Marinesoldaten, die an einer Revolte in Portugal am 8. September 1936 beteiligt gewesen waren. Am 29. Oktober saßen schon 150 Gefangene ein. Bis 1961 galt die Anlage offiziell als Gefangenenlager, dann benannte es die Salazar-Regierung in ›Arbeitslager‹ um. Unterschiede für die Häftlinge bedeutete dies allerdings kaum. Mit der Unabhängigkeit von Cabo Verde löste sich auch das Lager auf und wird seitdem als Konzentrationslager angesehen. Bis heute ist Tarrafal übrigens in Portugal ein schaurig-geflügeltes Wort. Wenn in Diskussionen das Gegenüber beim besten Willen nicht einsichtig ist, schickt man ihn im übertragenen Sinn schon mal nach Tarrafal, da wird er das Parieren schon lernen...

Einige Gebäude im Inneren der von hohen Mauern umgebenen Anlage wurden restauriert. Vom Eingang läuft man geradewegs auf den Posto de Socorros (Krankenstation) zu. Links steht der Pavilhão, ein ehemaliger Zellenblock. Rechts gelangt man in eine kleine Cafeteria. Die Friguideira war die Folterkammer. In dem engen Raum wurden bis zu 40 Gefangene eingesperrt. Die meiste Zeit herrschte in der Zelle eine Temperatur von 40°C. Nur eine Luke diente als Fenster, die Luft war zum Schneiden. Wasser bekamen die Insassen kaum. Jeglicher Widerstand wurde auf diese Weise im wahrsten Sinne des Wortes verdampft.

Vor dem eigentlichen Lager ist in einer Holzbaracke eine Ausstellung untergebracht. Bilder von Gefangenen und Dokumente sind darin zu sehen. Allerdings sind die Beschriftungen nur in portugiesischer Sprache. Im oberen Stockwerk wird die Geschichte der portugiesischen Inhaftierten behandelt. Die Exponate im Untergeschoss dokumentieren die Zeit vor der Unabhängigkeit der Inseln, als viele politische Häftlinge der Kapverden hier einsaßen. Auch Widerständler aus der Kolonie Angola hatten die Portugiesen hierher gebracht. 1971 waren 147 Angolaner inhaftiert, neben nur 17 Kapverdianern.

Bar Hollanda: in Chão Bom. Terrasse an der Durchgangsstraße. Kleine Gerichte für zwischendurch.

In den Osten

Um von Praia in den Osten Santiagos zu gelangen, fährt man zunächst Richtung São Domingos, biegt aber schon vorher an einer unbeschilderten Abzweigung rechts ab. Dann erblickt man bereits **Milho Branco** mit seinen pastellfarbenen Häusern und einem vom Wind angetriebenen Wasserschöpfrad im Talgrund. Papayas, Bananen, Zuckerrohr und Gemüse gedeihen dort. Ansonsten überziehen die üblichen Maispflanzungen unterschiedslos Hügel und Talmulden. Schließlich gab der Mais (port. *milho*) dem Ort sogar seinen Namen.

Praia Baixo

Kapverden-Atlas: S. 236, C 3
Eine (beschilderte) Abzweigung nördlich von Milho Branco führt rechts Richtung Praia Baixo. Das einstmals eher ärmliche Fischerdorf hat sich zur Wochenendidylle für Besserverdienende aus Praia entwickelt. Der Ort besitzt einen halbmondförmigen, gegen die Brandung durch vorgelagerte Felsen gut geschützten Sandstrand – aktuell der wohl empfehlenswerteste Badeplatz auf Santiago. Er ist auch für Kinder geeignet.

Aparthotel Praiabaixo: Tel. 268 71 05, Fax 268 71 07, Praiabaixo@telecom.cv. Modernes Haus mit zehn Wohneinheiten, unmittelbar hinter dem Strand. DZ um 3000 ECV.

Palmeiras Grill: hinter dem Strand. Schickes Terrassenlokal, am Wochenende gut besucht.
Esplanada: am Nordzipfel des Strandes. Schön für einen erfrischenden Drink.

Pedra Badejo

Kapverden-Atlas: S. 236, C 2
Weiter führt die Hauptstraße Richtung Nordosten wiederum durch ein riesiges Maisanbaugebiet. Auf den Dächern der Bauernhäuser liegen Maiskolben zum Trocknen ausgebreitet. Dann kommt eine Kokospalmenoase in Sicht, das Mündungsgebiet der Ribeira Seca. Davor passiert man den Ort **Achada Fazenda,** der mehrere akzeptable Einkehrmöglichkeiten bietet (s. u.).

Im ausgedehnten, feuchten Talgrund erstrecken sich Zuckerrohrfelder, Bananenplantagen und Gemüsebeete. Am Wochenende bieten am Straßenrand Bauern frisch geerntete Kokosnüsse zum Kauf an.

Pedra Badejo ist eine lebhafte Kleinstadt. Besucher heißt am Ortseingang ein breites Wandgemälde willkommen. Rechts geht es dort ins Zentrum. Um einen lang gestreckten Platz gruppieren sich Geschäfte. Am Sonntag wird ein bunter **Straßenmarkt** abgehalten, der fast den gesamten Ort erfasst.

Vor Pedra Badejo erstreckt sich eine recht lange, durch mehrere Felsnasen gegliederte Strandzone. Zum Baden am besten geeignet ist der Abschnitt südöstlich des Ortes. Zum belebteren Stadtstrand gelangt man vom zentralen Platz aus geradeaus. Im Sommer und am Wochenende klagen einige Cafés oberhalb der Strandbuchten nicht über Mangel an Kundschaft. Am Straßenende liegt der winzige Hafen, wo die bescheidene Fischereiflotte von Pedra Badejo mit Hilfe einer Winde bei Schlechtwetter an Land gehoben wird.

Esplanada Calmam: am Südrand von Achada Fazenda. Modernes Lokal mit luftigem Sitzbereich.
Belavista: am Nordrand von Achada Fazenda. In phantasievoll gestaltetem Neubau, schöne Sonnenterrasse.

Das fruchtbare Umland von Pedra Badejo

Pôr-do-Sol: im Zentrum von Pedra Badejo. Recht einfach, aber erstes Haus am Platz.
Quiosque: am Ortseingang von Pedra Badejo. Im Freien werden Snacks serviert.

Aluguer: mehrmals tgl. nach Praia und Tarrafal.

Calheta de São Miguel

Kapverden-Atlas: S. 236, B 2
Nordwestlich von Pedra Badejo bietet sich mit dem Tal der Ribeira Santa Cruz ein weiterer landschaftlicher Höhepunkt. Der von bizarren Felsformationen gesäumte, von Kokospalmen bestandene Mündungsbereich ist mehr als ein Foto wert.

Malerische Buchten, allerdings mit groben Kiesstränden, prägen den weiteren Verlauf der Küste. Die Landschaft wird merklich trockener. Vor Calheta de São Miguel gibt es einen längeren Sandstrand. Südlich des Ortes, im Mündungsbereich der Ribeira dos Flamengos, reicht die Feuchtigkeit, um Bananen und Kokospalmen anzubauen. Calheta selbst hinterlässt einen eher tristen Eindruck. Auf recht großer Fläche verteilen sich halbfertige Betonbauten.

Lohnend ist in Calheta eigentlich nur der Abstecher zu der **Kapelle,** die sich weithin sichtbar am südlichen Ortsrand erhebt. Eine gepflasterte Nebenstraße führt durch ein Wohnviertel bis in die Nähe der weiß angestrichenen Kapelle mit dem arabisch wirkenden Kuppeldach. Schön ist der weite Blick vom Vorplatz über das angrenzende Tal der Ribeira dos Flamengos und in der anderen Richtung über den Ort, der von hier aus mit seiner großen, von zwei Türmen flankierten Kirche recht idyllisch wirkt.

Pensão Mira Maio: am südlichen Ortsrand nicht weit vom Meer, Tel. 273 11 21. Gepflegter Neubau mit Restaurant und Dachterrasse. Allerdings wenig ansprechende Umgebung. DZ 2500–3000 ECV.

Aluguer: mehrmals tgl. nach Praia und Tarrafal.

FOGO

Ein Highlight ist der Besuch der Caldeira, des Riesenkraters mit dem gewaltigen Vulkan Pico do Fogo. Andere, lieblichere Landschaftstypen erschließen sich bei einer Fahrt um die Insel. In der malerischen Hauptstadt São Filipe stehen noch zahlreiche alte Häuser im Kolonialstil.

São Filipe

Kapverden-Atlas: S. 239, D 3

São Filipe ist mit etwa 25 000 Einwohnern eine der größten Städte der Kapverden und zugleich quirliger Hauptort von Fogo. Quirlig allerdings nur vormittags. Wie viele kapverdische Städte schläft auch São Filipe nachmittags und am Wochenende ein. Eine bedeutende Achse ist der **Alto San Pedro**, ein lang gestreckter, parkähnlich gestalteter Platz, der Ober- und Unterstadt voneinander trennt. Die Oberstadt (Vila Riba) war früher das Wohnviertel der Sklaven, während die Herrschaft in der Unterstadt residierte. Der Alto San Pedro geht nach Norden in die idyllische **Pracinha** über, einen rautenförmigen kleineren Platz, wo gegen Mittag stets zahlreiche Menschen mit ihren auf dem Markt getätigten Einkäufen auf die Abfahrt der Aluguers Richtung Norden warten.

Die Unterstadt

Der **Markt** wird unterhalb des Alto San Pedro abgehalten. Vormittags herrscht hier dichtes Gedränge, aus allen Inselteilen kommen Menschen, um sich mit Lebensmitteln zu versorgen. Auf der Straße putzen die Fischverkäufer ihre Ware, andere preisen sie lautstark an. Um den Mercado herum reihen sich zahlreiche einfache, gut besuchte Bars.

Schöne alte Kolonialhäuser aus dem 19. Jh., so genannte Sobrados (s. S. 41), beherrschen das Bild der Unterstadt, der Vila Baixa. Vor allem um die Praça 12 de Setembro, wo sich das **Rathaus** erhebt, sind sie zu finden. Dort ist in einem der Sobrados die **Casa Memória** untergebracht. In dem kleinen Museum mit drei Räumen wird anhand von Möbeln, Porzellan, Fotos und Alltagsgegenständen aus 200 Jahren die Stadtgeschichte von São Filipe illustriert (sollte geöffnet sein Mi–Fr 10–12 Uhr; auch auf Anfrage, Tel. 281 27 65). Etwas unterhalb steht die schlichte **Igreja Nossa Senhora da Conceição**. Sie ist der Schutzheiligen Portugals geweiht, der Empfängnismadonna. Ihre Fassade bröckelt schon bedenklich ab, doch jetzt finden Renovierungsarbeiten statt. Vor der Kirche öffnet sich wiederum ein von Sobrados gesäumter Platz. An seinem unteren Rand ist in einem Teil der ehemaligen **Befestigungsanlage Fortím Carlota** das Stadtgefängnis untergebracht. Hier sitzen nur leichtere Fälle ein. Die übleren Ganoven verfrachtet die Polizei auf die Insel Santiago. Von dem Platz blickt man auf den alten Friedhof (s.u.).

In nördlicher Richtung erstreckt sich ein promenadenartiger Platz, von wo man den langen schwarzen Sandstrand der Stadt überblicken kann. Vor dem Gerichtsgebäude steht dort am Beginn der breiten Rua do Hospital eine 1955 errichtete **Säule mit dem Kreuz der Christusritter**, die maßgeblich an den portugiesischen Entdeckungsfahrten beteiligt waren (s. S. 123).

Strand

Es gibt zwei Treppenabstiege zum Strand. Der von der Stadt aus linke ist unbedingt zu bevorzugen. Man sollte sich allerdings nicht wundern, wenn die Insassen des dort an die Steilküste gebauten Gefängnisses (s.o.) winken und in englischer Sprache um Hilfe rufen. Den Strandabschnitt direkt unterhalb der Stadt sollte man meiden. Er ist schmutzig, und man wird sich dort als Tourist kaum längere Zeit unbehelligt aufhalten können. Besser läuft man ein Stück Richtung Süden, wo der Strand

Die Kirche Nossa Senhora da Conceição

O Bistro

Beliebtester Treffpunkt der Reisenden ist O Bistro, am Alto San Pedro gelegen. Das gemütliche Lokal bietet Sitzgelegenheit auch draußen auf der Terrasse. Hervorragende italienisch-kapverdische Küche: Pizza, Pasta, Fisch und – Zitat eines Schweizer Kochs – »mit Sicherheit eine der besten Tomatensuppen Westafrikas«. Renate, die Besitzerin, ist Deutsche und kümmert sich liebevoll um ihre Gäste. Baixo da Igreja, Tel. 281 25 18.

breiter und sauberer wird. Oberhalb dieses Strandabschnitts erstreckt sich ein Wohngebiet mit noch recht neuen Häusern, die vielfach von Emigranten errichtet wurden. Aufgrund des Seegangs ist der Strand übrigens nur selten zum Baden geeignet.

Der alte Friedhof

Die jüngsten Gräber auf dem ›alten Friedhof‹ wurden noch in den 1990er Jahren angelegt. Viele Grabstätten stammen allerdings aus dem 19. Jh. Der Friedhof ist über die Straße zum Flughafen zu erreichen. Am Stadtrand geht es rechts abwärts, dann die nächste breitere Straße links und schon vor der Oberschule nochmals rechts. Vom Ende der Straße muss man noch ca. 100 m zu Fuß durch wegloses Gelände abwärts gehen.

Die ›besseren‹ Grabstätten sind im neoklassizistischen Stil gehalten, mit Säulen oder Pfeilern verziert. Sie sind Reichtum zu verdanken, der in Amerika erworben wurde. Der Marmor wurde eigens aus Portugal importiert. Ganz links trifft man auf die letzte Ruhestätte einer deutschen Familie namens König. Sie kam um die Wende zum 20. Jh. nach Fogo.

Der Hafen

Die 4 km nördlich der Stadt gelegene Hafenanlage **Porto de Vale de Cavaleiros** belebt sich nur, wenn zwei- oder dreimal wöchentlich ein Fracht- und Fährschiff auf dem Weg von oder nach Brava anlegt. Ansonsten halten sich hier nur ein paar Fischer auf, die ihre kleinen offenen Boote über eine Rampe an Land ziehen, da der Wellengang im Hafenbecken zu stark ist.

An den Bereich der Fischer grenzt ein schmaler Sandstrand. Zum Baden ist er eine gute Alternative zum Hauptstrand der Stadt, denn man bleibt hier in der Regel unbelästigt. Das Wasser ist zudem sehr viel ruhiger und trotz des Hafens auch sauberer als unterhalb von São Filipe. Ein Kiosk der allereinfachsten Art verkauft Getränke, Kekse und Süßigkeiten. Taxis und Aluguers stehen hier nur bei Fährankünften. Den Rücktransport sollte man also vorher organisieren.

****Hotel Xaguate:** an der Straße Richtung Hafen, Tel. 281 12 22, Fax 281 12 03. Vom Pool schöner Blick auf das Meer und Teile der Stadt. Schattige Sitzgelegenheiten im Garten, Barbetrieb, gutes Restaurant. Wird zurzeit zum exklusiven 5-Sterne-Hotel renoviert (Fertigstellung Ende 2005).Autovermietung über die Rezeption. DZ um 6400 ECV (Anfang 2005).

Casa Renate: Baixo da Igreja, in restauriertem Sobrado bei der katholischen Kirche, Info auch im Le Bistro (s.u.), Tel. 281 25 18, Fax 281 16 41, renatefogo@hotmail.com. Vier ansprechende Zimmer mit Balkon und Meerblick, z.T. mit Küche. Auf Wunsch Frühstück (400 ECV) im Le Bistro. DZ 3000–4000 ECV.

Pensão Las Vegas: unterhalb der Pracinha. Tel./Fax 281 12 81. Empfehlenswerte Pension mit Restaurant und Dachterrasse. Unterschiedliche Zimmerkategorie! DZ mit warmem Wasser 3500 ECV.

Pousada Belavista: Achada Pato, Tel. 281 17 34, Fax 281 18 79. Familiär geführt, ordentlich. Geräumige Zimmer, nur kaltes Wasser. Pauschal buchbar. DZ 2500 ECV.

Pensão Fátima: nahe der katholischen Kirche, Tel./Fax 281 13 59. Saubere Zimmer, z. T. mit Balkon. Nur kaltes Wasser. Dachterrasse, Internet-Anschluss (1 Std. 200 ECV). DZ 2200–2400 ECV.

Leila: an der Straße zum Flughafen beim Dieselkraftwerk. Speiseraum im Untergeschoss, einheimische Küche. Hauptgerichte um 650 ECV, Languste ab 900 ECV.

Vulcão: Einfaches Lokal. Bietet auch Unterkunft für Anspruchslose. Hauptgerichte um 550 ECV.

O Bistro: siehe Tipp.

Megabyte: Cruz di Passo, nahe Post und Kleidermarkt. Internet-Café.

Am Cruz di Passo, dem Platz vor der Post, befindet sich der bunte **Sucupira-Kleidermarkt.** Die Marktstände sind ein Projekt der Luxemburger Entwicklungshilfe.

Tropical Club: gegenüber der Bäckerei oberhalb vom Alto San Pedro. Gediegene Disco, Fr/Sa kapverdische Nächte. Am Samstag wird Wert auf bessere Kleidung gelegt: keine Turnschuhe oder Sportkleidung.

Esplanada Tex: gegenüber Hotel Xaguate. Bar mit lauter Musik und großer strohgedeckter Terrasse.

Fixe: in der Oberstadt zwischen Post und Alto San Pedro. Auch tagsüber ist das Café Treffpunkt für jüngeres Publikum.

Wandern und Ausflüge: CVTS-Büro (Luigi Zanini) neben O Bistro (s. o.), Tel./Fax 281 16 41, luigifogo@web.de oder luigifogo@yahoo.it (mehrsprachig geführt, auch deutsch). Vermittelt auch Führer auf den Pico, s. S. 152.
Ecotour, Rua do Hospital, Tel. 281 22 55, Fax 281 17 26, 281 23 02, ecotourfogo@hotmail.com (mehrsprachig, auch in Deutsch).

Hochseefischen: Valhalla, im Hafen (saisonabhängig).

Flüge: TACV-Büro, Pracinha, Tel. 281 17 01, Fax 281 13 40, Mo–Fr 8–13 und 15–18 Uhr.

Fähre: Fährbüro an der Pracinha, meist vormittags geöffnet. Mehrere Überfahrten pro Woche nach Brava, unregelmäßig. Im Büro existiert meist ein Zweiwochenplan, der mehr oder weniger eingehalten wird. In naher Zukunft soll täglich ein Trimaran als Personenfähre nach Brava fahren.

Aluguer: Richtung Caldeira fahren vor dem Mercado (morgens in die Stadt, nachmittags zurück, 400 ECV). Nach São Jorge/Ponta da Salina an der Pracinha. Richtung Monte Gênebra und Mosteiros am Cruz di Passo (Post), nach Mosteiros (500 ECV) auch vor dem Mercado.

Mietwagen: Discount Auto Rent, Praça 12 de Setembro, Tel. 281 14 80. Geländewagen 5000–7000 ECV.

Der Nordwesten

In São Filipe fährt man am Kreisverkehr vor dem Hotel Xaguate rechts hoch (Schild ›S. Jorge‹). Außerhalb der Stadt geht es an einer Gabelung links. Akaziensavanne dehnt sich zunächst entlang der Route aus. Doch weiter im Norden wird die Landschaft immer grüner. Bei den verstreut stehenden Bauernhäusern gedeihen Papayas und anderes tropisches Obst.

In einer deutlichen Rechtskurve kommt die dicht besiedelte Gegend um São Jorge mit der felsigen Landzunge von Las Salinas in Sicht. Hier lohnt es sich zu halten, um den Blick zu genießen.

São Jorge und Las Salinas

Kapverden-Atlas: S. 239, E 2
Leicht kann es passieren, dass man über das etwa 200 m über dem Meer gelegene Zentrum von **São Jorge** hinausfährt, denn ein Ortsschild gibt es nicht. Auffällig sind aber einige türkisfarbene Häuser im Dorfkern. Ansonsten gibt es nicht viel zu vermelden, außer den üblichen Mercearias, wo man etwas zu trinken bekommen kann.

Hinweis: Hinter São Jorge beginnt ein auf manchen Karten gestrichelt dargestellter Straßenabschnitt. Diese Route ist bis ca. 19 km vor Mosteiros befahrbar, doch dann ist unweigerlich Schluss. Ein 3 km langer Abschnitt fehlt völlig.

Hauptattraktion der Gegend ist das Meeresschwimmbad von **Las Salinas** unmittelbar unterhalb von São Jorge. Bereits vor dem Ort zweigt die Pflasterstraße dorthin ab, an einer Stelle wo die Hauptstraße eine auffällig schroffe Schlucht quert. Man kommt am Friedhof von São Jorge vorbei, der einst – wie so oft auf den Kapverden – weit außerhalb der Siedlung am Meer angelegt wurde. Von der Küste her kann das Gelände betreten werden. Zahlreiche Holzkreuze ohne Inschrift zeugen von der Armut der meisten Bewohner. Aber auch einige recht aufwändige

Ponta da Salina

steinerne Grabstätten sind vorhanden. Diese stammen meist noch aus den 1970er Jahren, als es im Ort ein größeres Wohlstandsgefälle gab als heute.

Aluguer: nur sporadisch nach São Filipe auf der unteren Straße.

Die obere Straße

Im Nordwesten Fogos gibt es zwei Ringstraßen, die unterschiedliche Höhenbereiche erschließen. Während die untere als direkte Verbindung zwischen São Filipe und São Jorge in rund 300 m Höhe über dem Meer verläuft, zieht die obere, weniger bekannte Straße auf bis über 800 m hinauf. Sie bietet sich für den Rückweg als lohnende Alternative an.

Von São Jorge/Las Salinas aus fährt man zunächst auf der unteren Straße zurück, um dann an einem großen blauen Haus (Posto Sanitário) links aufwärts abzubiegen. Die nun folgende Strecke ist von großem landschaftli-

chen Reiz. Zwei Vulkane liegen rechter Hand in Meeresnähe. Dann ist die obere Straße erreicht, auf dieser geht es rechts. Die weitläufigen Dörfer **Lomba** und **Curral Grande** liegen am Weg. Viele Häuser zeugen durch ihre Bauweise und ihren Erhaltungszustand von mehr Wohlstand als in anderen Teilen der Insel, sogar die eine oder andere Villa kommt in Sicht. Hier hatten während der Kolonialzeit die Grundherren ihre Sommerwohnsitze, und bis heute ist das Gebiet eine ›bessere‹ Gegend geblieben.

Südlich von Curral Grande, in der kleinen Ansiedlung **Mira Mira,** gabelt sich die Straße vor einem auffälligen Vulkankegel. Hier geht es rechts abwärts. Bemerkenswert sind in diesem Gebiet die älteren Natursteinhäuser mit einem nach allen Seiten schräg abfallenden Ziegeldach, oft als Doppelhaus gebaut. Über die nächsten beiden Abzweigungen fährt man geradeaus hinweg und erreicht São Lourenço.

São Lourenço

Kapverden-Atlas: S. 239, D 2
Die einsam gelegene Kirche von São Lourenço ist ein großer, dreischiffiger Bau mit zwei Glockentürmen. Eine Statue des Kirchenpatrons, des hl. Laurentius, steht hinter dem Hauptaltar in einer Wandnische. Das in portugiesischen Barockkirchen übliche Retabel (holzgeschnitzte Altarrückwand) wird hier wie bei den Altären der beiden Seitenschiffe durch eine schöne, recht moderne Bemalung ersetzt. Beachtung verdient vor dem Hauptaltar die ehrwürdige Marmorgrabplatte von 1538. Daneben steht der besonders aufwändig gearbeitete Bischofsstuhl. Dahinter sind die bischöflichen Zeichen, ein Hut mit Kordeln, an der Wand angebracht. In dieser Kirche hält der Bischof von Cabo Verde die Messe, wenn er Fogo besucht.

Nebenan erstreckt sich ein riesiger Friedhof mit einer Reihe teils recht luxuriöser steinerner Grabstätten. Einige ältere Gräber, von einer Mauer umgeben, stammen noch aus dem ausgehenden 19. Jh. Hier wurden Großgrundbesitzer beigesetzt. Vom Friedhof aus bietet sich ein wundervoller Blick über die welligen Abhänge hinab zum Meer und hinüber zur Nachbarinsel Brava.

Jenseits von São Lourenço setzt sich die locker bebaute Villengegend fort. Sobald die untere Ringstraße wieder erreicht ist, hält man sich links und erreicht bald darauf São Filipe.

Der Süden und Osten

Auf den meisten Straßenkarten ist die Verbindung von São Filipe zum Flughafen nicht eingezeichnet. Hinweisschilder gibt es nicht. Um nicht versehentlich zum Flughafen, sondern auf die Landstraße Richtung Mosteiros zu gelangen, hält man sich im Zentrum von São Filipe an der Shell-Tankstelle aufwärts, am Fußballstadion vorbei, und dann rechts hoch. Es geht durch die von Touristen wenig besuchten Außenbezirke von São Filipe, wo Betonbauten ohne Anstrich überwiegen. An einer auffälligen Straßengabelung oberhalb der Stadt fährt man dann rechts.

Nossa Senhora do Socorro und Projeto Gênebra

Kapverden-Atlas: S. 239, D/E 3
In **Forno** gibt es an der Durchgangsstraße ein Lebensmittelgeschäft und eine Bar. An dieser Stelle zweigt rechts die Straße Richtung Projeto Gênebra ab (Schild ›Santuario N. S. do Socorro‹), die zunächst das Zentrum von Forno passiert. Dann geht es durch menschenleere und zur Küste hin immer trockenere Landschaft zur **Wallfahrtskirche** hinab. Die sehr gepflegte Kapelle ist von einer Mauer umgeben und stets verschlossen, außer an Festtagen. Auf der linken Seite führt ein Pfad hinab in den Talgrund, von wo man auf einem alten Pflasterweg weiter abwärts zum Fuß der Steilküste gelangt (hin und zurück 1 Std.). An dem schwarzen Sandstrand sind Reste einer Zisterne zu besichtigen, wo sich Fischer und Seeleute früher mit Frischwasser versorgten, als sich hier noch ein Schiffsanleger befand.

Während ›N. S. do Socorro‹ durchgehend ausgeschildert ist, muss man unterwegs links auf eine nicht beschilderte Abzweigung achten, die zum **Projeto Gênebra** führt. Das Bewässerungsprojekt am Monte Gênebra wurde in den 1970er Jahren mit deutscher Unterstützung eingerichtet. Die Oase hat bessere Zeiten gesehen, es werden aber immer noch Gemüse und Obst auf mehr als 6 ha Bewässerungsfläche produziert. Das Wasser stammt von einer Quelle, die fast in Meereshöhe entspringt. Sie liefert ca. 800 m^3 Wasser pro Tag. Das einzige, allerdings nicht unerhebliche Problem ist also, das Wasser etwa über 300 Höhenmeter auf die Felder hinauf zu pumpen. Ein Kubikmeter Wasser kostet hier ca. viermal mehr als auf Santiago.

Das Gelände des Bewässerungsprojekts ist öffentlich zugänglich. Vom Gipfel des vorgelagerten Monte Gênebra hat man einen schönen Blick über die karg-schöne Landschaft und bei guter Sicht auf die Insel Brava.

Nach Cova Figueira

Kapverden-Atlas: S. 239, E/F 3
Bei **Patím** bilden in den Tälern kleine Bewässerungsoasen mit Papayabäumen und Bananenstauden grüne Flecken in der ansonsten braunen Landschaft. Am Ortsschild von **Salto** zweigt links die nicht ausgeschilderte Straße Richtung Chã das Caldeiras ab (s. S. 145). Es folgen die Orte Fonte Aleixo und – nach einem auffällig terrassierten Vulkankegel, der sich rechts der Straße erhebt – Dacabalaio.

Cova Figueira ist zwar der drittgrößte Ort Fogos, aber außer ein paar Bars gibt es hier keinerlei Zerstreuung. Die Häuser im Ort sind auffallend pastellfarben in verschiedenen Tönen gestrichen. Sichtlich ist Cova Figueira von zurückgekehrten Emigranten geprägt.

Nach Estância Roque

Kapverden-Atlas: S. 239, E 2
Dieser Abstecher führt in die vielleicht idyllischste und noch weitgehend unberührte Gegend Fogos. Am südlichen Ortsrand von Cova Figueira hält man sich aufwärts. Die Straße verläuft zunächst fast parallel zur Hauptroute

Kleiner Fußmarsch

Den Abstecher ins 6 km von Cova Figueira entfernte Estância Roque kann man auf der kaum befahrenen Pflasterstraße auch zu Fuß unternehmen. Etwa 600 Höhenmeter sind zu überwinden. Ein Saumpfad führt von Estância Roque weiter aufwärts und mündet nach weiteren 500 Höhenmetern kurz vor Erreichen der Caldeira in die dortige Straße (im Ort nach dem Wegverlauf erkundigen!).

Richtung São Filipe, entfernt sich dann aber immer mehr von dieser. Es geht an einem Fußballfeld vorbei und dann vor dem Friedhof von Cova Figueira, auf dem die Grabstätten genauso bunt wie die Häuser des Ortes gestrichen sind, rechts hoch. Man kommt zunächst nach **Baluarte de Baixo** (›unteres Bollwerk‹), wo eine ehemalige Kaserne steht – weder hässlich noch bedrohlich, wie man von einer militärischen Anlage meinen sollte. Vielmehr wirken die wie Reihenhäuser aneinander gesetzten, verschiedenfarbigen Gebäudeeinheiten freundlich. Auf dem Platz davor erhebt sich ein außergewöhnlicher Gummibaum.

Weiter aufwärts geht es, an Vulkankegeln vorbei, durch eine mit wilden Feigen und Wolfsmilch bewachsene, heitere, lichtdurchflutete Landschaft nach **Baluarte de Cima** (›oberes Bollwerk‹). Auch hier gibt es eine – allerdings ziemlich verfallene – einstige Kaserne.

Dann folgt **Mãe Joana,** ein hübscher kleiner Ort mit bunten Häusern und wunderschöner Aussicht auf die umliegenden Vulkane. Oberhalb von Mãe Joana liegt ein fruchtbarer Talkessel mit Bohnenfeldern und Akazienaufforstungen. An dessen Rand wurde auf einem dunklen Lavastrom der Ort **Estância Roque** erbaut. Die Natursteinhäuser heben sich kaum von der Landschaft ab. Weiß ist nur die schlichte Kirche.

Gleich am Ortseingang erhebt sich ein auffälliger Felsblock, dem das Dorf den Namen (›Fels-Viehzüchterei‹) verdankt. Von hier gelangt man rechts ins Zentrum. Außer zwei einfachen Mercearias gibt es dort keinerlei Versorgungsmöglichkeiten.

Privatquartiere in Estância Roque vermittelt Renate vom ›Le Bistro‹ in São Filipe, Tel. 281 25 18, Fax 281 16 41, renatefogo@hotmail.com. Info bei CVTS in São Filipe (s. S. 138).

Die Bauern von Estância Roque halten viele Ziegen, ihr **Käse** wird auf der ganzen Insel gerühmt. Auf Nachfrage kann er käuflich erworben werden, ebenso der hier angebaute **Mais**.

Die obere Straße im Süden

Als landschaftlich schönere, kurvenreichere Alternative für den Rückweg nach São Filipe bietet sich die obere Ringstraße an. Sie zweigt etwa 2 km südlich von Cova Figueira von der breiteren, unteren Straße ab und führt durch das nahe gelegene **Figueira Pavão.** Dort geht es an einer Gabelung rechts aufwärts. In Kurven wird sehr schnell Höhe gewonnen. Die Straße verläuft dann meist oberhalb der 800-m-Höhenlinie. Immer wieder ergeben sich tolle Ausblicke über die Abhänge zur Küste hinab und zum Pico. Landschaftliches Highlight ist die Fahrt quer durch einen Vulkankrater. Dahinter geht es durch liebliche Landschaft nach Achada Furna.

Die Orte **Achada Furna** und **Monte Largo** sind teilweise auf jungen Lavaströmen errichtet. Der Boden hier taugt nicht für die Landwirtschaft, und das fruchtbare Ackerland ringsum war zu wertvoll, um darauf zu siedeln. Heute wird Achada Furna mit Hilfe einer oberhalb des Ortes betonierten Wassersammelfläche mit dem kostbaren Nass versorgt. In Achada Furna stehen neben den traditionellen Steinhäusern eine Reihe von Neubauten, von der deutschen Entwicklungshilfe nach dem Vulkanausbruch von 1995 für die obdachlos gewordenen Bewohner von **Chã das Caldeiras** errichtet. Heute sind sie nur noch zum Teil bewohnt, denn die Menschen kehrten nach und nach in die Caldeira zurück.

Jetzt bietet es sich an, auf einer von mehreren (unbeschilderten) Pflasterstraßen, die im Folgenden nach links abwärts führen, zur Hauptroute zurückzukehren. Spätestens sollte man dies an einer Verkehrsinsel tun, auf der ein Haus inmitten der Straßengabelung steht. (Geradeaus geht die obere Ringstraße in eine Piste über und entfernt sich in nördlicher Richtung von São Filipe.)

Baobab-Baum

KAFFEE ALS SOUVENIR

In jedem gut sortierten Lebensmittelladen der Kapverdischen Inseln findet man Kaffee aus Fogo im Regal – ein empfehlenswertes Mitbringsel, denn seine Qualität gilt als hervorragend. Gern wird er sogar als einer der besten Kaffees der Welt bezeichnet. Im Gegensatz zu ausgesprochenen Massenprodukten aus anderen tropischen Ländern wird er nämlich auf handwerkliche Weise nass aufbereitet. Nachdem das äußere Fruchtfleisch entfernt wurde, fermentieren die noch feuchten Samen 24 Stunden lang, wobei Geschmacksstoffe freigesetzt werden. Erst dann dürfen die Bohnen trocknen.

Auf dem Umweg über Brasilien gelangte der ursprünglich aus Abessinien stammende Kaffeestrauch Ende des 18. Jh. auf die Kapverden. Doch erst 1830 begann mit einem neuen Gouverneur der Anbau für den Export nach Lissabon: zunächst auf Santo Antão, dann auch auf anderen Inseln. Mitte des 19. Jh. hatte sich der kapverdische Kaffee bereits einen festen Platz auf dem portugiesischen Markt erobert. Seit der Jahrhundertwende aber wurde der Weltmarkt dann von billigerem Kaffee aus Südamerika regelrecht überschwemmt. Die Produktion auf den Kapverden brach in den folgenden Jahrzehnten drastisch ein. Vereinzelt sieht man bis heute auf Santo Antão, São Nicolau und Santiago Plantagen mit übermannshohen Kaffeebüschen, die im Mai weiße, sternförmige Blüten treiben, aus denen sich später rote Früchte entwickeln.

Doch nur auf Fogo wird Kaffee noch in nennenswerter Menge produziert. Oberhalb von Mosteiros gibt es in 300–1000 m Höhe, wo dank des Passatwindes genügend Feuchtigkeit vorhanden ist, ausgedehnte Kaffeeplantagen. Viele Landwirte verjüngen allerdings die Pflanzungen schon lange nicht mehr, die Erträge sanken bis in jüngste Vergangenheit weiter.

Neuerdings jedoch gibt es Hoffnung. Im Jahr 2001 gründete sich die ›Associação de Produtores do Café do Fogo‹, ein Zusammenschluss der Kaffeeproduzenten im Gebiet von Mosteiros, mit dem Ziel einer besseren Vermarktung. Denn selbst auf dem Binnenmarkt hat der einheimische Kaffee heute mit Importware zu kämpfen und steht dabei mit dem Rücken zur Wand. Die italienische Entwicklungshilfe ließ die alte Schälmaschine in Mosteiros reparieren und installierte neue Einrichtungen zum Rösten, Mahlen und Verpacken des Kaffees. Da die Erntemenge von Jahr zu Jahr mit der Regenmenge stark schwankt, ist der Preis allerdings in trockenen Jahren im Vergleich zu importiertem Kaffee recht hoch. Dies führt zu einer Zurückhaltung der Verbraucher, wenngleich das besondere Aroma des Fogo-Kaffees auf den Kapverden sehr geschätzt wird. Man mischt ihn sogar unter billigere Sorten, um diese aufzuwerten. Das Rösten, das notwendig ist um das Aroma freizusetzen, führen die Einheimischen oft zu Hause durch, wobei die Kaffeebohnen allerdings leicht verkohlen. Gerösteter Kaffee ist also unbedingt den losen grünen Kaffeebohnen, die mancherorts angeboten werden, vorzuziehen!

Der steile Osten

Spektakulär ist die Fahrt von Cova Figueira nach Mosteiros. Gleich hinter Cova Figueira ist die Straße in etwa 500 m Höhe über dem Meer in einer steilen Wand geführt, rechts fällt der Blick auf eine einsame Küstenebene. Ein Aussichtspunkt mit Parkfläche erlaubt einen Stopp.

Recht plötzlich wird die Landschaft grün. An feuchteren Stellen gedeihen tropische Obstbäume. Bei dem winzigen Ort **Tinteira** ziehen dunkle, noch recht frische, nur von Flechten überzogene Lavaströme von den Flanken des Pico hinab. Genauso dunkel wie die Lava sind dort auch die Häuser, die aus Naturstein gebaut und mit Stroh gedeckt wurden. Hell sind nur die Dächer, um die Hitze vom Haus fernzuhalten. Zugleich dienen sie als Wassersammelflächen. Neben den Bauernkaten stehen oft noch die charakteristischen, eiförmigen Backöfen. Die Menschen leben von ein wenig Bohnenanbau, an Stellen, wo mehr Wasser vorhanden ist, pflanzen sie auch Maniok. Ansonsten beschäftigen sie sich mit der Haltung von Ziegen. So prägen kreisrunde, steinerne Pferche weithin das Landschaftsbild.

Hinter dem Ort lohnt es sich, in der menschenleeren Natur einmal mehr anzuhalten und einen weiteren Blick zum Pico hinaufzuwerfen. An seinem Abhang dringen weit oberhalb der Straße aus tiefen Spalten bis heute heiße Dämpfe. Das Fumarolengebiet ist allerdings gänzlich unzugänglich, nicht einmal Ziegenpfade führen hinauf.

Es folgt eine von Akazien bewachsene Landschaft. Hier weiden Kühe, hin und wieder sieht man den Unterstand eines Viehhirten. Bizarre Erosionsrisse ziehen hinunter zum Meer. Die Straße quert einige dieser Ribeiras, die zu Fotostopps einladen. Die Orte **Queimadinha** und **Relva** wurden auf frischen Lavaströmen erbaut, die sich bei der Ponta Fundão ins Meer ergossen. Die wilde Lavaküste, der die Straße nun folgt, erstreckt sich nordwärts bis Fonsaco, einem Vorort von Mosteiros.

Mosteiros und der Norden

Mosteiros

Kapverden-Atlas: S. 239, E 1/2

Wiederum ein ganz anderes Fogo: Neben den Häusern erstrecken sich Bananenplantagen, ragen Papayabäume auf. Mehrstöckige Neubauten in den Vororten zeugen vom Wohlstand der aus dem Ausland zurückgekehrten Emigranten. Im Zentrum von Mosteiros öffnet sich die kleine **Praça do Entroncamento,** nett bepflanzt und mit Steinbänken versehen. Ansonsten gibt es in dem Ort wenig Einladendes. Einige alte Sobrados, halb verfallen, und seelenlose Neubauten daneben säumen die Straßen. Allerdings findet der Reisende hier so wichtige Einrichtungen wie Post, Bank, Polizei (hoffentlich nicht notwendig) und Stadtbibliothek.

Die recht große Kirche befindet sich in einem arg renovierungsbedürftigen Zustand, ebenso wie der weite Platz davor, der direkt ans Meer grenzt und

EIN FRANZOSE UND DER WEIN

Der Wirt der kleinen Kneipe zwischen Portela und Bangaeira (s. S. 152) ist stolz auf seine Abstammung von **Armand Montrond.** Wie er verweisen zahlreiche Bewohner der Caldeira gern auf ihre glatten oder gelblichen Haare, auf blaue Augen oder einfach auf den Familiennamen, um sich als Nachfahren des geheimnisvollen Franzosen auszuweisen. Allein über 300 Montronds – für einen französischen Dokumentarfilm gezählt – leben heute als Emigranten in Amerika. Auf Fogo dürfte der Clan ebenfalls Hunderte von Mitgliedern haben.

Über Armand Montrond gibt es keine schriftlichen Quellen. Seine Geschichte wurde von Mund zu Mund weitergegeben und entwickelte sich zu einem regelrechten Mythos. Möglicherweise stammte er aus Montrond-les-Bains an der Loire. 1872 war er auf dem Weg nach Brasilien auf den Kapverden ›hängen geblieben‹. Warum er Frankreich verlassen hat, ist völlig rätselhaft. Spekuliert wurde, er sei vor der Justiz geflüchtet, vielleicht nach einem siegreichen Duell. Vielleicht war er aber auch aus politischen Gründen in Frankreich unerwünscht. Dagegen spricht allerdings, dass er sein Heimatland später noch mehrfach besuchte.

Montrond ließ sich auf Fogo in São Filipe nieder, erwarb aber auch Grundbesitz in Atalaia, auf der feuchteren Nordseite der Insel, wo er Kaffee anbaute. Auf anderen Ländereien kultivierte er Rebstöcke. Er ließ Straßen bauen, Bewässerungskanäle verlegen und Brunnen graben. Den portugiesischen Autoritäten waren seine Aktivitäten suspekt, denn sie fühlten sich regelrecht ›vorgeführt‹. Doch der Erfolg gab ihm Recht. Die Herzen der einfachen Menschen hatte er längst gewonnen. Denn er verstand einiges von Naturheilkunde und behandelte seine Patienten, ohne Honorar zu verlangen.

Armand Montrond starb Ende des 19. Jh. nach einem Reitunfall. Sein Sobrado in São Filipe fiel später dem Abriss zum Opfer. Das Haus in Atalaia nutzt heute noch einer seiner Enkel. Ein weiterer Enkel ist heute Bürgermeister von Mosteiros. Andere Nachfahren leben in der Caldeira. Diese ist noch nicht allzu lange besiedelt. Sie diente jahrhundertelang nur als Weideland. Das erste Haus von Chã das Caldeiras wurde 1917 von zwei Söhnen Montronds errichtet, mit dem Weinbau begannen sie drei Jahre später in der Tradition des Vaters.

Der typische Wein der Caldeira mit der Farbe von Lava und einem etwas suspekten Geruch trägt bei den Einheimischen die spöttische Bezeichnung ›Manécon‹ (von bras. *mané* = Trottel). Er darf nicht exportiert werden, denn er stammt von der amerikanischen Hybridrebe, die nach der Reblauskrise im 19. Jh. vielerorts die empfindlichen europäischen Reben ersetzte. In der Europäischen Union und vielen anderen Ländern ist der Handel mit diesem so genannten Amerikanerwein wegen des hohen Methanolgehalts verboten. Vor Ort auf Fogo beschwert sich allerdings niemand darüber. Im Anbau ist die Rebe unkompliziert, sie muss nicht veredelt werden, an den seltsamen Geschmack hat man sich gewöhnt.

einen Blick auf die flache, aber brandungsumtoste Felsküste vor dem Ort gestattet.

Pensão Cristine: an der Hauptstraße gegenüber vom Rathaus, Tel./Fax 283 10 45. Von außen recht unscheinbar, innen jedoch picobello sauber. Nur kaltes Wasser, teilweise mit Balkon. Christine spricht gut englisch und bemüht sich freundlich um ihre Gäste. DZ 1800–2500 ECV. Im Speiseraum können auch Nicht-Pensionsgäste gepflegt essen. Hauptgerichte um 500 ECV.
Tschon di Café: Vila Igreja (nahe Shell-Tankstelle), Tel. 283 16 10. Einfache Unterkunft, Zimmer z .T. mit eigenem Bad, ansonsten Etagenbad. Gute Küche. DZ 20 €.

Aluguer: nach São Filipe frühmorgens (über Pensão Christine arrangieren), nachmittags wieder zurück. Passagem Mosteiros–São Filipe: 500 ECV.

Der äußerste Norden

Hinter Mosteiros lohnt die Weiterfahrt bis Ribeira Ilhéu. Die unmittelbar ans Meer gebaute Straße am Flughafen vorbei wird allmählich von den Fluten verschluckt, Teile der Fahrbahn sind schon weggebrochen. Noch vor dem Flughafen liegt der Friedhof von Mosteiros, dessen nicht unerhebliche Größe in keiner Weise mehr der heutigen Bevölkerungszahl entspricht. Recht aufwändige steinerne Grabstätten stehen für einstigen Reichtum durch Kaffeeanbau in dieser Gegend. Hinter Mosteiros erhebt sich eine dicht überwucherte Steilwand. Erst oberhalb davon befindet sich, von unten nicht sichtbar, das fruchtbare Plantagenland.

Das Flugfeld wird nicht mehr benutzt, allmählich erobert es die Vege-

Der tägliche Besuch am Trinkwasserbrunnen

tation zurück. Nebenan weiden Esel und Kühe auf abgeernteten Maisfeldern. Vor Fajãzinha passiert die Straße einen mächtigen, von der Erosion halb zerstörten Vulkankegel. Eine Kapelle wurde an den Kraterrand gebaut, wohl um künftige Eruptionen zu verhindern. Das Halbrund des Kratergrunds speichert Wasser, und so konnte man hier eine Papayaplantage anlegen.

Nach **Fajãzinha** braucht man nicht hineinzufahren: Schon vor dem Ort zweigt links die (unbeschilderte) Hauptroute ab. Sie gewinnt an Höhe, entfernt sich von der Küste. Weitgehend unbesiedelte, von Agaven überwucherte Täler wechseln mit kargen Bergrücken ab.

Erst bei **Ribeira Ilhéu** wird die Landschaft wieder fruchtbarer, man baut Bananen an. Der Ort ist noch sehr ursprünglich. Kleine, altmodische Werkstätten produzieren das Lebensnotwendige, ältere Frauen huschen in schwarzer Kleidung durch die Gassen. Die Bewohner sind freundlich und in keiner Weise aufdringlich, obwohl (oder weil?) sie nur selten Touristen zu sehen bekommen. Wer Fogo wirklich kennen lernen will, ist hier genau an der richtigen Stelle, um die Atmosphäre auf sich wirken zu lassen und ein wenig auf Entdeckungstour zu gehen.

Esplanada Figueira: am zentralen Platz von Ribeira Ilhéu. Geschützt und schattig sitzt man an den wenigen Tischen im Innenhof, umgeben von blühenden Büschen. Einfach, aber ordentlich. Hauptgerichte ca. 500 ECV.

Aluguer: am großen zentralen Platz von Ribeira Ilhéu.

Die Caldeira und die Picos

Kapverden-Atlas: S. 239, E 2

Nicht nur Geologen werden von der überwältigenden Landschaft des Dachs von Fogo beeindruckt sein. Von São Filipe fährt man zunächst nach Salto (s. S. 143), wo es links aufwärts geht, an einer pinkfarbenen Kirche vorbei. Rechter Hand begleitet die Route ein dunkler, frischer Lavastrom. Bei **Monte Largo** ist die obere Ringstraße im Süden erreicht (s. S. 145), der man nach rechts folgt. Im Zentrum des nächsten Ortes – **Achada Furna** – geht es dann auf einer von Akazien gesäumten Allee links. Steil zieht sich die Pflasterstraße hinauf in Richtung Caldeira. Hinter den letzten Häusern des Weilers **Cabeça Fundão** folgt eine Kurve. Dann gilt es nur noch zu staunen. Fast senkrecht erhebt sich die Kraterwand knapp 1000 m vom Grund des Kessels. Und rechts steht erhaben das Glück und Leid zugleich der Insel – der **Pico,** mit 2829 m nach dem Teide auf Teneriffa (3718 m) zweithöchster Berg im Nordatlantik.

Beim letzten Ausbruch im Jahre 1995 entstand der **Pico Pequeno** (›kleiner Pico‹), rechts neben der Straße. Seine Lavaströme bedeckten fast die Hälfte des Caldeira-Grundes. Ehemals landwirtschaftliches Gelände wurde zerstört, ebenso zahlreiche Häuser und das Gebäude der örtlichen Weinkooperative. Todesopfer gab es bei dem Ausbruch zum Glück nicht zu beklagen. Die etwa 1300 Bewohner der Caldeira konnten rechtzeitig zu Fuß in

Lavafeld am Pico

Richtung Mosteiros flüchten. Inzwischen sind sie zurückgekehrt, um von dem Wenigen zu leben, das die Weinberge und Apfelbaumplantagen in der Nähe des Ortes hergeben. Ihre große Hoffnung ruht auf dem sich allmählich entwickelnden Wandertourismus.

Chã das Caldeiras und Monte Velha

Die niedrigen Häuser aus Naturstein in **Chã das Caldeiras** besitzen Sammelflächen auf den Dächern, um das seltene Regenwasser aufzufangen. Zunächst gelangt man in den – größeren – Ortsteil **Portela.** Im Zentrum von Portela knickt die Straße nach rechts ab, dann erhebt sich rechter Hand die Adventistenkirche. Links folgt das neue Gebäude der Weinbau-Kooperative. Hier geht man heute neue Wege, die Produktion von ›Manécon‹ (s. S. 148) ist rückläufig. Die Kooperative erzeugt mittlerweile dank italienischer Entwicklungshilfe aus edleren Rebsorten einen qualitativ hochwertigen Tropfen, der mit der Ursprungsbezeichnung ›Região Demarcada‹ in den Handel kommt.

Etwa 10 Min. zu Fuß entfernt liegt das zweite Dorf der Caldeira, **Bangaeira.** Dahinter gelangt man auf einer Piste zum Eingang des mit exotischen Baumarten aufgeforsteten Naturschutzgebietes von **Monte Velha.** Es zieht sich außerhalb der Caldeira den Nordhang der Insel hinab, häufig in Passatnebel gehüllt. Um das Schutzgebiet zu betreten, bedarf es einer schriftlichen Genehmigung. Sie ist unter Vorlage des Reisepasses erhältlich beim Ministério de Agricultura, Alimentação e Ambiente (MPARR) in São Filipe (an der Straße zum Hafen).

Pousada Pedra Brabo: Portela (ausgeschildert), Tel. 261 89 40, Fax 281 29 04, pedrabrabo@cvtelecom.cv. Im örtlichen Baustil, perfekt in die Landschaft integriert. Rund um den mit jungen Bäumen bepflanzten Innenhof gruppieren sich freundlich eingerichtete Zimmer. Individuelle Duschkabinen mit warmem Wasser! DZ mit Frühstück 2800 ECV.
Private Unterkünfte: CVTS in São Filipe (s. S. 139) organisiert Privatzimmer. Anspruchsloses Wohnen, jedoch mit engem Kontakt zur Bevölkerung.

Pousada Pedra Brabo (s.o.): Gemütlicher, afrikanisch dekorierter Speiseraum, sehr gute französisch-afrikanische Küche. Meist hat man die Wahl zwischen Fisch und Huhn. Kunstvolle Desserts. Hauptgerichte 500–600 ECV.
Esplanada Terra Terra: Portela, neben der Weinbau-Kooperative. Einfache Kneipe mit Holztischen, wo der örtliche Wein ausgeschenkt wird.

Die **Besteigung des Pico** (Auf- und Abstieg insgesamt ca. 4 Std.) ist Hauptattraktion für Bergwanderer. 1200 Höhenmeter sind zu bewältigen. Die Anstrengung lohnt nicht nur wegen der herrlichen Sicht, auch das anschließende Hinunterrutschen über ein steiles Aschefeld ist ein Erlebnis, das man nicht so schnell vergisst. Kaum mehr als 30 Min. braucht man dafür. Viele einheimische junge Männer bieten ihre Dienste als Führer an.
Ecotur: Portela, an der Hauptstraße. Veranstaltet Ausflüge und vermittelt Führer auf den Pico. Tel. 281 22 55, Fax 281 17 26, ecotourfogo@hotmail.com.

Aluguer: frühmorgens nach São Filipe, nachmittags wieder zurück.

BRAVA

Brava ist nur per Fährschiff zu erreichen und somit einigen wenigen Individualisten unter den Urlaubern vorbehalten. Es ist die Insel der Blumen, vor allem des Hibiskus. Die Landschaft präsentiert sich grün und gebirgig und ist besonders für Wanderer von großem Reiz.

Rund um Hauptstadt und Hafen

Kapverden-Atlas: S. 238, B/C 3
Der Hafen von Furna wurde in einem vom Meer überfluteten Vulkankrater angelegt. Nach drei Seiten ist er von hohen Felswänden geschützt. Der Hauptort Vila Nova Sintra liegt hingegen etwa 500 m über dem Meer. Zwei Straßen verbinden die Orte. Die neue Straße verläuft in zahlreichen Kehren. Die alte – fast in Falllinie angelegte – ist nicht befahrbar. Sie überbrückt die Distanz wesentlich direkter und empfiehlt sich für Fußgänger.

Furna

Seit 1843 gibt es in Furna den Hafen. Der aktuelle Hafenkai wurde im Jahr 2000 eingeweiht, zuvor war es wegen des hohen Wellengangs für die Fährschiffe schwierig gewesen, am Ufer festzumachen. Auf dem Gelände des umzäunten Fährhafens befindet sich ein Kiosk mit Tischen im Freien. Außerhalb des Fährbereichs werden Fischerboote auf einem Slip an Land gezogen. Weitere Boote liegen in der Bucht.

Im Ort gibt es ein paar einfache Kneipen für die Fischer und Seeleute. Auf einer Felsklippe am Südrand der Siedlung thront die noch recht neue Kirche. Auffällig ist eine große, schräge, betonierte Regensammelfläche oberhalb von Furna.

Fähre: s. S. 220.
Aluguer: Bei Ankunft der Fähre stehen genügend Aluguers am Hafen bereit. Passagem offiziell 100 ECV, doch von Ausländern wird teilweise mehr verlangt!

Vila Nova Sintra

Häufig hängen Wolken in den Bergen, so dass es in Vila Nova Sintra meist angenehm kühl ist. Im 18. und 19. Jh. war die Kleinstadt im Sommer bevorzugter Aufenthaltsort für Adelige und Kolonialbeamte aus Santiago. Sintra, die königliche Sommerresidenz in Portugal, stand für den Namen Pate.

Die Stadt hinterlässt einen ruhigen, sympathischen Eindruck und gilt als eine der schönsten der Kapverden. Es scheint auch mehr Geld zur Verfügung

Die blumengeschmückte Praça Eugénio Tavares

zu stehen als in anderen kapverdischen Gemeinden. Tatsächlich emigrierten viele Inselbewohner in der Vergangenheit nach Amerika und investierten oft nach ihrer Rückkehr ihr Kapital in alte Kolonialhäuser. Viele dieser Sobrados (s. S. 41) wirken heute sehr gepflegt, ihre Obstgärten sind meist von üppigen Hibiskushecken umgeben.

Die zentrale **Praça Eugénio Tavares** – benannt nach dem Meister der Morna (s. S. 35) – zieren Blumenbeete und ein Musikpavillon. Daneben ist ein Steinmodell der Insel zu bewundern. Am Hauptplatz steht auch die türkisfarbene **Kirche der Nazarener** (s. S. 32). Auf den Platz laufen aus allen vier Himmelsrichtungen breite Straßen zu. Die nach Norden führt an einen kleinen Aussichtspunkt, östlich davon liegt ein zweiter. Etwas weiter trifft man auf die katholische **Igreja São João Baptista,** die um 1870 errichtet wurde. Ihre Bauform ist typisch für den Kolonialstil auf den Kapverden (s. S. 42): zwei klobige Türme rechts und links des Hauptportals, ansonsten im Großen und Ganzen eher schlicht. Um die Kirche herum spenden hohe Gummibäume Schatten. An der Straße, die von der Praça Eugénio Tavares nach Osten führt, steht am östlichen Ortsausgang eine steinerne ›Nachbildung‹ der »Santa Maria«, dem Flaggschiff von Kolumbus. Sie spielt eine wichtige Rolle bei verschiedenen Kirchenfesten (s. S. 157).

Vom Hauptplatz nach Süden gelangt man zum **Dieselkraftwerk** der Stadt und zum zentralen Markt. Häufig liegen die Kraftwerke auf den Kapverden mitten in der Stadt. Die Einheimischen stören sich nicht daran, und auf diese Weise werden Leistungsverluste durch lange Überlandleitungen vermieden. Auf Brava ist jedoch ein größeres E-Werk nordwestlich von Furna in Bau.

Pensão Paulo Sena: von der Praça Eugénio Tavares an E-Werk und Markt vorbei Richtung Süden und dann rechts, Tel. 285 13 12. Nette, sehr familiär geführte Unterkunft. Einfache, aber gemütliche Zimmer, z. T. mit Balkon (bei längerem Aufenthalt wird allerdings nicht regelmäßig geputzt). Nur kaltes Wasser. Auf Vorbestellung gutes Abendessen. Senhor Paulo bietet mit seinem Pick-Up Taxifahrten an. DZ ca. 2000 ECV.

Pensão Paulo Sena: s. o.
Esplanada Sodade: Praça Eugénio Tavares. Überdachte Terrasse direkt an der Praça. Großer Speiseraum, gute und günstige Tagesgerichte ohne Vorbestellung. Hauptgerichte ab 500 ECV.
Pôr do Sol: Praça Eugénio Tavares. Schlichter, aber sauberer Speiseraum. Abendessen vorbestellen. Typische Hausmannskost. Hauptgerichte ab 500 ECV.

3. Mai: Festa de Santa Cruz (s. S. 33).
Pfingstsonntag: Festa de Coroa de Espírito Santo (Fest der Krone des Heiligen Geistes). Überbleibsel eines mittelalterlichen Festes, das von der katholischen Kirche in ganz Portugal jahrhundertelang bekämpft wurde. Ursprünglich stand eine Armenspeisung im Mittelpunkt, heute ein großes Festessen für alle.
24. Juni: Johannisfest (s. S. 34).

Ein Ausflug nach João d'Nole

Von Vila Nova Sintra ist João d'Nole in etwa 20 Min. gut zu Fuß zu erreichen. Geht man vom Hauptplatz von Vila Nova Sintra am E-Werk und am Mercado Municipal vorbei nach Süden, läuft man genau auf die Schule (Escolas) zu. Dort geht es rechts und gleich wieder links in eine gewundene Pflastergasse. Sie trifft bald auf eine schmale Straße, auf der wir rechts gehen. Vor einem ockerfarbenen, etwas verfallenen Sobrado gabelt sich die Straße. Über ein Maisfeld hinweg sieht man linker Hand bereits den gepflasterten Aufstiegsweg.

Aluguer: zentraler Stand westlich der Praça Eugénio Tavares. Sporadisch werden Cova Joana, Nossa Senhora do Monte, Fajã de Água angefahren.
Taxi: Die Aluguerfahrer bieten Taxidienste an, Inselrundfahrt ca. 1500 ECV.

João d'Nole und Mato Grande

Kapverden-Atlas: S. 238, C 3
Zwei hübsche Ortschaften lohnen einen Besuch. Von Vila Nova Sintra aus biegt man im Zentrum von Cova Rodela links ab, Richtung Mato Grande. Bald liegt an der Straße der gemauerte **Miradouro de Nova Sintra** mit umfassendem Ausblick über die Stadt. Dann erreicht man (an einer Gabelung links abwärts) das malerische, recht

wohlhabende **João d'Nole.** Die kurze Stichstraße endet am Dorfbrunnen. Wenige schmale Gassen entlang gepflegter Häuser und fruchtbarer Obst- und Gemüsegärten durchziehen den Ort. Vom Rand der kleinen Siedlung hat man einen hervorragenden Überblick über Vila Nova Sintra. Bei günstiger Wetterlage kann man die drei unbewohnten Inseln im Nordosten von Brava erkennen. Oberhalb des Ortes, nicht weit von der Straßengabelung, erhebt sich die kleine, türkisfarbene Igreja Santo Antão, die Kirche von João d´Nole.

Die (obere) Hauptstraße führt weiter nach **Mato Grande.** Auch hier steht die Kirche schon vor dem Ort. Mato Grande ist nicht so hübsch wie João d'Nole. Der Abstecher lohnt aber wegen des grandiosen Ausblicks über die Fogo zugewandte Ostküste Bravas. Die anderen Weiler in diesem trockenen Gebiet sind lediglich durch Fußwege miteinander verbunden und erschließen sich nur dem Wanderer.

Die Vinagre-Quelle

Kapverden-Atlas: S. 238, C 3
Ein beliebtes Ausflugsziel in der Nähe der Hauptstadt ist die Fonte de Vinagre (›Essigquelle‹). Bis Santa Bárbara kann man sich fahren lassen. Von dort ist es zu Fuß hin und zurück ca. 1 Std. auf einem Pflasterweg. Das Quellwasser enthält Fluor und Bikarbonat und ist so sauer, dass es wie Essig schmeckt. Ein Badehaus aus dem 19. Jh. ist dem Verfall preisgegeben. An den vier Ecken des Ziegeldaches sind Männerköpfe aus Terrakotta mit weit aufgeris-

Die Igreja Santa Antão oberhalb von João d'Nole

SCHIFF AHOI!

Ein steinernes Schiff, die »Santa Maria«, bewacht die Einfahrt nach Vila Nova Sintra. Ähnliche Schiffe liegen auch andernorts auf Brava an Land. Am Johannistag (24. Juni) sind sie Schauplatz eines besonderen Brauches. Frauen tragen in Körben Brotzöpfe, Kuchen, Früchte und Blumen herbei. Damit werden die niedergelegten Bootsmasten feierlich geschmückt und dann aufgestellt. Dazu tanzt man die Cola, einen fröhlichen Tanz. Anschließend dürfen die Masten von den Kindern geplündert werden.

Das Schiff ›gehört‹ der Jungfrau Maria. Bei den Kelten war das Boot Attribut der Muttergottheit, Getreide und Obst symbolisierten die Fruchtbarkeit. Dieser Glaube floss in die christliche Marienverehrung ein und wurde im Zeitalter der Entdeckungsfahrten weit über den Atlantik getragen. So spielt auch auf der Kanareninsel La Palma ein steinernes Schiff bis heute bei einem Marienfest mit.

Auf Brava drücken die Schiffsnachbildungen die starke Verbindung der Bewohner mit der Seefahrt aus. Amerikanische Walfangboote warben hier früher Mannschaften an, viele Insulaner emigrierten per Schiff in die USA. Beim Johannisfest verkleiden sich Dorfbewohner als Seemänner, Kapitäne und Schiffsköche und stellen schicksalhafte Ereignisse nach, die sich auf hoher See ereignet haben. Dann wird mit Musik und Tanz ausgelassen gefeiert.

senem Mund angebracht. Einheimische erzählen, es handele sich um Darstellungen eines populären Sängers namens Fonseca, der stets Durst hatte. Vom Badehaus ging einst ein ausgeklügeltes Bewässerungssystem mit Levadas (Wasserrinnen) für die umgebenden Terrassenfelder aus. Heute holen die Bauern Wasser in Kanistern aus einem Becken unterhalb des Badehauses.

An die Nordwestküste

Die 8 km weite Fahrt von Vila Nova Sintra nach Fajã de Água ist äußerst eindrucksvoll. Gleich oberhalb der Hauptstadt, noch vor Cova Rodela, begrenzen rot blühende Hibiskushecken Felder und Wiesen. In **Cova Rodela** steht an der Hauptstraße ein riesiges, überaus fotogenes Exemplar des Drachenbaums.

Hinter dem Ort geht es an der Straßengabelung rechts abwärts. Die Landschaft ist steil und extrem zerfurcht. Den Straßenrand begleiten gewaltige Gummibäume. Über das angrenzende Tal hinweg liegen rechts die Orte **Rodela** und **Rodela de Baixo.** Letzterer liegt exponiert auf einem Felsvorsprung. Ein steiler Saumpfad führt von dort ins Tal. Weiter unten wird es trockener. Wenn überhaupt, sieht man nur ein paar Ziegenhirten. Die Straße wurde hier wie ein Hohlweg in mächtige Schichten vulkanischen Tuffs angelegt.

Fajã de Água

Kapverden-Atlas: S. 238, B 3
Fajã de Água liegt an einer feuchten Flussmündung, wo sogar einige Bananenplantagen angelegt werden konnten. Kokospalmen sorgen für tropisches Flair. Eigentlich besitzt Fajã de Água nur eine Häuserzeile entlang der Küstenlinie. Der Strand vor dem Ort ist äußerst steinig und zum Baden weniger geeignet. Fajã de Água war bis 1843 der Haupthafen der Insel. Vor dem Strand ankerten im 18. und 19. Jh. die amerikanischen Walfangboote, die sich hier mit Trinkwasser und Proviant versorgten und Mannschaften an Bord nahmen. Sie dienten vielen Bewohnern Bravas als Sprungbrett für die Emigration in die USA.

Gleich zu Beginn des Dorfes befindet sich eine hübsche, pastellfarbene **Kirche.** Gegenüber liegt ein winziger, von Palmen beschatteter Park. Dort wurde 1993 aus Basalt ein **Emigrantendenkmal** errichtet. Es erinnert an den Untergang des Segelschiffes »Matilde« im Jahr 1943. Bei der Katastrophe ertranken 51 Männer. Fast alle Familien auf Brava verloren bei diesem Unglück einen oder mehrere Verwandten. Thematisiert wurde das Trauma in der Morna »Valsa do Matilde«. Bei den Passagieren handelte es sich um Emigranten auf Heimatbesuch sowie um einige Jugendliche, die dem damals auf Brava herrschenden Hunger entfliehen wollten. Als Folge des Zweiten Weltkriegs waren 1943 die offiziellen Schiffsverbindungen unterbrochen. Die Gruppe charterte das marode Boot und bezahlte die notwendigen Reparaturen. Die »Matilde« war wohl nur notdürftig hergestellt und reichlich überladen. Trotz allem lief sie am 21. August 1943 aus Fajã de Água aus. Wahrscheinlich geriet sie bei den Bermudas in einen Hurrikan und sank.

Pensão Sol Na Baia: nördlich der Flussmündung, Tel./Fax 285 20 70, pensao_sol_na_baia@hotmail.com. Restaurierte Villa im Kolonialstil, mit Restaurant. DZ 3500–5000 ECV.
Motel Burgo: südlich der Flussmündung, Tel. 285 13 21. Schlichte Zimmer, mit Meerblick und privatem Bad. DZ 1500 ECV.

Pôr-do-Sol: am nördlichen Ortsrand in einem zurückgesetzten, türkisfarbenen Haus. Sehr gute Fischgerichte. Nur im Sommer und an Wochenenden geöffnet. Hauptspeisen ab 500 ECV.
Burgo: im gleichnamigen Motel. Eigentlich eine Bar. Kurios als Speiseraum ist das ›Separee‹ im Hinterhof mit nur einem Tisch. Essen vorbestellen. Hauptgerichte ab 400 ECV.
Coqueiro: am nördlichen Ortsrand. Einfache Bar, beliebt bei den Einheimischen.

Wanderung durch das Tal von Fajã de Água

Ein idyllischer Fußweg mit wunderschönen Ausblicken erschließt das Tal von Fajã de Água. Für die mittelschwere, ca. zweistündige Tour ist an einigen Stellen Trittsicherheit erforderlich, festes Schuhwerk wird vorausgesetzt. Die Tour beginnt an der Straßengabelung westlich von Cova Rodela. Man folgt zunächst der Straße nach Nossa Senhora do Monte und schlägt etwa nach 1 km einen breiten Weg nach rechts ein. Von nun an geht es eigentlich stets bergab, zunächst auf einem alten, gepflasterten Saumpfad. Schon bald öffnet sich ein toller Blick zur Küste bei Fajã de Agua. Nach 30 Min. passiert man ein größeres Gehöft. An einer Weggabelung (40 Min.) geht es dann rechts abwärts.

Oberhalb zweier Wasserbecken biegt man links ab und erreicht den Weiler **Lavadura** (1 Std.). Schon nach den ersten Häusern geht es rechts auf einem breiteren Weg abwärts, an Feldern vorbei.

Nach steilem Abstieg auf einem gepflasterten Serpentinenweg quert man auf einer breiten Staustufe einen Talgrund und steigt dann leicht bergan zu einer weiteren Staumauer. Dahinter geht es rechts weiter hinauf zu den Häusern von **Lagoa.** Der Ort liegt einer Oase gleich, von Kokospalmen beschattet, am Hang. Ein breiter Pflasterweg führt durch die Ansiedlung. Hinter einer Groguemühle biegt man links ab (1,5 Std.) und steigt wiederum in steilen Serpentinen in ein Seitental hinab. Dort verläuft eine Bewässerungsrinne, dieser folgt man bis zu einem Wasserbecken. Einige Meter dahinter geht es auf einem deutlichen Pfad nach links. Dieser führt ins Haupttal von Fajã de Água, durch das man zum Meer hinunter läuft.

Ponta Espradinha

Kapverden-Atlas: S. 238, B 3
An der Ponta Espradinha etwa 1 km von Fajã de Água endet die Straße am geschlossenen Flughafen. Dieser wirkt recht trostlos und lohnt eigentlich nur der Kuriosität halber den Abstecher. Er war von der Bevölkerung lange erhofft, schließlich mit deutscher Entwicklungshilfe gebaut und am Johannistag 1992 mit großem Hallo eröffnet worden. Doch wegen des häufig sehr starken Windes hat die TACV inzwischen ihre Flüge nach Brava eingestellt.

Etwa 300 m vor der Landepiste machen zu beiden Seiten der Straße weiße Markierungen mit einem Kreis in der Mitte auf das Naturschwimmbad (unbeaufsichtigt) von Fajã de Água aufmerksam. Vom Straßenrand aus gewinnt man einen Überblick über das gewaltige System von Felsbecken. Beim Schwimmen ist Vorsicht geboten, denn oft schlagen starke Wellenbrecher in die Becken hinein. Bei ruhiger See allerdings kann das Schwimmen hier eine spaßige Sache sein.

Zentrum und Süden

Wenn man sich an der Straßengabelung oberhalb von Cova Rodela (s.o.) links hält, gelangt man zunächst in die feuchte, fruchtbare Bergregion. Hier leben zahlreiche Bauern immer noch recht gut von der Landwirtschaft. Trocken hingegen, dafür aber umso grandioser wird die Landschaft weiter im Süden.

Cova Joana und Nossa Senhora do Monte

Kapverden-Atlas: S. 238, B 3
Ein hübscher, malerisch gelegener Ort ist **Cova Joana.** Üppige Hibiskushecken umgeben die schönen Sobrados. Am Ortseingang rechts steht das

Haus des legendären Violinisten Raúl de Lima. Er ist weit über 90 Jahre alt. Hinter dem Ort, wo die Straße nach Nossa Senhora do Monte hinaufzieht, bietet sich ein fotogener Blick über Cova Joana.

Der Nachbarort Nossa Senhora do Monte liegt exponiert auf einem Bergrücken. Gleich zu Beginn der Siedlung zweigt links eine Straße zu den Bauerndörfern Lima Doce und **Mato** ab. Von Mato aus ist der **Alto de Fontainhas** (976 m) zu sehen, der höchste Gipfel von Brava. Wenig spektakulär erhebt er sich über das umgebende Hochland.

Bei Nossa Senhora do Monte

In **Nossa Senhora do Monte** kommt man zunächst an der Kirche der Siebenten-Tags-Adventisten mit blauem Turm vorbei. Hinter der nächsten Rechtskurve erhebt sich die katholische Wallfahrtskirche. Von deren weitem Vorplatz ergibt sich ein schöner Blick in den oberen Bereich des Tals von Fajã. In der 1826 gegründeten Kirche wird die Bergjungfrau (N. S. do Monte) verehrt. Hier hält der kapverdische Bischof seine Messen, wenn er sich auf Brava aufhält.

Cachaço

Kapverden-Atlas: S. 238, B 3
Südlich von Nossa Senhora do Monte wird die Gegend trockener. Das Gebiet ist weitgehend unbesiedelt. Recht einsam liegt der Ort Cachaço inmitten der Ödnis. Sobald das Dorf nach Überfahren eines Bergrückens in Sicht kommt, bietet sich der beste Blick. Bei klarer Sicht ist von hier auch die Nachbarinsel Fogo zu erkennen. Am großen Waschplatz vor dem Ort sind immer einige Frauen anzutreffen. Die Stelle dient zugleich Ziegen als Tränke.

Cachaço bietet seinen Bewohnern trotz des Anbaus der üblichen Feldfrüchte (Mais und Bohnen) heute kaum eine Perspektive zum Überleben. Ihre kleinen Natursteinbauten sind schlicht. Mit amerikanischer Entwicklungshilfe wurden jedoch in der jüngeren Zeit einige neue Häuser gebaut.

Die Straße endet im Zentrum von Cachaço. Eine einfache Bar sorgt für Getränke. Die Kirche liegt am unteren Ortsrand. Der noch recht neue Bau besitzt eine ungewöhnliche, asymmetrische Fassade und einen offenen Glockenstuhl. Vom weiten Kirchenvorplatz eröffnet sich nochmals ein schöner Blick nach Fogo.

LOJA DAS NOVIDADES
Ar/Água
SV
2833P
SV
2443 P.

Die nördlichen Inseln

Im Hafen von Mindelo (São Vicente)

Kapverden-Atlas S. 230-233

SÃO VICENTE

São Vicente ist zunächst Mindelo, die lebhafte, verruchte Hafenstadt. Ausflüge zu den traumhaften Stränden an der Baía do Norte oder ins karge Inselinnere ergänzen den Aufenthalt. Absolute Ruhe und tolle Surfbedingungen im Fischerort São Pedro.

Mindelo

Kapverden-Atlas: S. 230/31, C/D 3
In der Hafenstadt leben etwa 98 Prozent der rund 68000 Inselbewohner. Besucher fühlen sich meist durch den legendären Ruf Mindelos als Zentrum des Nachtlebens und der Musikszene der Kapverden angezogen. Aber auch tagsüber hat die lebendige Stadt einiges an urbanem Flair zu bieten.

Der Hafen

Porto Grande [1], der Hafen von Mindelo, gilt als bester und sicherster des Archipels. Früher war er sogar der größte Hafen zwischen Lissabon und dem Kap der Guten Hoffnung, daher der Name. Aber er hat bessere Zeiten gesehen. Im Osten sind die modernen Kaianlagen wenig belebt. Die Westseite der Bucht ›ziert‹ das rostige Wrack eines Tankschiffes, das früher Trinkwasser von Santo Antão anlieferte.

Angefangen hatte alles 1838, als ein Dekret des neuen, liberal orientierten portugiesischen Regimes den Ausbau Mindelos als Handelshafen anordnete. 1850 erhielt der britische Konsul der Kapverden die Erlaubnis eine Kohle-Bunkerstation in Mindelo einrichteten. Weitere, ähnliche Einrichtungen unter englischer Regie kamen bald hinzu. Großbritannien hatte sich schon 1810, während der Napoleonischen Kriege, vertraglich das Vorrecht auf den Handel mit Brasilien einräumen lassen. Nun wurde Mindelo als Versorgungsstation für Schiffe auf dem Weg von und nach Südamerika ausgebaut. Damit kam ein unverhoffter Aufschwung für die Insel, auf der zuvor nur ein paar Hirten lebten. Mindelo erfuhr einen enormen Bevölkerungszuwachs. Die Neubürger kamen von Santo Antão und São Nicolau. In Mindelo fanden sie Arbeit im aufstrebenden Hafen. Zwei Drittel der gesamten Einnahmen des Archipels wurden jahrzehntelang hier erwirtschaftet, Portugal verdiente durch die Zolleinnahmen kräftig mit.

Ende des 19. Jh. galt Mindelo als eine der ›verderbtesten‹ Städte der Welt. Damals versorgten sich bis zu 2000 Schiffe pro Jahr im Porto Grande mit Kohle und Wasser. Seeleute aus aller Welt hatten hier Landgang, das Geschäft mit der Prostitution blühte, ein Bordell nach dem anderen eröffnete.

Bis heute blieb dieser Ruf erhalten, auch wenn die Realität nicht mehr ganz mithalten kann.

Mit zunehmender Konkurrenz der Häfen von Las Palmas und Dakar ging die Zahl der Station machenden Schiffe allerdings ab etwa 1890 und verstärkt in den 1920er Jahren drastisch zurück. Diesel ersetzte zudem immer mehr die Kohle, dadurch wurden weniger Arbeitskräfte im Hafen benötigt. Die Anfangszeit der Salazar-Diktatur war durch Hunger und Elend gekennzeichnet. Dann versuchte Portugal zum Ausgleich den Handel mit den eigenen Kolonien zu intensivieren. In den 1950er Jahren schlossen sich die letzten britischen Kohlegesellschaften zusammen, um von nun an nur noch Dieselkraftstoff der Marke Shell (daher die allgegenwärtigen Shell-Tankstellen auf den Kapverden!) an die immer seltener in Mindelo vorbeischauenden Ozeanriesen zu verkaufen. Die Antwort der Salazar-Regierung darauf war der Bau der 900 m langen Mole und moderner Hafeneinrichtungen im Norden der Bucht. Nach der Unabhängigkeit wurde der Hafen weiter ausgebaut und kann heute Schiffe bis 11,5 m Tiefgang aufnehmen. Allerdings kam der Porto Grande seitdem nie mehr so richtig in Schwung.

Zwar ist der Hafen immer noch mit Abstand wichtigster Arbeitgeber in der Stadt. Doch mit 36 Prozent liegt die Arbeitslosigkeit in Mindelo weit über dem nationalen Durchschnitt (23 %). Internationale Entwicklungshilfe und ausländische Investitionen, z.B. in eine Textilfabrik, haben für eine leichte Entspannung der Situation gesorgt.

An der Uferpromenade

Die Avenida da República trennt die Hafenbucht von der eigentlich vom Meer abgewandten Stadt. Im Süden beginnt sie am **Mercado de Peixe** 2 (Fischmarkt). Dessen Ambiente ist ganz und gar afrikanisch. Ständig tragen Fischer ihren Fang in Plastiktüten herein um die Händler zu beliefern.

Unter den feilgebotenen Fängen dominiert der Tunfisch. Daneben findet man zahlreiche andere Atlantikfische, z.B. die auffällig gestreiften Muränen, und viel Bacalhau (Stockfisch).

Der **Torre de Belém** 3 wird zur Zeit restauriert. Es handelt sich um eine Nachbildung des gleichnamigen, ungleich berühmteren Turms in Lissabon. Während jener schon im 15. Jh. erbaut wurde, stammt die kapverdische Version von 1937. Die bis dahin von den

Schmelztiegel Mindelo

Nirgendwo auf den Kapverden gibt es so viele Straßenkinder, Bettler und Taschendiebe wie in Mindelo. Die Hafenstadt ist Schmelztiegel für Menschen von den anderen Inseln und aus Westafrika, die in der Hoffnung auf Geld und Arbeit hierher strömen. Viele scheitern, leben in slumähnlichen Vierteln am Stadtrand. Vorsicht ist stets am Platz. Unbedingt sollten die Ratschläge beherzigt werden, die im Kapitel »Reiseinfos von A bis Z« unter dem Stichwort »Sicherheit« nachzulesen sind (s. S. 218)!

Engländern geprägte Stadt sollte ein wenig ›portugiesischer‹ werden. Bis zur Unabhängigkeit diente der Torre de Belém der Hafenkommandantur als Sitz. Sehenswert sind die ›manuelinischen‹ Verzierungen an der Fassade. Verschlungene Schiffstaue aus Stein umrahmen die Fenster. Schmückende Funktion haben auch die zahlreichen Kreuze des Christusritterordens und die für den Manuelismus typischen Türmchen (s. S. 40).

Nebenan vertreiben sich Fischer ihre Freizeit beim Kartenspiel an Steintischen. Dort erhebt sich die **Bronzebüste von Diogo Afonso** [4], der einen Sextanten in der Hand hält, als Zeichen des Seefahrers. Um die Jahreswende 1461/1462 erkundete er von Santiago aus den Norden des Archipels und ent-

Plan: S. 166

Sehenswürdigkeiten

1 Porto Grande
2 Mercado de Peixe
3 Torre de Belém
4 Büste von Diogo Afonso
5 Häuser der englischen und schottischen Kaufleute
6 Agência Nacional de Viagens
7 Centro Cultural de Mindelo
8 Clube Nautico
9 Fliegerdenkmal
10 Esplanada
11 Marmorsäule
12 Quiosque Praça Nova
13 Markthalle
14 Ehemaliger Gouverneurspalast
15 Igreja Nossa Senhora da Luz

Übernachten

16 Mindelhotel
17 Hotel Porto Grande Oásis Atlântico
18 Aparthotel Avenida
19 Residencial Sodade
20 Residencial Maravilha
21 Residencial Hesperides
22 Chez Loutcha
23 Residencial Novo Horizonte
24 Pensao Chave d'Ouro

Essen und Trinken

25 O Cordel
26 Casa Café Mindelo
27 Nella's
28 Guloso
29 Archote
30 Chez Loutcha
31 Chave d'Ouro
32 Pica Pau
33 Nederlanden
34 Pastelaria Algarve
35 Pastelaria ABC

deckte dabei u.a. am 22. Januar 1462 São Vicente. Das Denkmal errichtete man 1955, in der Zeit der Salazar-Diktatur. Es trägt bis heute das portugiesische Wappen.

Wenig weiter nördlich säumen die **Häuser der englischen und schottischen Kaufleute** 5 die Uferstraße, die im 19. und zu Beginn des 20. Jh. in Mindelo lebten und deutliche Spuren in der Stadt hinterließen. Sie eröffneten Handelshäuser und Geschäfte, gründeten Clubs und Sozialeinrichtungen. Sogar ein heute noch existierender Golfplatz wurde südöstlich der Stadt angelegt. Charakteristisch für die unverkennbar britischen Gebäude am Hafen sind schmiedeeiserne Balkongitter, Gauben und mit Schindeln gedeckte Dächer. Die meisten Briten verließen in den

MUSIKSZENE AKTUELL

Morna und andere kapverdische Livemusik erlebt man kaum noch in der Innenstadt von Mindelo. Die klassischen Cafés in der Rua Lisboa (wie das Royal, das Lisboa oder das Portugal) schließen früh. Neuankömmlinge träumen zwar von schummrigen Bars, aus denen melancholische Klänge nach außen dringen – spontane Musik, die sich eher zufällig ergibt. Doch in der Realität sucht man sie meist vergeblich. Dieses Bild wurde in der Weltpresse verbreitet, um dem kometenhaften Aufstieg von Cesária Évora einen romantischen Touch zu verleihen. So entstand der Eindruck, die Diva hätte in alten Cafés für ein paar Escudos vor Seeleuten gesungen – eine Art kreolischen Blues. Tatsächlich trat Cesária Évora zu Beginn ihrer Karriere aber regelmäßig im Night and Day auf, einem damals sehr beliebten und schicken Club...

Sicherlich haben sich früher in Mindelo Hafenarbeiter und Seeleute auf dem Weg von der Arbeit nach Hause für zwei oder drei Stunden die Zeit in einer einfachen Bar vertrieben. Das eine oder andere Mal erklang dann zum Grogue schwermütige Musik. Oftmals tat man sich auch zu ›unschicklich‹ später Stunde vor der Tür eines Freundes zusammen und sang, eine Angewohnheit, die von der Kolonialverwaltung rigoros bekämpft wurde. Doch eine solche Volkskultur benötigt aktive Mitglieder, um erhalten zu bleiben. Bedingt durch den Niedergang des Hafens hat das Ambiente sehr gelitten. Vor allem aber das Fernsehen soll wesentlich dazu beigetragen haben, dass die Mindelenser heute zurückgezogener leben als noch zu Beginn der 1990er Jahre. Viele Musiker erinnern sich mit Nostalgie an die gar nicht lange zurückliegenden Zeiten, als die Menschen sich in der Freizeit auf der Straße oder in den Kneipen aufhielten. Heute sitzen die Mindelenser schon am frühen Abend zu Hause, um gebannt die täglich ausgestrahlten brasilianischen Seifenopern in vielhundertfacher Fortsetzung am Bildschirm zu verfolgen. Ohnehin fehlt es der Musikszene an Nachwuchs. Die jungen Kapverdianer sind reservierter als ihre Eltern oder Großeltern, selbst singen und musizieren ist nicht mehr ›in‹. Wozu gibt es schließlich Kassettenrekorder und CD-Player?

Zwangsläufig passt sich die Morna an die viel gerühmten kapverdischen Nächte an, ist inzwischen vor allem auf organisierten Festen und Bällen zu finden, aber auch in den großen Hotels und in manchem Restaurant, in dem Touristen verkehren. Allerdings ist von der ›Noite Caboverdiana‹ bis hin zur offiziellen Folklore, vom staatlichen Tourismusamt finanziert, der Weg nach Ansicht von Kennern nicht mehr weit. Doch es gibt auch Lichtblicke, man muss sie nur suchen. Bekannte Musiker wie der aus Mindelo stammende Baú treten mittlerweile in vergleichsweise noblen Clubs und Restaurants außerhalb der Stadt auf. Wer sich dafür interessiert, sollte auf Plakate achten, die solche Veranstaltungen ankündigen. Mit dem Taxi gelangt man problemlos dorthin und kann sich später auch für den Rückweg wieder ein Taxi kommen lassen.

1950er Jahren die Insel. Jetzt beginnt die Sanierung dieser Häuser.

Bemerkenswert ist das große zeitgenössische Wandbild »Poema Mindelense« von António Conceição an einem Nebengebäude der **Agência Nacional de Viagens** 6. Es zeigt typische Szenen aus dem traditionellen Leben der Stadtbewohner: Männer fahren zum Tunfischfang aus, Frauen tragen Lasten auf dem Kopf, gefeiert wird abends in einfachen Kneipen.

Das **Centro Cultural de Mindelo** 7 ist im ehemaligen Zollhaus (Alfândega) von 1860 untergebracht. Nebenan residiert der Clube Náutico, der Verein der örtlichen Segler, in einem komplett renovierten, dreigiebeligen Lagerhaus des Zolls von 1875.

Gegenüber vom **Clube Náutico** 8 können Yachten am alten, heute fast völlig verfallenen Hafenkai nur notdürftig festmachen. Die meisten ankern in der Hafenbucht. Neben dem Kai erhebt sich ein **Fliegerdenkmal** 9 mit einem gewaltigen Adler, der zum Flug ansetzt. Es steht auf einem Sockel, der einer Felsnadel nachgebildet wurde. Eine Gedenktafel erinnert an die Zwischenlandung der Piloten Gago Coutinho und Sacadura Cabral mit dem Flugboot »Lusitânia« 1922 im Verlauf ihrer Erstüberquerung des Südatlantiks.

Weiter nördlich, wo die Avenida da República in die Avenida Amílcar Cabral übergeht, liegt die **Esplanada** 10. In diesem sorgfältig angelegten Park befindet sich eine private Touristeninformation (s. S. 173). Im weiteren Verlauf der Avenida Amílcar Cabral erhebt sich eine **Marmorsäule** 11, gekrönt von einem ringförmigen Stein. Der Bildhauer João Cutileiro schuf sie 1994 zum 500. Jahrestag des Vertrags von Tordesillas, der zwischen Portugal und Spanien abgeschlossen wurde, um die Überseebesitzungen und noch zu erobernden Gebiete der beiden Länder voneinander abzugrenzen. Schließlich ist der Gare Marítimo erreicht, der neue Fährterminal.

Drink unter Seglern

Die Bar im Innenhof des Clube Náutico ist zu jeder Tageszeit optimale Anlaufstelle für einen gepflegten Drink. Hier treffen sich die Hochseesegler. Maritimes Dekor schmückt knallblaue Wände. Durch das Tor blickt man, wie könnte es anders sein, zum Yachthafen. Abends öffnet im Haus ein Pub, dann kommt Stimmung auf.

Dieser Abschnitt der Uferstraße wird von dem auf einer Anhöhe gelegenen **Fortim d'El Rei** ›bewacht‹. 1852 wurde es zur Verteidigung des Hafens errichtet, bis in die 1970er Jahre hinein diente es noch als Gefängnis. Heute ist die ehemalige Festung eine triste Ruine, die einen Besuch nicht lohnt.

Praça Nova

Ende der 1920er Jahre entstand das noble Stadtviertel rund um die großzügige Praça Nova. Am Platz bzw. in seiner Nähe stehen heute die drei wichtigsten Hotels der Stadt.

Inmitten der gepflegten Anlage erhebt sich der **Quiosque Praça Nova**

Einige der historischen Häuser im Zentrum wurden bereits wieder restauriert

12, ein Jugendstil-Pavillon mit Café. Tische im Freien laden zur Rast ein. In der Architektur des Pavillons spiegelt sich – einmal mehr auf São Vicente – der angelsächsische Geschmack wider.

Dahinter steht ein Denkmal für den wohl berühmtesten portugiesischen Dichter, Luis de Camões (1524 oder 1525–1580). Seine Büste thront auf einem Sockel, den das Kreuz des Christusritterordens ziert. Ganz unten ist sein berühmtes Epos »Os Luziados« (Die Lusiaden) in Form eines Buches in Stein gefasst. Camões beschreibt darin in 10 Gesängen (nach dem Vorbild von Vergils »Äneis«) die Fahrt Vasco da Gamas nach Indien. Das Denkmal wurde nach der Unabhängigkeit Cabo Verdes zunächst entfernt, kehrte aber inzwischen an seinen Platz zurück.

In den nördlich anschließenden Straßenzügen wohnen die wohlhabenderen Bürger von Mindelo in gepflegten, pastellfarbenen Villen aus der Kolonialzeit mit schmiedeeisernen Gittern an Fenstern, Türen und Balkonen sowie schicken, oft mit Stuck verzierten Balustraden. Vielfach sind die Häuser durch Wachhunde und hohe, mit einzementierten Glasscherben versehene Mauern gegen unerwünschte Eindringlinge gesichert. Restaurants und Geschäfte im europäischen Stil rechnen hier mit relativ zahlungskräftiger Kundschaft. Während in der eigentlichen Innenstadt der Verfall anscheinend kaum noch aufzuhalten ist, entwickelt sich dieses Wohnviertel mehr und mehr auch zum modernen Einkaufszentrum der Stadt. Dementsprechend gibt es (an der Ecke Avenida 5 de Julho/Rua Angola) einen schicken Supermarkt mit für Inselverhältnisse hervorragendem Sortiment.

Rua Lisboa

An der Rua Lisboa (heute offiziell Rua Libertadores d'Africa) reihen sich die Klassiker unter den Cafés: Royal, Lisboa, Portugal. Dort trifft man sich seit Jahrzehnten am Vormittag. Um diese Zeit (und nur um diese) tobt das Leben in der Innenstadt. Sehenswert sind die altmodischen Geschäfte mit Holzeinrichtung und klassischem Warensortiment. An Sonn- und Feiertagen sind fast alle Läden geschlossen. Dann machen auch die Cafés ihre Tore dicht, und es ist schwierig, in der nun fast unbelebten Innenstadt noch eine Einkehrmöglichkeit zu finden.

Hauptattraktion in der Rua Lisboa ist die zweistöckige **Markthalle** 13. Zu ebener Erde gibt es ein reichhaltiges Angebot an Obst und Gemüse. Aber auch Trockenfisch, Eier, Getreidekörner und Gewürze stehen zum Verkauf. Ein typisches Mitbringsel sind winzige Chilischoten, die zu höllisch scharfem Piri-Piri verarbeitet werden. Im Obergeschoss ist nicht mehr viel los, seit viele der einstmals dort vorhandenen kleinen Musikläden und Boutiquen in lukrativere Geschäftslagen außerhalb der Innenstadt umgezogen sind. Am Treppenaufgang lohnt aber das wandfüllende Fliesenbild einen Blick. Es wurde 1994 in Portugal geschaffen und zeigt eine Gruppe von Frauen, die Gefäße auf dem Kopf tragen – eine typische Szene von Cabo Verde.

Die Rua Lisboa endet im Osten vor dem **ehemaligen Gouverneurspalast** 14, der heute vom Präsidenten Cabo Verdes bei seinen Aufenthalten auf São Vicente genutzt wird und zudem als provisorischer Sitz des Inselgerichts dient. Das imposante, in rosa gehaltene Gebäude wurde 1874 im klassizistischen Stil errichtet. 1929 kam das Obergeschoss hinzu. Während der Bürozeiten darf man den gepflegten Park betreten und kann dort zwischen Blumenbeeten flanieren.

Altstadt

Die Pracinha da Igreja ist Mittelpunkt des ältesten Teils von Mindelo. Ende des 18. Jh. war an dieser Stelle ein einfaches Dorf namens Nossa Senhora da Luz rund um eine schlichte, der Ortspatronin Maria Lichtmess geweihte Kapelle gegründet worden. Als die Bevölkerung stark angewachsen war, ersetzte man die Kapelle 1862 durch die heutige **Igreja Nossa Senhora da Luz** 15. Sie präsentiert sich im Kolonialstil (s. S. 42) mit einem geschwungenen barockisierenden Giebel und einem Marmorportal. Die zwei seitlich angebrachten Glockentürme weisen maurisch anmutende Hufeisenbögen auf.

Auf dem Kirchplatz verbringen einheimische Familien im Schatten die Mittagszeit oder promenieren hier in den Abendstunden. Neben der Kirche steht das Kaufhaus **Casa Benfica** mit der vielleicht besten Auswahl an Gebrauchsartikeln in der Stadt. Es geht auf eine von mehreren Handelsgesellschaften zurück, die in Mindelo während der Salazar-Zeit gegründet wur-

EINMAL IM JAHR PRINZESSIN SEIN...

Die Phantasie der Teilnehmer – und das sind eigentlich alle Stadtbewohner – wird beim Karneval von Mindelo ganz groß geschrieben. Europäische und brasilianische Elemente verschmolzen hier zu einem ganz eigenständigen Spektakel, das internationale Berühmtheit erlangt hat wie kein anderes kulturelles Ereignis auf den Inseln.

Seine Wurzeln hat der kapverdische Karneval in Portugal, von wo er im 17. und 18. Jh. seine Inspirationen bezog. Es war ein volkstümliches, wildes Fest, das sich auf den Straßen abspielte. Hinter allerlei Maskeraden verborgen, verhöhnte man die Institutionen der Macht. Auch nahm man sich gegenseitig auf die Schippe, bewarf sich mit Mehl – ein uralter Fruchtbarkeitsritus – oder bespritzte sich gar mit Urin. Sittsamer ging es bei der Oberschicht zu. Sie traf sich zum Maskenball in den Salons und ließ sich von den *foliões* (Narren) unterhalten.

In den 1930er Jahren veränderte der Karneval sein Gesicht. Sambagruppen formierten sich nach brasilianischem Vorbild in den verschiedenen Stadtteilen, gefördert durch die in Mindelo ansässigen Engländer. Seither wird der Karneval à la Rio de Janeiro gefeiert. Am Rosenmontag ziehen abends Sambatänzer durch die Straßen, am Fastnachtsdienstag gibt es einen großen Umzug mit Prunkwagen und glamourösen Prinzessinnen. Was in einem Jahr in Brasilien ›in‹ ist, wird es garantiert im nächsten Jahr in Mindelo sein. Aber auch eigene Ideen und Phantasien bekommen Raum. Die Mitwirkenden kleiden ihre Träume von einer anderen Welt in Kostüme und Ausstattungen. Für ein oder zwei Tage können sie sich in eine andere Rolle versetzen, können Prinzessin, Nixe, Haremswächter oder persische Sklavin sein. Alle bekannten einheimischen Künstler sind beteiligt, wenn die allegorischen Wagen der Sambagruppen aufwändig gestaltet werden.

Daneben hat sich bis heute der nicht organisierte, ursprüngliche Karneval gehalten. In geschickt improvisierten Kostümen gehen die jungen Leute auf die Straße, um ihre Sorgen öffentlich auszudrücken. Sie tragen Jutesäcke, Plastiktüten, alten Zeitungen oder Nachthemden. Ihre Themen sind Aids, Drogen, Verhütung, Fußball...

Inzwischen zehrt der Karneval von Mindelo schon ein wenig von vergangenem Ruhm. Bis in die 1980er Jahre erfuhren die Sambagruppen noch starke finanzielle Unterstützung von Privatleuten. Dabei taten sich vor allem die Frauen der englischen Kaufleute hervor, die oft die Mäzeninnenrolle einnahmen. Seit den 1990er Jahren fehlt es an finanziellen Mitteln. Im Jahr 2002 drohte der Umzug am Fastnachtsdienstag ganz zu scheitern, wurde aber im letzten Moment noch einmal gerettet. Doch seit 2003 können die Gruppen – gesponsert durch etliche Städte in Portugal und Brasilien – den gewohnten Prunk wieder einigermaßen auf die Beine stellen. Für den boomenden Kreuzfahrttourismus sind die Kapverden damit in der Karnevalszeit zum lohnenden Ziel geworden.

den, um den Handel von Manufakturprodukten von den Inseln nach Portugal zu organisieren.

In den schmalen Gassen weiter südlich wird Mindelo ›afrikanischer‹. Das Leben ist bunter als am Nordrand der Innenstadt, die Gerüche sind intensiver. Fliegende Händler hocken mit den verschiedensten Waren am Straßenrand.

Praça Estrela

Auf dem weitläufigen Platz steht ein Pavillon mit mehreren Bars, von deren Tischen aus man das Treiben ringsum verfolgen kann. Für die afrikanischen Händler, die sich zuvor provisorisch hier eingerichtet hatten, wurden im Jahr 2000 mit Hilfe der portugiesischen Partnerstadt Porto feste Marktstände geschaffen. Sehenswert sind die handgemalten, klassisch blauweißen Fliesenbilder an den Ständen. Sie zeigen verschiedene Ansichten des alten Mindelo. Das Angebot der Händler umfasst Kleidung, Sonnenbrillen, Sandalen und allerlei Krimskrams. Am meerwärtigen Rand der Praça Estrela bieten Frauen auf einem kleinen, überdachten Marktplatz Obst und Gemüse feil.

Informação Turística – Lucete Fortes: Avenida Amílcar Cabral, Tel./Fax 232 42 67, www@bela-vista.net. Pavillon in der Esplanada. Verkauf von Wanderkarten und Stadtplänen.

****Mindelhotel** 16: Av. 5 de Julho, Tel. 232 88 81, Fax 232 88 87, mihotel@cvtelecom.cv. Bar in der Eingangshalle, wo man auch als Nicht-Hotelgast in gepflegtem Rahmen einen Drink nehmen kann. Pauschal buchbar. DZ mit Frühstück 9000–13 000 ECV (inkl. Transfer von und zum Flughafen).

****Hotel Porto Grande Oásis Atlântico** 17: Praça Nova, Tel. 232 31 90, Fax 232 31 93, www.oasisatlantico.com. Alle Zimmer großzügig ausgestattet mit Balkon. Gediegene Atmosphäre. Manchmal abendliche Animation auf der Terrasse. Pauschal buchbar. DZ 100–120 €.

***Aparthotel Avenida** 18: Av. 5 de Julho, Tel. 232 11 76, Fax 232 23 33. Altmodischer Charme, etwas abgewohnt, doch günstig gelegen. Zimmer zum Meer hin mit schönem Blick. Kein Restaurant! Pauschal buchbar. DZ 30–40 €.

Residencial Sodade 19: Rua Franz Fanon 38, Tel. 232 75 56, Fax 231 40 19, sodade.sv@cvtelecom.cv. Schlichte Hotelpension am Rand der Innenstadt. Vom

Centre Culturel Français

Im Französischen Kulturzentrum (Centre Culturel Français; Mo–Fr 10–12.30, 15–19, Sa 10–12.30 Uhr) an der Ecke Rua Lisboa/Rua Santo António findet man eine umfangreiche Sammlung französischer Literatur, auch über die Kapverden, sowie ein Cybercafé (200 ECV pro 30 Min.). Es werden Landkarten und Lokalzeitungen verkauft, und oft gibt es kulturelle Veranstaltungen. Weitere Internetpoints sind in der Einkaufspassage Furnalha (Av. 5 de Julho) sowie in der Rua Balthasar Lopes da Silva (Webcafé, So geschl.) zu finden.

Restaurant schöner Blick über Stadt und Hafen. Alle Zimmer mit warmem Wasser, ansonsten sehr unterschiedlich ausgestattet. DZ 3200–7700 ECV.

Residencial Maravilha 20**:** Rua Angola, Stadtteil Alto São Nicolau oberhalb vom Hafen, Tel. 232 22 03, Fax 232 22 17, gabs@cvtelecom.cv. Große Skulptur eines Tintenfisches an der Fassade. Gepflegt, hübscher Garten. Im Haus die Pizzeria/Snack-Bar Le Flostel. Pauschal buchbar. DZ 4500–5500 ECV.

Residencial Hesperides 21: nahe Residencial Maravilha, Tel. 232 86 88, Fax 232 73 72, isabel097@aol.com. Passable Unterkunft in einem Neubau. Einziger Nachteil: Diskothek unmittelbar nebenan, in der es am Wochenende heiß her geht. DZ 3000–5500 ECV.

Chez Loutcha 22: Rua do Côco, Tel. 232 16 36, Fax 232 16 35. Bei Travellern sehr beliebt, familiär. Besser sind die Zimmer mit Fenster zur Außenseite. DZ 3700–4400 ECV.

Residencial Novo Horizonte 23**:** Rua Senador Vera Cruz, Tel. 232 39 15. Akzeptabel. Besticht durch seine zentrale Lage. DZ mit Frühstück um 2000 ECV.

Pensão Chave d'Ouro 24**:** Av. 5 de Julho, Tel. 232 70 50, Fax 232 70 57. Sehr zentral, gewisser kolonialer Charme. Qualität der Zimmer sehr unterschiedlich. Etagenbad. DZ 1500–2400 ECV.

O Cordel 25**:** gegenüber Präsidentenpalast. Von außen eher abweisend, aber innen alles vom Feinsten. Hervorragender Service. Hauptgerichte um 800 ECV.

Casa Café Mindelo 26**:** Rua Governador Calheiros 6/Av. da República, Tel. 231 87 31, tgl. 7–2 Uhr. Zeitgemäßer Treffpunkt in einem renovierten Stadthaus von 1870, Frühstück, Mittag- und Abendessen, Tapas. Kleine Konzerte, Ausstellungen und andere Events. Vermietung von individuell eingerichteten, komfortablen Zimmern (DZ 52 €). Hauptgerichte um 800 ECV.

Nella's 27**:** Rua Lisboa, über dem Café Lisboa, Tel 231 43 20, So geschl. Luftig und durch das Holzmobiliar gemütlich. Speisen mit Kreide an der Wand angeschrieben. Mo, Fr und Sa Live-Musik. Hauptgerichte um 750 ECV, wechselndes Tagesgericht um 550 ECV.

Guloso 28**:** Rua Angola (zwischen Nordwestecke der Praça Amilcar Cabral und Hafen). Klein, aber fein. Maritim dekoriert. Bei Seglern sehr beliebt. Hauptgerichte um 700 ECV.

Archote 29**:** Rua Irmãs Amor Deus (oberhalb Residencial Maravilha), Tel. 232 39 16.. Recht edel. An warmen Abenden speist man auf der Terrasse. Sa Folklore, Di Live-Musik mit der Band »Porto Grande«. Hauptgerichte ab 600 ECV.

Chez Loutcha 30**:** in der gleichnamigen Pension. Ein viel gerühmtes, gemütliches Restaurant mit französisch-senegalesischer Küche. Riesen-Portionen! Fr meist Morna live. Hauptgerichte ab 600 ECV.

Chave d'Ouro 31**:** in der gleichnamigen Pension. Klassische portugiesisch-kapverdische Küche in entsprechendem Ambiente. Viel einheimisches Publikum, sehr empfehlenswert. Hauptgerichte um 600 ECV.

Pica Pau 32**:** Rua Santo António. Bei Travellern sehr beliebte ›Institution‹ mit nur sieben Tischen. Kurze Speisekarte, vorwiegend Fisch und Meeresfrüchte. Der Wirt bemüht sich in englischer Sprache persönlich um seine Gäste, Dankesschreiben aus aller Welt zieren die Wände. Fischgerichte um 500 ECV, Reis mit Meeresfrüchten 700 ECV.

Nederlanden 33**:** Praça Doutor Regala (südöstlich vom Gouverneurspalast). Kleine Gerichte, mittags viel einheimisches Publikum. Frische Einrichtung, sauber.

Pastelaria Algarve 34: Rua Lisboa. Bei Touristen beliebt wegen seiner begrünten Terrasse, von der man ungestört das Treiben auf der Straße beobachten kann. Snacks, Kuchen.
Pastelaria ABC 35: Einkaufspassage Furnalha, Av. 5 de Julho (gegenüber dem Aparthotel Avenida). Fruchtsäfte, Kuchen, Fischkroketten, Pizza.

Kunsthandwerk: Centro Nacional de Artesanato, Praça Nova. Nach der Unabhängigkeit gegründet, um die kapverdische Kultur und die Herstellung der berühmten *panos* zu fördern. Nachdem es mehrere Jahre geschlossen war, soll es bald wieder öffnen. João Fortes fertigt im Nebengebäude wunderschöne Batiken und gewebte Wandteppiche.
Musik: Cabo Music, Einkaufspassage Furnalha, Avenida 5 de Julho. Wohl beste CD-Auswahl der Stadt.
Afrikanische Souvenirs: in der Einkaufspassage Furnalha (s.o.). Ethnoschmuck, Handtaschen mit Batiken oder Webarbeiten, Batikkleidung, Holzschnitzereien.

Le Café Musique: Rua Lisboa, So geschl. Ab ca. 23 Uhr häufig Live-Musik, oft mit dem bekannten Sänger Baú. Zum Cocktail schmecken Kleinigkeiten wie Fisch-Carpaccio oder Salat.
Café del Mar: Praça Nova. Internationaler Treffpunkt unter deutsch-österreichischer Leitung. Schön für einen Absacker, z. B. einen Mojito. Internet-Zugang.

22. Januar: Festa de São Vicente. Jahrestag der Entdeckung der Insel. Am Spätnachmittag Prozession mit der Statue des hl. Vincentius, begleitet von Blasmusik und einer begeisterten Menschenmenge.

Segeln: Cabo Verde Sailing, Clube Náutico, Tel. 991 58 78, caboverdesailing@cvtelecom.cv. In Deutschland: Steinkleestr. 42, 60435 Frankfurt am Main, Tel. 069/54 80 19 94, Fax 069/54 80 19 95, caboverdesailing@t-online.de, www.caboverdesailing.de (Chartertörns mit Skipper).
Hochseefischen: Billfish-Club Cabo Verde, Tel./Fax 231 53 26, Berno@cvtelecom.cv (unter deutscher Leitung), www.capeverde-fishing.com.

Taxi: Radio-Taxi Mindelo, Tel. 232 20 00 (24-Stunden-Service). Preisbeispiel: Mindelo – Flughafen 700 ECV.
Taxistände: Avenida Fernando Ferreira Fortes (beim Präsidentenpalast) und an der Praça Estrela.
Stadtbus: sehr häufig von der Avenida Fernando Ferreira Fortes (vor der Bar Stopper, dort auch Infos) in alle Stadtteile.
Aluguer: Richtung São Pedro und Calhau ab Südrand der Praça Estrela.
Flüge: TACV-Büro: Av. 5 de Julho, Tel. 232 15 24, Fax 232 37 19. Inter Islands Airlines: Tel. 232 32 40, Fax 232 32 39.
Fähre nach Santo Antão: Mar d'Canal, relativ komfortable Autofähre, einfache Fahrt pro Person 600 ECV, Mo–Sa 8 und 15 Uhr, So 8 und 16 Uhr; Ticketverkauf im Gare Marítimo tgl. 7–12, 15–16 Uhr. Ribeira de Paúl, einfache Personenfähre ohne Komfort, einfache Fahrt pro Person 500 ECV, Mo–Sa 7.30 Uhr; Kartenverkauf im Gare Marítimo 1 Std. vor Abfahrt.
Fähre auf andere Inseln: Autofähre Tarrafal, Agentur S.T.M., Av. 5 de Julho. Verbindet São Vicente, Santo Antão, São Nicolau und Santiago. Keine Kabinen, die Fahrten finden tagsüber statt.
Autovermietung: Alucar, an der Straße Richtung Flughafen gegenüber Shell-Tankstelle, Tel. 232 51 94 und 231 54 61, Fax 231 51 96. Atlantic Car, Rua Bathasar Lopes da Silva, Tel. 231 70 32. Avis, beim Hotel Porto Grande, Tel. 232 71 71.

São Pedro

Kapverden-Atlas: S. 230, C 3
Surf-Profis lieben den weitläufigen Sandstrand des Fischerortes São Pedro, da häufig ein kräftiger, sehr gleichmäßiger Wind weht. Wiederholt wurden hier Geschwindigkeits-Weltrekorde aufgestellt. Dennoch gibt es bislang kaum Einrichtungen für Surfer.

São Pedro ist ein ruhiger, beschaulicher Ort. Die Bewohner beschäftigen sich mit dem Putzen von Fischen und der Reparatur ihrer Netze. Am Strand liegen die Fischerboote. An dessen westlichem Ende steht abseits des Dorfes vor einer bizarren Felskulisse das Foya Branca Resort Hotel. Wegen des starken Windes, der ständig Sand aufwirbelt, stellt der Hotelpool eine gute Alternative zum Strand dar. Von hier aus ist der Leuchtturm an der Ponta do Farol zu sehen. Auf einem alten Verbindungsweg kann man ihn zu Fuß erreichen.

Foya Branca Resort Hotel: Tel. 230 74 00, Fax 230 74 44, foyabranca@cvtelecom.cv. Apartments unterschiedlicher Größe, zwei Restaurants (eines mit Terrasse direkt über dem Strand), Fitness-Raum und Tennisplatz. Reiten, Mountainbike-Verleih, stündlicher Shuttlebus nach Mindelo. Die Einrichtungen des Hotels können auch von Nicht-Gästen benutzt werden (gegen Gebühr): Pool 600 ECV pro Tag, Fitness 350 ECV, Tennis 850 ECV pro Stunde. Pauschal buchbar. DZ 9600 ECV.

Surfen: Micão, Hotel Foya Branca, Tel. 232 41 90. Brettverleih, auch an Nicht-Hotelgäste.

Baía das Gatas und Calhau

Kapverden-Atlas: S. 231, D 3
Vielleicht noch schöner ist die lang gezogene Strandzone im Nordosten von São Vicente. Der helle Sand wurde vom Wind weit ins Inselinnere getragen und hat gewaltige Dünenfelder geschaffen. Am Nordrand der Baía do Norte liegt der Fischer- und Ferienort **Baía das Gatas.** Gleich am Ortsein-

Praia Grande

gang steht die ehemalige Fischfabrik, dort werden die bunten Fischerboote an Land gezogen. Sie laufen zu den als besonders fischreich geltenden Fanggründen vor der unbewohnten Nachbarinsel Santa Luzia aus.

Baía das Gatas besitzt eine kleine, durch ein Felsriff geschützte Strandbucht, wo auch Kinder normalerweise gefahrlos ins Wasser gehen können. Es gibt sogar eine kleine Wasserrutsche. Am Wochenende kommen zahlreiche

Familien aus Mindelo hierher, die Wohlhabenderen besitzen einen Zweitwohnsitz in Baía das Gatas.

Südlich schließen die **Praia do Norte** und die noch einsamere **Praia Grande** an. Beide Strände sind der Brandung des Atlantik wesentlich stärker ausgesetzt als der ›Hausstrand‹ von Baia das Gatas und daher zum Baden nicht geeignet. Von Anglern werden sie hingegen gern aufgesucht. Beim Strandspaziergang entlang der Baía do Norte kann man sich einmal so richtig ›durchblasen‹ lassen.

Residencial Take Away Atlantida: Tel. 232 66 84. Relativ neue, saubere Pension, 2 Min. vom Strand, warmes Wasser. DZ 3000 ECV.

Baía Verde: etwas entfernt vom Strand. Kleine Terrasse, luftiger Speiseraum. Hauptgerichte ca. 600 ECV. **Esplanada Baía das Gatas:** am Strand. Ungezwungene Atmosphäre, schattige Terrasse. Man speist gegrillten Fisch. Hauptgerichte um 500 ECV.

Festival Baía das Gatas: Am Vollmond-Wochenende im August. Bands aus Cabo Verde, Portugal, Westafrika, Brasilien und den USA spielen die Nächte durch. Außerdem Pferderennen, Wassersportwettbewerbe und Wahl der »Miss Baía«. Jedes Jahr kommen etwa 15000 Zuschauer. Zahlreiche Emigranten reisen eigens zu dem Mega-Event an, der sich seit 1984 aus einem spontanen Treffen einiger Musiker entwickelte.

Eine weitere von den Einheimischen gern am Samstag und Sonntag aufgesuchte Feriensiedlung ist **Calhau.** Während der Woche geht es in dem Fischerdorf äußerst ruhig zu. Mit der Praia da Ceilada (auch Praia do Calhau) am Südostende der Baía do Norte verfügt Calhau über einen einigermaßen gut zum Baden geeigneten Strand.

Village Turistic: am Ortseingang rechts hinab (ausgeschildert). Nur So und Weihnachten geöffnet. Ab 13 Uhr hervorragendes Buffet (1000 ECV), dazu traditionelle Live-Musik.
Hamburg: am Ortseingang links. Luftiger, nett dekorierter Speiseraum. Der Wirt war Koch auf einem deutschen Frachtschiff. Hauptgerichte um 600 ECV.

Bootsausflug: Um zur unbewohnten Insel Santa Luzia zu gelangen, kann man in Calhau ein Fischerboot mit Skipper für einen Tag chartern (ca. 12 000 ECV). Hin- und Rückfahrt je ca. 2 Std. Im Ort nachfragen!

Monte Verde und Mato Inglês

Kapverden-Atlas: S. 231, D 3
Das Inselinnere präsentiert sich heute weithin öde. Vor Jahrzehnten soll es mehr Regen und eine blühende Landwirtschaft gegeben haben. Davon ahnt man noch etwas auf dem breiten Gipfelplateau des höchsten Berges der Insel, des **Monte Verde** (750 m). Eine Pflasterstraße führt hinauf. Sie zweigt beim Restaurant Casa Velha von der Hauptstraße Mindelo-Baía das Gatas rechts ab.

Auf der geneigten Hochfläche wurden Ackerterrassen angelegt. Der Anbau von Mais, Kürbis, Bohnen und Kohl profitiert von dem in dieser Höhe recht häufigen Passatnebel, der Feuchtigkeit hinterlässt und die Mittagshitze abmildert. Die Bauern leben in der Ebene und nehmen fast täglich die Mühe des Auf- und Abstiegs zum Gipfelplateau auf sich.

Sendemasten krönen den Gipfel des Monte Verde. Ein schmaler Pfad führt rechts um die Anlage herum zu dem höchsten Punkt. Von hier ergibt sich ein hervorragender Panoramablick auf die Strandzone an der Baía do Norte und auf das Gebiet von Mato Inglês. Man sollte möglichst frühzeitig oder aber erst gegen Abend eintreffen. Mittags hüllt sich der Gipfel oft in Wolken!

Ein Besuch des Monte Verde lässt sich mit einem Abstecher nach **Mato Inglês** verbinden. Man fährt zurück Richtung Mindelo und biegt ca. 2 km westlich vom Restaurant Casa Velha im spitzen Winkel ab. Die Pflasterstraße ist holprig und wird abschnittsweise zur ausgewaschenen Piste. Dennoch ist sie mit dem Pkw befahrbar. Man kann von der Abzweigung aus das etwa 3 km entfernte Mato Inglês aber auch in ca. 45 Min. zu Fuß erreichen.

Der Name der Gegend – ›Busch der Engländer‹ – deutet an, dass hier früher einige der in Mindelo ansässigen britischen Händler einen Zweitwohnsitz besaßen. Heute fällt zwischen den zahlreichen Ruinen von Bauernhöfen nur hier und da ein gepflegtes Wochenendhaus auf. Einen Ortskern gibt es nicht. Recht einsam steht die Kirche von Mato Inglês am Straßenrand. Sie wurde in den 1920er Jahren errichtet und ist der Jungfrau von Fátima geweiht.

SANTO ANTÃO

Santa Antão heißt wandern, durch steile Täler auf kunstvoll angelegten Pflasterwegen, vorbei an bizarren Felsen. Der Norden ist grün, mit tropischer und subtropischer Vegetation überzogen. Trocken und karg, aber nicht weniger reizvoll, sind Süden und Westen der Insel.

Porto Novo

Kapverden-Atlas: S. 230, C 2
Porto Novo ist Haupt- und Hafenstadt der Insel. Vormittags kommen viele Bewohner des Berglandes in den Ort, um sich mit dem Nötigsten zu versorgen. Nachmittags und am Wochenende hinterlässt Porto Novo einen verschlafenen Eindruck.

Oberhalb des Hafens verkaufen Frauen Orangen, Bananen, Grogue (s. S. 48) und frischen Ziegenkäse. Weiter oben, vor einer ehemaligen militärischen Anlage, beschreibt die Hauptstraße eine Linkskurve in die Stadt hinein. Alles Wesentliche ist im weiteren Verlauf zu finden: Mercearias, Markt, Bank, Bars und eine Bäckerei. Gegenüber der Bar Lanchonette Chave de Ouro führt eine Pflasterstraße zum **Stadtstrand.** Die Fischer haben hier ihre Boote liegen. Sie sitzen nach beendeter Arbeit im Schatten hoher Akazien und spielen Karten oder Oril (s. S. 70). Ihre Frauen putzen den Fisch in bunten Plastikeimern und bieten ihn rund um einen Pavillon zum Verkauf an.

Die Hauptstraße wird von einigen ehemals herrschaftlichen Häusern und einer hübschen kleinen Kirche gesäumt. Sie überquert zwei meist ausgetrocknete Flussläufe. Nach dem zweiten Talgrund zweigt die Straße nach Ribeira Grande ab. Weiter westlich beginnt der wüstenhafte Inselteil.

Entlang der Küste führt eine Pflasterstraße vom Hafen zum Strand. In einem Kolonialhaus mit gepflegtem Garten ist dort die **Gemeindeverwaltung** (*paços do concelho*) untergebracht. Davor steht auf der anderen Straßenseite eine große Metallstatue einer kapverdischen Mutter mit ihrem Sohn. Das **Denkmal** ist den einheimischen Frauen gewidmet, die meist in der Heimat blieben, während ihre Männer das Glück in der Emigration suchten.

Büro im Hafengebäude. Dort werden auch Souvenirs, Grogue und Liköre von Santo Antão verkauft.

Residencial Pôr do Sol: Fundo do Lombo Branco, westlich der Abzweigung nach Ribeira Grande, Tel. 222 21 79, Fax 222 11 66, pordosolpn@cvtelecom.cv. Komfortable Zimmer mit war-

mem Wasser in einem Neubau mit Dachterrasse, Restaurant. DZ 3400 ECV.
Residencial Girassol: Alto Peixinho (in der Straße zwischen den Fährbüros stadteinwärts), Tel. 222 13 83, Fax 222 18 91. Funktional eingerichtete Zimmer, die meisten ohne Balkon. Dachterrasse mit Blick auf São Vicente. Pauschal buchbar. DZ 2800 ECV.
Residencial Antilhas: oberhalb des Hafens, Tel. 222 11 93, Fax 222 17 58. Im Haus Restaurant (Hauptgerichte um 700 ECV) und Disco. Letztere öffnet nur zur Hochsaison. DZ je nach Ausstattung 1500– 2000 ECV.

Girassol: im gleichnamigen Residencial. Reichhaltige, schmackhafte Küche. Hauptgerichte um 600 ECV.
Paraíso: in einer Seitenstraße gegenüber der Gemeindeverwaltung (s.o.). Überdachte Terrasse, sauberer Speiseraum. Übliches Angebot an einheimischer Küche, z.B. Tunfisch, Stockfisch. Hauptgerichte 400–800 ECV.
Lanchonette Chave de Ouro: im Zentrum. Kleines Café, wo auch Snacks zu bekommen sind. Winzige Terrasse an der Hauptstraße.

Restaurant Sereia

Am Beginn der Pflasterstraße, die an der Küste entlang führt, befindet sich das Restaurant Sereia. Von der gemütlichen Terrasse genießt man einen schönen Blick über den Hafen und auf die Nachbarinsel São Vicente. Bei Fährankunft ist die Terrasse ein beliebter Treffpunkt, um dem hektischen Treiben zuzuschauen.

CVTS: an der Straße nach Ribeira Grande, links vor der Tankstelle, Tel./Fax 222 16 60. Ausflüge, geführte Wanderungen. Emitério Ramos, der Agenturleiter, spricht gut deutsch. Er hat in Freiburg/Breisgau studiert.

24. Juni: Johannisfest (s. S. 34)

Fähre nach São Vicente: Autofähre Mar d'Canal, Mo–Sa 10 und 17 Uhr, So 14.30 und 18 Uhr, pro Person und Strecke 600 ECV; Ticketverkauf oberhalb des Hafens neben dem Residencial Antilhas. Personenfähre Ribeira do Paúl, Mo–Sa 10.30 Uhr, pro Person und Strecke 500 ECV; Ticketverkauf oberhalb des Hafens gegenüber der Shell-Tankstelle 1 Std. vor Abfahrt.
Aluguer: tgl. mehrmals nach Ribeira Grande, Abfahrt an der Hauptstraße. Bei Fährankunft warten zahlreiche Aluguers am Hafen. Einige Fahrer wollen den Touristen Taxifuhren andrehen und behaupten, es führen keine öffentlichen Aluguers mehr. Hier sollte man Geduld bewahren, eine Taxifahrt ist immer noch möglich. In den Westteil der Insel gibt es weniger Verbindungen. Für die Strecke Porto Novo–Ribeira Grande 300 ECV, Porto Novo–Cova do Paúl 150 ECV, Porto Novo–Chã de Morte 100 ECV.
Taxi: Die Aluguerfahrer übernehmen Taxidienste.
Mietwagen: keine offizielle Leihwagenfirma. Von Privat möglich: in der Unterkunft oder im CVTS-Büro (s.o.) nachfragen.

Praia de Escoralet

Zum besten Badestrand in der Umgebung von Porto Novo gelangt man zu Fuß (in ca. 30 Min.) oder auch per Geländewagen. Dazu hält man sich

Ein Vergnügen für alle: Grillen am Strand

oberhalb des Hafens, an der Pension Antilhas vorbei, Richtung Osten. Die Pflasterstraße geht dort bald in eine Piste über, die über praktisch vegetationsfreie Lavaströme führt. Die Lava kam aus einigen noch gut erkennbaren Vulkankegeln, die sich weiter landeinwärts erheben. Ziegen durchstreifen die Landschaft und finden ihr karges Auskommen.

Die Piste folgt zunächst der Küstenlinie und biegt dann landeinwärts ab. Fußgänger können an dieser Stelle geradeaus auf einem gut erkennbaren Weg weiter an der Küste entlang abkürzen. Autofahrer halten sich an einer Pistengabelung (3 km ab Porto Novo) rechts abwärts. Drei kleine Sandstrände, getrennt durch Felsnasen, haben sich in der relativ geschützten Bucht von Escoralet gebildet (*escora* = bras. Hinterhalt). Zum Baden empfiehlt sich der Porto Novo am nächsten gelegene Strand, er ist am saubersten.

Nach Ribeira Grande und Ponta do Sol

Auf der Fahrt von Porto Novo nach Ribeira Grande ist gut zu beobachten, dass sich helle vulkanische Aschen als Hangschleppe im Windschatten der Vulkankegel gesammelt haben, die sich oberhalb von Porto Novo erheben. Die oberen Bereiche des wie ein Amphitheater geformten Südabhangs von Santo Antão erhalten mehr Feuchtig-

PUZOLLANERDE

Hinter den beiden östlichen Stränden der Bucht von Escoralet wurde früher Puzollanerde abgebaut. Daran erinnern die Ruinen der ehemaligen Steinbruchgebäude. Bei Puzollanerde handelt es sich um helle, zu federleichtem Trachyttuff verfestigte vulkanische Aschen. Diese wurden untermeerisch abgelagert und enthalten zahlreiche Kalkskelette von Muscheln und anderen Meerestieren. Puzollanerde (nach der italienischen Stadt Pozzuoli im Golf von Neapel benannt, wo solche Aschen ebenfalls zu finden sind) dient als Bindemittel für Zement. Sie ist überall rund um Porto Novo recht häufig anzutreffen, vor allem auch westlich des Ortes, wo sich das großartige Tal der Ribeira das Patas zum Meer hin erweitert. Vom Wind wurde sie oft weit die Hänge hinaufgetragen.

Nachdem Ende der 1950er Jahre der Hafen von Porto Novo den heutigen, 133 Meter langen Kai erhalten hatte und auf 7 Meter Wassertiefe ausgebaggert worden war, begann ein schwunghafter Export von Puzollanerde. Diesem hatte Porto Novo in den folgenden Jahren einen enormen Bedeutungszuwachs zu verdanken. Allerdings wurde der Export schon 1970 wieder eingestellt. Heute baut man Puzollanerde nur noch vereinzelt für den Eigenbedarf ab. Es gibt Bestrebungen, in Zusammenarbeit mit Portugal die Produktion zu intensivieren und eine Zementfabrik zu errichten.

keit als das Küstengebiet. Man hat die Hänge sorgfältig terrassiert, um sie mit Akazien zu bepflanzen. Die Aufforstung ist hier ein mühseliges Geschäft, von einem Wald kann daher noch keine Rede sein. Immerhin wird versucht der Erosion Einhalt zu gebieten und den seltenen Regen dem Grundwasser zuzuführen. Rechts der Straße liegt auf einem benachbarten Bergrücken das regierungseigene Versuchsgut Mesa, eine gepflegte Anlage, die wie eine Oase inmitten einer Wüste wirkt.

Relativ dicht ist das fruchtbare Hochland besiedelt. Mit **Lombo de Figueira** ist das erste einer Reihe von Dörfern erreicht. Bald könnte man rechts nach Cova abzweigen. Die Hauptstraße führt aber links weiter und dann unmittelbar am Westrand des eindrucksvollen Vulkankessels **Cova de Paúl** entlang. Steile Felswände begrenzen den Kessel, die dicht mit Nadelbäumen bewachsen sind. Sein Grund wird intensiv landwirtschaftlich genutzt, mit Mais- und Bohnenanbau und Viehhaltung.

Hinter dem folgenden Ort **Água das Caldeiras** bieten sich erste prächtige Ausblicke zur Nordostküste, hinab in die Gegend von Paúl. Eine mittelgebirgsähnliche Hügellandschaft hingegen erschließt sich mit der fast 1500 Meter hoch gelegenen Ebene von Lagoa. Auf einer recht gut befahrbaren Piste lässt sich, von der Hauptstraße in **Espongeiro** links abzweigend (an einem rosa angestrichenen, sechseckigen Wasserhaus), ein Abstecher dorthin unternehmen. Nach Westen wird die Hochebene rasch karger. Bald ergeben sich Panoramablicke über das zentrale Bergland von Santo Antão, später auch zur Küstenebene bei Porto Novo und zur Nachbarinsel São Vicente. Hier und da stehen Bauernhäuser einsam in der eher dünn besiedelten Landschaft. Der Ort **Lagoa** besteht nur aus ein paar traditionellen Bauernkaten mit Strohdach.

Auf der Weiterfahrt nach Ribeira Grande ergeben sich abenteuerliche Ausblicke bei **Corda,** wo die Häuser weit über schmale Bergrücken verteilt stehen. Mais, Bohnen und Gemüse werden im Trockenfeldbau an den sorgfältig terrassierten Hängen dazwischen kultiviert. An buschgroßen Bäumen wachsen winzige Äpfel. Hinter Corda liegt der wohl meistfotografierte Straßenabschnitt von Santo Antão. Zu beiden Seiten geht es von einem schroffen Berggrat Hunderte von Metern fast senkrecht abwärts. Weiter unten folgt noch eine fast ebenso dramatische Engstelle.

Ziegenkäse: In Espongeiro (an der Abzweigung nach Lagoa) befindet sich eine wichtige Aluguer-Haltestelle. Dort stehen meist Frauen, die in geflochtenen Körben Ziegenkäse aus örtlicher Produktion zum Verkauf bereithalten.

Ribeira Grande

Kapverden-Atlas: S. 230, C 1

Auf Santo Antão ist keine Ortschaft so lebendig wie Ribeira Grande. Schön ist die Stadt allerdings nicht. Hier wird zu viel und zu schnell gebaut, manches ist noch nicht fertig oder kann wegen Geldmangel nicht verschönert werden. Betonbauten ohne Anstrich bestimmen das Stadtbild.

Das Flussbett der Ribeira da Torre begrenzt Ribeira Grande im Osten. Im Unterlauf ist es kanalisiert, um die Stadt vor den seltenen, dann aber kräftigen Fluten zu schützen. Eine recht breite Straße führt gegenüber der Abzweigung nach Paúl ins Ortszentrum – rechter Hand die Bank, linker Hand die Post. Bald öffnet sich links die **Praça**

In die Ribeira do Paúl

Vom Krater Cova do Paúl in das fruchtbare Tal der Ribeira do Paúl führt eine der beliebtesten Wandertouren auf Santo Antão. Bis ans Meer ist mit ca. 4,5 Std. Gehzeit zu rechnen, knapp 1300 Höhenmeter sind im Abstieg zu bewältigen. Aus der Senke verläuft ein Pfad in Serpentinen zum nördlichen Kraterrand hinauf. Von dort führt ein kunstvoll angelegter, nicht zu verfehlender Pflasterweg hinab ins Tal. Das Ziel, der Ort Vila das Pombas, ist bereits zu erkennen. Zunächst aber passiert man Terrassenfelder, wo die Bewohner des Tals in mühevoller Handarbeit Bananen, Zuckerrohr und auch noch etwas Kaffee anbauen. Im unteren Talbereich verbreitert sich der Weg zu einer kaum befahrenen Pflasterstraße. Mit etwas Glück lässt sich dort ein Aluguer anhalten und so die Gehzeit verkürzen.

Nossa Senhora do Rosário, ein netter kleiner, mit Palmen und Hibiskus bestandener Platz mit schattigen Bänken, Treffpunkt der Einheimischen.

Im weiteren Verlauf der Hauptstraße trifft man auf die **Rosenkranzkirche.** Für kapverdische Verhältnisse ist sie recht groß, insbesondere relativ lang. Bischof Pedro Valente (s. S. 122), der den Bau Mitte des 18. Jh. in Auftrag gab, wollte sie zur Kathedrale der Kapverden machen. Mit seinem Tod 1774 starb auch das Projekt. Stattdessen wurde der Bischofssitz nach São Nicolau verlegt. Die ›Kathedrale‹ verfiel, wurde im 19. Jh. restauriert und in der heutigen, etwas verkleinerten Form 1884 fertig gestellt. Ein monumentaler Hauptaltar dominiert das Innere des Gotteshauses. Er birgt einen Christus am Kreuz. Schöner sind die schlichten, aber geschmackvollen Seitenaltäre, von denen der vordere links der Rosenkranzmadonna geweiht ist.

In Ribeira Grande werden zwei Märkte abgehalten: Ein Kleider- und Krimskramsmarkt befindet sich am nördlichen Rand der Innenstadt, gegenüber der Abzweigung nach Ponta do Sol. In derselben Straße, weiter stadteinwärts, liegt die kleine **Markthalle** (Mercado Municipal). Hier sind Obst, Gemüse, Stockfisch, Eier und Gewürze im Angebot. Die Auswahl – insbesondere an Obst – ist begrenzt, doch kann man sich nirgendwo sonst auf Santo Antão so gut mit vitaminreichem Proviant eindecken wie hier.

Cyber-Café

Wer auch auf Santo Antão seine E-Mails lesen oder mit der Welt kommunizieren möchte, kann das im Cyber-Café »Internet.com« tun (in der Hauptstraße neben der Post).

Pedracin Village: Boca de Coruja (ca. 7 km vom Ortszentrum hoch über dem Tal), Tel. 224 20 20, Fax 224 20 22, pedracin@cvtelecom.cv. Komfortable Zimmer (u.a. TV, Frigobar, Klimaanlage) in 10 Steinhäusern. Restaurant, Süßwasserpool, traumhafter Blick. Transport nach Ribeira Grande, Porto Novo. DZ ca. 55 €.
Residencial Tropical: am Nordrand der Innenstadt, in einer Seitenstraße nahe der Ribeira Grande, Tel. 221 11 29, Fax 221 21 26. Neubau in ruhiger Lage. Schöne, komfortable Zimmer mit warmem Wasser. Achtung, nicht alle Zimmer haben ein Fenster nach außen! DZ 3000 ECV.
Residencial 5 de Julho: an der Hauptstraße hinter der Kirche, Tel. 221 13 45. Renoviert, vorwiegend einheimische Gäste. DZ 2000–2500 ECV.
Residencial Lagoa Verde: an der Hauptstraße vor der Praça Nossa Senhora do Rosário, Tel. 221 12 46. Mit Restaurant. DZ 1500 ECV.

Tropical: im gleichnamigen Residencial (s. o.). Schöne Terrasse, freundlicher Innenraum. Stockfisch-Spezialitäten. Hauptgerichte 700–1200 ECV, Langusten um 1800 ECV.
Sossego: am südlichen Rand der Innenstadt hinter dem Krankenhaus. Typisches wie Zicklein oder Langusten, gehobenes Niveau. Geheimtipp bei den wohlhabenderen Einheimischen. Hauptgerichte 600–900 ECV, Langusten um 1400 ECV.
Cantinho de Amizade: Praça Nossa Senhora do Rosário. Eher Bar als Restaurant.

Musik: Cabo Music, Praça Nossa Senhora do Rosário. Laden der Produktionsfirma für kapverdische Musik, sehr gute CD-Auswahl.

17. Januar: Gemeindefest

Flug: TACV: Büro an der Praça Nossa Senhora do Rosário, Tel./Fax 221 11 84.
Aluguer: Richtung Porto Novo (Passagem 300 ECV) ab Praça Nossa Senhora do Rosário. Die Fahrer sammeln ihre Kunden auch entlang der Durchgangsstraße ein. Nach Ponta do Sol (Passagem 50 ECV) ab Straßenkreuzung westlich der Ribeira de Torre. Richtung Paúl/Ribeira da Janela (Passagem nach Paúl 100 ECV) östlich der Ribeira de Torre an der Straße. Richtung Coculí/Chã de Igreja (Passagem nach Coculí 100 ECV) an der Ribeira Grande, am Westrand der Stadt. Jeweils täglich mehrere Fahrten nach Porto Novo, Ponta do Sol, Paúl, Coculí. Seltener bis Ribeira da Janela und Chã de Igreja. Die Fahrer versuchen Taxifahrten *(freite)* zu verkaufen und behaupten oft, es gäbe keine Sammelfahrten mehr. Hier gilt es Geduld zu bewahren.

Tal der Ribeira Grande

Kapverden-Atlas: S. 230, C 1
Tief hat sich die Ribeira Grande in die Insel eingegraben. Vom Hauptkamm ziehen zahlreiche Einschnitte in das Haupttal hinunter. Die meisten sind grün und verfügen über genügend Wasser, um auf steilen Terrassenfeldern einigermaßen rentabel Landwirtschaft betreiben zu können. Im ersten größeren Seitental, dem der **Ribeira de Figueral,** ist es so feucht, dass sogar Bananen und Zuckerrohr gedeihen. Aber auch genügsamer Mais und Bohnen werden hier angebaut. Im Mündungsbereich der Ribeira de Figueral in die Ribeira Grande stehen hohe Kokospalmen. Dort liegt auch das Dorf **Coculí,** von einem großen Schulgebäude und der Kirche dominiert. Auch sind einige Häuser im Kolonialstil erhalten.

Weiter oben im Tal der Ribeira Grande fällt ein Aquädukt auf, der heute nicht mehr benutzt wird. Bei **Boca de Ambas as Ribeiras** verlässt die Piste das Tal und führt auf die Passhöhe bei Garça. Von dort geht es nach Norden hinunter entlang der **Ribeira Garça** bis nach **Chã de Igreja,** das in einer Talsenke liegt, von Feldern umgeben. Die Ribeira Garça bildet hier eine 50 m tiefe, fast senkrechte Schlucht. Auch deren breiter Grund wird ackerbaulich genutzt. Schmale Gassen durchziehen das Dorf, die gepflegten Häuser sind mit Blumen geschmückt. Der schattige Platz vor der weißen Kirche und gegenüber eine Mercearia sind Treffpunkt der Einheimischen.

Augusta Delgado Pires: Tel. 226 10 05. Privatzimmer bei Emigranten, die gut französisch sprechen; im Laden (Mercearia) bei der Kirche. DZ ca. 1500 ECV.

Aluguer: von Ribeira Grande nach Coculí mehrmals täglich (Passagem 80 ECV). Von Chã de Igreja selten, meist morgens nach Ribeira Grande und mittags zurück. Ribeira Grande–Coculí 250 ECV.
Taxi: in Chã de Igreja in der Mercearia bei der Kirche fragen. Irgendjemand mit Wagen freut sich über das unverhoffte Zubrot: 2500 ECV bis Ribeira Grande.

JUDEN AUF DEN KAPVERDEN

Juden spielten auf den Kapverden lange Zeit eine nicht unerhebliche Rolle. Vor allem gründeten sie Handelshäuser, trieben die Landwirtschaft an oder errichteten Fabriken. Die meisten flohen aus Portugal vor der Inquisition. Später dann im 19. Jahrhundert und Anfang des 20. Jh. kamen die meisten aus Marokko.

Auf Santo Antão liegt zwischen Ribeira Grande und Paúl das kleine Dorf **Sinagoga.** Die Mitglieder der jüdischen Gemeinde errichteten hier ihr Gotteshaus. Vor allem in Paúl und Ponta do Sol trieben sie erfolgreich Handel, vorwiegend mit Kaffee. Einige ehemals prächtige Häuser in Ponta do Sol stammen von der jüdischen Familie Benjamin Cohen. Sie leitete das größte Geschäft des Barlovento. Heute will die Entwicklungshilfe aus Luxemburg dabei helfen, ein ehemaliges Handelshaus der Cohens in ein Hotel zu verwandeln.

Auf Santiago gab es in Praia ein ganzes Judenviertel. Aufgrund der Umstrukturierung der ganzen Stadt ist davon allerdings nichts mehr übrig. Die jüdischen Gräber sind inzwischen in den Friedhof integriert, da dieser sich ausgedehnt hat. Ursprünglich lagen sie abseits der christlichen Gräber. Auch auf Brava gibt es jüdische Gräber.

Für Boavista brachte die jüdische Familie Ben Oliel einigen Aufschwung durch Handel (s. S. 81).

Ponta do Sol

Kapverden-Atlas: S. 230, C 1
Wichtigstes Anlaufzentrum für Traveller und Wandertouristen ist nach wie vor Ponta do Sol. Schon die Fahrt in den Ort ist ein Erlebnis für sich. Kühn wurde die Küstenstraße zwischen Ribeira Grande und Ponta do Sol in die Steilwand geschlagen. Kaum vorstellbar, dass sich hier an der rauen Nordostecke von Santo Antão noch ein Ort befindet. Doch Ponta do Sol wurde auf einer flachen Landzunge erbaut, die weit ins Meer vorgeschoben ist.

Von Ribeira Grande kommend passiert man zunächst ein Neubaugebiet. Dort erhebt sich links etwas abseits der Straße eine Kapelle mit drei nach oben spitz zulaufenden Giebeln. Weiter unten, ebenfalls links der Straße, steht eine **Villa** im Kolonialstil, umgeben von einem prächtigen Garten. Sie wurde um 1880 von der Familie Rochteau-Sierra erbaut und dient heute dem Präsidenten der Kapverden als Wohnsitz, wenn er sich auf Santo Antão aufhält. Neugierige dürfen das Haus lediglich aus der Ferne bewundern.

Mittelpunkt von Ponta do Sol ist die geräumige, quadratische **Praça,** mit verschiedenen Palmenarten und viel Hibiskus bepflanzt. Gewaltige Steinbänke laden zur Rast ein. Eine Seite des Platzes nimmt die breite Fassade des Rathauses von 1882 ein. Rechts daneben steht ein schmuckes Stadthaus der Jahrhundertwende mit Holzgiebeln und Ziegeldach. Dort ist die **Touristeninformation** untergebracht (s.u.). Auffällig groß ist die weiß getünchte Kirche an der meerwärtigen Seite der Praça mit dem geschwungenen Kolonialbarockgiebel. Nur einen Turm hat man linker Hand errichtet.

Von der Praça führen zwei parallele Straßen hinab zum **Fischerhafen.** Die Einfahrt gestaltet sich für die kleinen Boote abenteuerlich. Eine halb verfallene Kaimauer schützt das enge Hafenbecken gegen die heranrollende Brandung nur notdürftig. Hohe Wellen schwappen oft in die schmale Bucht, und so liegen die Boote zur Sicherheit stets an Land.

Ponta do Sol war einige Jahrzehnte lang administratives Zentrum der Barlovento-Inseln, bis Mindelo auf São Vicente 1935 diese Funktion übernahm. Bis 1960 war es noch Hauptstadt von Santo Antão, wurde dann aber von Porto Novo abgelöst. Als erste Stadt dieser Inselgruppe erhielt sie Elektrizität. Vom hiesigen Hafen wurden Kaffee, Leder und Bananen exportiert. Der Handel lag vorwiegend in den Händen einiger ortsansässiger jüdischer Familien (s. S. 186). Oberhalb des christlichen Friedhofes fanden einige ihrer Mitglieder auf dem kleinen jüdischen Friedhof ihre letzte Ruhestätte.

Wanderung von Ponta do Sol nach Chã de Igreja

Kapverden-Atlas: S. 230, B/C 1
Die etwa fünfstündige Tour bietet faszinierende Ausblicke. Am östlichen Ortseingang von Ponta do Sol zweigt von der Hauptstraße eine Pflasterstraße in Richtung Westen, nach Fontainhas ab. Auf ihr passiert man zunächst die beiden Friedhöfe von Ponta do Sol und erreicht dann den malerischen, auf einem Felsrücken angelegten Ort **Fontainhas** (1 Std.). Der Fahrweg endet hier. In einigem Auf und Ab geht es dann auf einem abenteuerlich angelegten, aber einfach zu begehenden Pflasterweg entlang der Küste über Bergrücken und durch Täler. Es folgen zwei weitere kleine Fischerdörfer: **Corvo** und dann **Forminguinhas** (2 Std. 10 Min.). Ab Corvo verläuft der Weg in einer Steilwand über dem Meer. (Hinter Forminguinhas kann es schon mal zu Erdrutschen kommen! Bei eventueller Unsicherheit sollte man auf alle Fälle umkehren.) Auf einer Landzunge im Westen sind schon von weitem die Häuser von **Cruzinha da Garça** zu erkennen. Vor diesem Ort ist eine Straße erreicht. Sie führt durch die Siedlung und schwenkt dann ins Landesinnere, nach Chã de Igreja (Rückfahrt von dort am Nachmittag s. S. 185).

Núcleo de Informação Turística: am Hauptplatz. Auch Verkauf von Kunsthandwerk und Landkarten.

Hotel Blue Bell: Praça, Tel. 225 12 15, Fax 225 13 08, www.hotelbluebell.info. Neues Haus in idealer Lage am zentralen Platz mit gutem Restaurant. Alle Zimmer mit eigenem Bad, TV, Kühlschrank. DZ ca. 5000 ECV.
Residencial Ponta do Sol: am Ortseingang rechts, Tel. 225 12 38, Fax 225 12 49. Moderne Pension mit gutem Zimmerstandard. DZ ca. 3000 ECV.
Residencial Casa Azul: am Ortseingang links, Tel. 225 12 95. Neues, modernes Haus mit Snack-Bar. Zimmer fast alle mit Balkon oder an der Gemeinschaftsterras-

se. Nicht immer geöffnet, telefonische Anmeldung ratsam. DZ 2600–2800 ECV.
Pension Chez Louizette: am Ortseingang links, unterhalb der Casa Azul in einem gelben Haus (ohne Schild). Tel. 225 10 48 und 225 11 15, Fax 225 11 15. Familiär geführt, ansprechende Zimmer. Gute einheimische Küche, das Abendessen muss vorbestellt werden. Daniel, der Bruder von Louizette, spricht deutsch, fährt Aluguer und organisiert Transfers und Wanderungen. DZ 2600–2800 ECV.
Residencial Lela Leite: nahe Hauptplatz an der Straße zum Hafen, Tel. 225 10 56. Zimmer z.T. mit Balkon, gemeinschaftliche Dachterrasse. DZ 1800 ECV.
Residencial Fátima: in Hafennähe, Tel. 225 10 08. Einfach, nur kaltes Wasser. Dafür kümmert sich Dona Fátima persönlich um ihre Gäste. DZ 1200 ECV.

Esplanada Nova Aurora: feine Atmosphäre, geschmackvoll mit Batik-Wandbildern dekoriert. Hauptgerichte 700–800 ECV. In der zugehörigen Bar, die modern mit afrikanischem Touch eingerichtet ist, gibt es Kleinigkeiten, z.B. Pommes frites mit Spiegelei (300 ECV).
Ponta do Sol: im gleichnamigen Residencial. Auch bei nicht im Haus wohnenden Gästen beliebt. Hauptgerichte um 600 ECV.
Lela Leite: im gleichnamigen Residencial. Tische im kleinen Innenraum und an der Straße. Hauptgerichte um 500 ECV.
Snackbar Noeldon (auch unter dem Namen »Fátima« bekannt): Einheimische Küche, große Portionen. Morgens vorbestellen. Hauptgerichte ab 350 ECV.
Bistro Housi's-Place: in der zweiten Parallelstraße zum Flughafen. Der schattige, sorgfältig begrünte Innenhof mit den urigen Holztischen hat sich zum beliebten Treffpunkt der Traveller entwickelt.

Malerisches Fontainhas

Wandern: Geführte Wanderungen bietet Jean Jackes Neves an. Tel. 225 13 86 und 997 67 14. Er spricht englisch, französisch.

Aluguer: nach Ribeira Grande ab Praça (Passagem 50 ECV).

Paúl

Kapverden-Atlas: S. 230, C 1
Kaum weniger eindrucksvoll als die Fahrt von Ribeira Grande nach Ponta do Sol ist ein Ausflug entlang der Küste nach Paúl. In **Sinagoga** erinnert nichts mehr an die einstige Bedeutung (s. S. 186). Am westlichen Ortsrand steht auf einer Landspitze am Meer die Ruine der ehemaligen Lepra-Station. Ansonsten gibt es wenig von Interesse, außer vielleicht der kleinen ›ambulanten‹ Holzbootwerft am Straßenrand, wo bei Bedarf die winzigen Boote der örtlichen Fischer repariert werden. Wenn dort kein Boot liegt, ist die Werft nur schwer als solche zu erkennen. Die Bucht von Sinagoga diente immer wieder Piraten als Stützpunkt für Überfälle auf die benachbarten, einstmals wohlhabenden Küstenorte.

Vila das Pombas

Kapverden-Atlas: S. 230, C 1
Der Hauptort der Gemeinde Paúl liegt an einem relativ geschützten Küstenabschnitt. Daher reihen sich die pastellfarbigen Häuser auf gut 1,5 km Länge unmittelbar hinter dem Strand, eine Konstellation, die man wegen der hohen Atlantikbrandung andernorts auf den Kapverden kaum finden wird. Da-

GROSSGRUNDBESITZ IM TAL VON PAÚL

Rund drei Jahrzehnte nach der Unabhängigkeit gehören die ›Großgrundbesitzer‹ von Paúl immer noch der bis heute in Kap Verde wirtschaftlich bedeutenden portugiesischen Minderheit an. Sie verfügen über 0,5 oder 1 ha bewässerungsfähiges Land, das Kleinstpächter in ihrem Auftrag bebauen. Der größte Teil von ihnen lebt inzwischen in Mindelo oder gar in Lissabon und kommt nur einmal im Jahr nach Santo Antão, um den Pachtzins in Höhe von 50 % des Ernteertrags von den von ihnen abhängigen Bauern zu kassieren.

Diese kleinfeudale Agrarstruktur geht auf den Beginn des 20. Jh. zurück. Damals begannen auf Santo Antão die Latifundien zu zerfallen, die seit Jahrhunderten im Besitz weniger Adliger waren. Aufgrund einer Gesetzesänderung erbte nun nicht mehr der älteste Sohn das gesamte Vermögen, sondern Grundbesitz wurde auf alle Kinder verteilt. Zugleich geriet der bis dahin dominierende Kaffeeanbau wegen gesunkener Weltmarktpreise in die Krise, der Export kam in den folgenden Jahrzehnten zum Erliegen. Nicht selten verkauften jetzt verarmte Adlige ihren Landbesitz an Händler oder Gewerbetreibende, die in den Städten so etwas wie eine aufstrebende Mittelschicht bildeten.

Für Grundbesitzer, die über genügend so genannte Wasserstunden verfügen (d. h. zu bestimmten Zeiten aus den Levadas, den Bewässerungskanälen, das kostbare Nass entnehmen dürfen), lohnt sich die Landwirtschaft immer noch. Man baut heute vor allem Zuckerrohr an – ein risikofreies Geschäft, denn der daraus gewonnene Grogue findet auf allen Inseln und sogar in Übersee, wo kapverdische Emigranten leben, reichlich Abnehmer. Auch die Pächter kommen irgendwie über die Runden, wenngleich sie wahrlich keine Reichtümer erwirtschaften können.

Nach der Unabhängigkeit versuchte 1981 die sozialistische PAICV-Regierung eine – sehr gemäßigte – Landreform durchzuführen, um soziale Ungerechtigkeiten zu beseitigen. Großgrundbesitzer, die nicht am Ort wohnten und ihr Land nicht bewirtschafteten, sollten gegen Entschädigung enteignet werden. Doch in Unkenntnis des genauen Programms der Agrarreform fühlten sich sowohl viele gar nicht betroffene Grundbesitzer als auch deren Pächter in ihren Rechten bedroht. Beide fürchteten um ihren Besitzstand und wollten die eingespielten Handelsstrukturen bewahren. Am 31. August 1981 kam es zu bewaffneten Auseinandersetzungen zwischen den aufgebrachten Bauern und Militärs aus Santiago. Die Reform scheiterte, die PAICV hatte ihre Glaubwürdigkeit verloren. Die Großgrundbesitzer von Paúl waren in der Folgezeit federführend bei der Gründung einer neuen, von einflussreichen Emigrantenkreisen in Übersee unterstützten Partei, der MPD. Diese trat für eine freie Marktwirtschaft ein und stellte von 1991 bis 2001 die Regierung der Kapverden. Seither regiert wieder die PAICV, doch die MPD gewinnt erneut an Boden. Bei den Kommunalwahlen 2004 siegte die MPD in neun der 17 kapverdischen *concelhos* (Landkreise).

hinter erstrecken sich Zuckerrohrfelder, gesäumt von hohen schlanken Kokospalmen. Sie verleihen dem Ort ein charakteristisches, beinahe karibisches Gepräge. In der Nähe der Mündung der Ribeira do Paúl verläuft eine Uferpromenade mit Kinderspielplatz und einem Pavillon für Veranstaltungen.

Tal der Ribeira do Paúl

Kapverden-Atlas: S. 230, C 1
Von der Küstenstraße zweigt nördlich des Ortszentrums von Vila das Pombas die Avenida Januário Leite entlang des Flusses ab. Schon bald geht sie in eine Piste über, die im Talgrund verläuft. Man passiert ein auffälliges, im neoklassizistischen Stil gehaltenes Gebäude mit der Aufschrift ›Racionalismo Cristão‹. Es ist Sitz einer der vielen Sekten, die auf den Kapverden immer mehr Anhänger finden (s. S. 32). Im Tal von Paúl gedeihen Bananen, Papayas und Zuckerrohr, hier und da sieht man einen riesigen Brotfruchtbaum. Die Piste wird wieder zur Straße und verlässt in dem nun enger gewordenen Tal das Flussbett, um durch verschiedene Ortsteile von Paúl zu führen. Dann sieht man voraus schon die gewaltigen Felswände, die den Talkessel begrenzen. Man erreicht die – schmalere – Abzweigung nach Figueiral, rechts geht es auf der breiteren Route weiter.

Dann gabelt sich die Straße erneut. Links fährt man an der Snack-Bar Vale do Paúl an Terrassenfeldern vorbei steil abwärts in den Talgrund und trifft dort auf das Schwimmbad von **Passagem,** das in rund 250 m Höhe über dem Meer wie eine kleine Oase auf mehreren Ebenen angelegt ist. Pool und Kinderplanschbecken sind in eine parkähnliche, gepflegte Anlage eingebettet. Tropische Bäumen spenden Schatten. Das Bad ist nur im Juli und August in Betrieb, dann wird das Wasser täglich erneuert. In den Sommerferien ist Passagem für die Einheimischen und vor allem für die zahlreichen Emigranten ein wichtiger Anziehungspunkt.

Residencial Vale do Paúl: Vila das Pombas, Tel. 223 13 19, Fax 223 13 84. Im Zentrum direkt am Meer. Fünf sehr einfache Zimmer mit Gemeinschaftsbad (kaltes Wasser). DZ mit Frühstück ca. 1500 ECV.
Sabine Jähnel: Eito, Tel. 223 15 44. Einfache Privatzimmer, familiär, DZ mit Frühstück 1500 ECV.

Vale do Paúl: im gleichnamigen Residencial. Gute kapverdische Hausmannskost. Hauptgerichte um 500 ECV.

Kleine **Markthalle** im Ortszentrum von Vila das Pombas, neben dem Residencial Vale do Paúl. Sehr bescheidenes Angebot.

13. Juni: Gemeidefest in Vila das Pombas (s. S. 34)

Aluguer: täglich mehrmals nach Ribeira Grande. Abfahrt an der Küstenstraße.

Ribeira da Janela

Kapverden-Atlas: S. 230/31, C/D 1
Die Straße von Paúl nach Ribeira da Janela wurde mit italienischer Hilfe gebaut und erst 1989 eingeweiht. An der Mündung der Ribeira da Janela befin-

Bei Curral das Vacas

det sich direkt an der Küstenstraße eine Grogue-Destillerie, wo man den Arbeitern zuschauen kann.

Am kleinen Fischerhafen von **Pontinha da Janela** werden Muscheln und andere Meeresfrüchte angelandet. Drei kleine Mercearias gelten als Treffpunkt von Einheimischen und Wanderern. Etwa 500 m im Tal der hier mündenden **Ribeira de Penede** aufwärts trifft man auf einen großen freistehenden Fels mit eingeritzten Schriftzeichen (s. S. 40). Viele Mythen ranken um diesen Felsen und er gilt seit jeher als magisch.

Der Leuchtturm von Janela, 1886 fertiggestellt, war der erste mit Petroleum betriebene auf den Kapverden. Er besaß große Bedeutung als Orientierungspunkt auf der Atlantikroute nach Brasilien. Heute ersetzt ihn ein modernes, solarbetriebenes Leuchtfeuer. Auf einem alten, gut erkennbaren Pflasterweg oberhalb der Küste ist der Farol in ca. 1,5 Std. zu erreichen.

Aluguer: sporadisch von Pontinha da Janela nach Ribeira Grande. Meist morgens in die Stadt, nachmittags wieder zurück. Größere Wahrscheinlichkeit einen Aluguer zu bekommen besteht an der Mündung der Ribeira da Janela, an der Grogue-Destillerie.

Der Westen

Kapverden-Atlas: S. 230, A/B 2
Von Porto Novo zieht sich eine relativ komfortable Pflasterstraße in Richtung Westen. Die Landschaft ist karg, die Hänge sind von der Erosion zernagt. Die meist ausgetrocknete Flüsse hinterließen bizarre Täler. Eine interessante Landschaftsform bildet die **Ribeira das Patas.** Senkrecht fallen die Talwände zum meist ausgetrockneten Flussbett ab. Am besten ist dieses Phänomen im Gebiet um Lagedos zu sehen. Etwas größere Ansiedlungen im Landesinneren sind **Chã de Morte** und **Curral das Vacas,** ansonsten gibt es nur wenige kleine Weiler.

Der höchste Berg der Insel, der Vulkan **Tope de Coroa** (1979 m), besteht aus mehreren Gipfeln. Er liegt noch weiter im Westen, umgeben von einer interessanten vulkanischen Hügellandschaft. Die verschiedensten Brauntöne des Gesteins lassen die Umgebung bunt wirken. Fast menschenleer ist das Gebiet. Verstreut liegen einige ärmliche Höfe. Die Bewohner versuchen mit Ziegenhaltung zu überleben. Der hier hergestellte Ziegenkäse ist besonders würzig.

Ein Ausflug in diese Region ist mit einer langen Pistenfahrt verbunden. Von Porto Novo hält man sich auf der Pflasterstraße Richtung Westen. Bei Ponte Sul biegt man dann in die Piste nach Norte und Tarrafal ab. Bis zum Ostabhang des Tope de Coroa sind jetzt noch ca. 30 km zu bewältigen.

Nach 20 km ab Ponte Sul zweigt der Fahrweg in das Dorf **Tarrafal** links ab. Bis dorthin sind es noch einmal gut 20 km. (Nach stärkeren Regenfällen ist diese Piste meist nicht befahrbar!) Eine malerische Bucht erwartet den Besucher. Der Strand ist allerdings mit grobem Kies bedeckt. Auf dem beschwerlichen Landweg kommen hierher nur wenige Urlauber. Die meisten wählen, wenn überhaupt, den bequemeren Weg per Boot oder Segelyacht. Meist bleiben die Bewohner jedoch unter sich.

Residencial Mar Tranquilidade: Tarrafal, Tel. 227 60 12, www.mar tranquilidade.com. Das deutsch-amerikanische Paar Susi und Frank vermietet in Meeresnähe hübsche, gemütliche Steinhäuser für je 2 Personen mit Dusche/WC für 3000 ECV, Abendessen 600 ECV.

Aluguer: selten zwischen Chã de Morte und Porto Novo. Von Tarrafal morgens ein Lkw nach Porto Novo zur Ankunft der Fähre und mittags wieder zurück (Passagem ca. 500 ECV).

Ausflüge nach Tarrafal: organisiert Emitério Ramos vom CVTS-Büro in Porto Novo, Mobil-Tel. 991 46 59, s. auch S. 180.

SÃO NICOLAU

Eine grandiose und vom Tourismus noch weitgehend unberührte Berglandschaft macht den besonderen Charme der Insel aus. Auf alten Saumpfaden wandert man zwischen urweltlichen Drachenbäumen und bizarren Felsformationen. Durchaus auch historisch interessant ist die beschauliche Hauptstadt Ribeira Brava.

Ribeira Brava und Umgebung

Kapverden-Atlas: S. 233, D 3
Die Hauptstadt Ribeira Brava liegt in einer herrlichen Bergkulisse. Nachmittags und am Wochenende wirkt die Stadt dörflich. Viele der Bewohner sitzen einfach herum, und es hat den Anschein, als täten sie nichts. Vormittags öffnen die kleinen Geschäfte und Mercearias ihre Holzverschläge, die wenigen schmalen Pflasterstraßen füllen sich mit Menschen. Bewohner der umliegenden Dörfer und Siedlungen kommen, um den Einkauf zu erledigen. Dann kommt Leben in die Stadt.

Kirche, Plätze, Parks

Die Praça do Terreiro ist Kirchplatz und Zentrum des Ortes. Die **Igreja Nossa Senhora do Rosário** (Rosenkranzkirche) wirkt für kapverdische Verhältnisse pompös und blickt auf eine glorreiche Vergangenheit zurück. Vom Bischof Cristovão de São Boaventura, der 1784 bis 1798 auf São Nicolau residierte, wurde sie zur Kathedrale erhoben. Diesen Status behielt sie de facto bis 1943, als der Bischofssitz endgültig nach Praia verlegt wurde. In den Jahren 1891 bis 1898 wurde das Gotteshaus gründlich erneuert. Damals schuf ein portugiesischer Baumeister den neobarocken Altar. Ansonsten ist die Einrichtung eher spartanisch. Sonntags sitzen auf einfachen Holzbänken die fein zurechtgemachten Gläubigen.

In der ehemaligen Schule aus dem Jahre 1947 über der Praça do Terreiro ist heute die städtische Bibliothek untergebracht. Die **Büste des populären Arztes Dr. Júlio José Dias** (1805–1873) vor dem Park wurde elf Jahre nach seinem Tod von den Inselbewohnern gestiftet. Er studierte in Paris, kehrte aber – für die damalige Zeit ungewöhnlich – auf seine Heimatinsel zurück, um fortan hier zu praktizieren.

Hält man sich von der Kirche aus vor der Bank links, gelangt man an die im April 2001 eröffnete **Markthalle**. An einfachen Ständen und auf dem Boden bieten die Verkäufer so allerlei Nützliches an: Bananen, Papayas, Kartoffeln,

Mais, Maniok, Süßkartoffeln, Fisch, Tabakblätter, Chilischoten sowie auch Kleidung.

Westlich der Praça do Terreiro befindet sich an einem kleineren Platz die Post. Etwas weiter in Richtung Flussbett der Ribeira Brava liegt ein lang gestreckter **Park**. In einem Kiosk werden dort Erfrischungen und Snacks angeboten.

Von dem Park aus führt die Rua Amílcar Cabral weiter in Richtung Cachaço (s. S. 199). Im oberen Bereich des Tals der Ribeira Brava ist der weitere Pflasterweg jedoch nur zu Fuß zu bewältigen. Von Ribeira Brava nach Cachaço wandert man ca. 2 Std., wobei man über 600 Höhenmeter ansteigt.

Priesterseminar und Felsenkreuz

Auf der Südseite des Flusses befinden sich in der Rua Seminário eine kleine Kapelle und daneben, versteckt hinter einer hohen Mauer, das ehemalige **Priesterseminar Seminário de São José** (s. S. 196).

Oberhalb der Kapelle erhebt sich der **Cruzeiro de Penedo** (›Felsenkreuz‹). Auf dem obersten von einigen imposanten Basaltfelsen ragt ein Kreuz auf. Einen direkten Weg dorthin gibt es nicht. Man muss entlang einiger Schweinepferche und Hühnerställe hochsteigen.

Vom Felsenkreuz aus Richtung Osten erstrecken sich die verwinkelten Gassen des Stadtteils **São João.** Die Bausubstanz in diesem Gebiet ist interessant: Neben mit Stroh gedeckten Natursteinhäusern stehen Rohbauten aus Zementbacksteinen, die teilweise schon bewohnt sind, und neue, große Häuser von Remigranten.

Pensão Santo António: oberhalb Praça Terreiro, Tel. 235 22 00, Fax 235 21 99. Hotelähnliches, neues Haus in zentraler Lage. Alle Zimmer mit Klimaanlage, Privatbad, warmem Wasser. DZ um 5000 ECV.

Pousada Mana Guimara: an der Tankstelle im Zentrum, Tel. 235 18 30, Fax 235 18 31, fsantos57@hotmail.com. Info über die Reiseagentur Santos & Santos im selben Haus. Sehr gepflegte, komfortable Unterkunft in zentraler Lage. Zimmer mit privatem Bad, Kühlschrank, Fernseher, warmem Wasser. Internetzugang, Wäscheservice. DZ 2900 ECV.

Pensão Residencial Jardim: im nordöstlichen Stadtteil Chãzinha am Hang gelegen, Tel. 235 11 17, Fax 235 19 49. Gemeinschaftsterrasse mit Blick auf die Stadt. Einfache, aber saubere und gemütliche Zimmer mit Dusche und warmem Wasser. Abendessen in familiärem Rahmen (vormittags vorbestellen, Hauptgerichte ab 600 ECV). Pauschal buchbar. DZ ca. 2800 ECV.

Santos: an der Hauptstraße zwischen Tankstelle und Kirche, Tel. 235 18 30. Gute traditionelle Küche in sympathischem Ambiente.

Lanchonete Simpatia: Praça do Terreiro. So etwas wie die ›In‹-Kneipe des Ortes. Eher nur Bar, nettes Ambiente.

Esplanada: an der parkähnlichen Praça am Flussbett. Bunter abendlicher Treffpunkt, manchmal Live-Musik.

Karneval: Wird fast so ausgelassen gefeiert wie in Mindelo (s. S. 172). Von Sonntag bis Fastnachtsdienstag gibt

PRIESTERSEMINAR AUF SÃO NICOLAU

Im Jahre 1823 begann Bischof Jerónimo do Barco Soledade den alten Bischofspalast in Ribeira Brava auf eigene Kosten zu renovieren und nebenan die Fundamente für ein Seminargebäude zu legen. Da der Würdenträger nach Portugal zurückkehren musste, blieb das Projekt unvollendet. Erst Bischof José Luis Alves Feifó gründete später das Seminário de São José. Der Lehrbetrieb begann im Dezember 1866 mit zwei Professoren vom portugiesischen Festland und zwei weiteren vom Lyzeum in Praia.

Dadurch war auf den Kapverdischen Inseln eine Möglichkeit geschaffen, die gleichen Studien wie im damaligen Mutterland Portugal durchzuführen. Den Schülern des Seminars eröffnete sich eine gehobene Laufbahn in kirchlichen Ämtern und in der portugiesischen Verwaltung. Die Abgänger dieser Schule waren wichtiges Bindeglied zwischen Portugal und Westafrika. Doch Schwierigkeiten zwischen Kirche und portugiesischer Regierung führten zu einer Aufspaltung des Lehrangebots. Für weiterführende Studien mussten die Schüler ab 1911 nach Mindelo auf São Vicente übersiedeln. 1917 wurde das Priesterseminar gar vorübergehend geschlossen, nahm jedoch den Betrieb sechs Jahre später wieder auf. Der Lehrer Juvenal Cabral, Vater des Revolutionsführers Amílcar Cabral, wurde damals in diesem Seminar ausgebildet.

1931 landete in Preguiça das Regiment »Mandinga« mit über 50 Soldaten, die durch die Militärdiktatur in Lissabon vom afrikanischen Kontinent hierher verlegt wurden. Das Lyzeum von Ribeira Brava wurde endgültig geschlossen und in ein Gefängnis für 200 politisch Verbannte umgewandelt, zu deren Bewachung das Regiment abgestellt war – schwarze Wachen, weiße Verbannte. Zu Beginn war es der Bevölkerung verboten, sich dem ehemaligen Seminar nach 21 Uhr abends zu nähern. Später übernahmen die Exilierten soziale Funktionen. Sie integrierten sich in das Gemeinwesen, einige blieben für immer. Die berühmte Bibliothek des Seminars ging übrigens im Verlauf dieser Ereignisse spurlos verloren. In den vergangenen Jahren wurde das Seminário de São José sorgfältig renoviert und 2004 von der Regierung feierlich an die Kirche zurückgegeben. In Zukunft soll es als Museum genutzt werden.

Der zweite Trakt des Priesterseminars in Calejão wurde Ende des 19. Jh. errichtet. Die Verantwortlichen verlegten es aber schon wenige Jahre später nach Praia. Zunächst richtete die Regierung in dem Gebäude dann ein Waisenhaus mit Hilfe zweier portugiesischer und fünf spanischer Nonnen ein. 1945 lebten dort 150 Kinder. Das Waisenhaus wurde aber 1968 geschlossen, seither steht das Gebäude praktisch leer. Ein holländisches Ehepaar wollte die Räume später für ein Schule nutzen. Aus mangelndem Interesse der Behörden verlief das Projekt jedoch im Sande. Seitdem weiß niemand so genau, was mit dem allmählich verfallenden Gebäude in Calejão geschehen soll.

es drei Tage lang Umzüge, Bälle und die Wahl der Karnevalskönigin.
6. Dezember: Festa São Nicolau zu Ehren des Inselpatrons (s. S. 35).

Ausflüge: Santos & Santos, bei der Tankstelle im Zentrum, Tel./Fax 235 18 30.

Flug: Der Flughafen von São Nicolau liegt an der Straße von Vila da Ribeira Brava nach Preguiça. Nur bei Ankunft und Abflug geöffnet. TACV-Büro: Praça do Terreiro, Tel. 235 11 61 (Mo–Fr 8–12.30 und 14.30–18 Uhr).
Aluguer: von der Praça do Terreiro. Tagsüber mehrere Fahrten nach Tarrafal (passagem ca. 170 ECV). In den Ostteil an Werktagen (meist nur 1x tgl.). Es geht morgens in die Stadt und nachmittags wieder raus. Preisbeispiel: Ribeira Brava –Juncalinho ca. 200 ECV.
Taxi: für die Strecke von Ribeira Brava zum Flughafen 400–500 ECV, Ribeira Brava–Tarrafal 2000 ECV, Ribeira Brava–Juncalinho 2000 ECV.
Mietwagen: keine offizielle Autovermietung. Evtl. bei Santos & Santos (s.o.) oder in der Unterkunft fragen, meistens klappt's. Versicherungen existieren nicht. Pro Tag ca. 5000 ECV.

Calejão

Kapverden-Atlas: S. 233, D 3
Vom Flughafen aus zweigt eine Pflasterstraße nach Calejão ab. Von Ribeira Brava kann das Dorf zu Fuß in ca. einer Stunde erreicht werden. Hierzu überquert man oberhalb der Esplanada den Fluss und passiert das auffallende Felsenkreuz (s.o.). In einigen Kurven auf einer staubigen Dorfstraße erreicht man einen Pass mit Sendeanlage. Von dort sind die Häuser von Calejão dann zu sehen. Der Ort ist gepflegt und sauber. Einige strohgedeckte Natursteinhäuser sind gut erhalten und bewohnt.

Bei dem auffallend breiten Gebäude am nördlichen Ortsrand handelt es sich um einen Teil des ehemaligen Priesterseminars (s. S. 196). Die ehemals zum Seminar gehörige Kapelle steht etwas unterhalb am Ende der Pflasterstraße, wo diese in den Fußweg nach Ribeira Brava übergeht.

Preguiça

Kapverden-Atlas: S. 233, D 4
Südlich des Flughafens liegt das Fischerdorf Preguiça. Nach Ribeira Grande (heute Cidade Velha) auf Santiago ist Preguiça nachweislich der älteste Hafen des Archipels. Am 22. März 1500 kam Pedro Álvarez Cabral, der Entdecker des Gebietes um Veracruz/ Brasilien, hier vorbei.

Bis 1986 wurden in Preguiça Waren aus Portugal angelandet. Bananen und anderes Obst gingen von hier nach Lissabon. Der Kai war einst mit Marmorplatten gepflastert, wie heute noch zu erkennen ist. Preguiça war nicht nur Handelshafen, sondern auch Walfangstation. Heute leben die Bewohner allerdings mehr schlecht als recht vom Fisch- und Langustenfang. Ihre Boote liegen in einer steinigen Bucht neben dem Hafen. Viele der Häuser sind in einem bedauernswerten Zustand: Verputz und Farbe bröckeln stetig ab, oder die Bausubstanz zerfällt ganz. Eine kleine Mercearia dient als Bar und Treffpunkt, und man kann sich mit dem Nötigsten versorgen.

Am Beginn der Kaimauer befindet sich die Ruine des alten Zollhauses *(alfândenga)* von 1890. Bis zum Ende der portugiesischen Herrschaft 1975 war es noch in Betrieb. Direkt am Meer stehen drei große ehemalige englische und französische Handels- und Lagerhäuser. Sie stammen aus der Zeit um 1870. Die ausländischen Kaufleute bauten den Hafen aus und exportierten Leder, Orangen und Zuckerrohr. Heute sind die Gebäude so gut wie zerfallen, bieten aber einigen Fischerfamilien ein einfaches Zuhause. Frauen und Kinder sitzen davor und putzen Fisch.

Aluguer: unregelmäßige Verbindung nach Ribeira Brava.

Fahrt nach Tarrafal

Die Straße von Ribeira Brava nach Tarrafal folgt zunächst dem Flusslauf nach Norden, schwenkt aber dann in Richtung Westen. Der nächste Ort auf einer felsigen Anhöhe über dem Meer ist **Carvoeiros.** In der Umgebung gedeihen Bananen. Etwas weiter im Tal von **Queimadas** lohnt ein kleiner Abstecher an die Küste. Direkt im Talgrund zweigt eine Piste zu einem ›Blauen Loch‹ ab. Es handelt sich um eine Öffnung in einem Felsen, der vom Meer unterspült wurde. Je nach Seegang und Wasserstand spritzt die Gischt wie eine Fontäne aus dem Loch empor.

Die Hänge zwischen Queimadas und dem nächsten Ort Estância Bras werden mit Akazien aufgeforstet. **Estância Bras** liegt etwas abseits der Hauptstraße. Dort haben sich einige Remigranten Ferien- oder Altersruhesitze errichtet. Vom Dorf aus lässt sich eine einfache Wanderung auf einem alten Pflasterpfad entlang der Küste unternehmen (hin und zurück ca. 2 Std.). Sie führt zu den nahe beieinander gelegenen Mündungen der Ribeira Camarões und der Ribeira Funda, die durch einen steilen Bergrücken getrennt sind. Der Weiler **Ribeira Funda** an der Mündung des zweiten Flusses besteht noch ganz aus strohgedeckten Natursteinhäusern.

Fajã-Ebene und Inselzentrum

Kapverden-Atlas: S. 233, D 3
Die Fajã-Ebene ist der fruchtbarste Landstrich der Insel. Im tiefer gelegenen und somit wärmeren Ortsteil **Fajã de Baixo** gedeihen Bananen, Zuckerrohr, Papaya und Brotfruchtbäume. Entlang der Straße gibt es kleine Mercearias, in denen man kühle Getränke und eine bescheidene Wegverpflegung erstehen kann. Weiter oben, in **Fajã de Cima,** wird es dann merklich kühler. Für Bananen und andere tropische Früchte ist es hier zu kühl. Die Bauern pflanzen in diesem Teil der Ebene vorwiegend Mais und Bohnen an. Während der portugiesischen Herrschaft ließen die Großgrundbesitzer hier Kaffee produzieren. Die überalterten Stauden dienen heute nur noch den Bohnen als Rankgerüst. Die Kaffeeernte lohnt schon seit Jahrzehnten nicht mehr (s. S. 146). Eine große betonierte Fläche nördlich von Fajã de Cima dient zum Sammeln von Wasser.

Der ausgesparte Teil in der Mitte für einen Drachenbaum hat eher einen ästhetischen Sinn.

Zahlreiche Drachenbäume wachsen um **Cachaço,** an den Ausläufern des des Monte Gordo (1312 m), des höchsten Bergs der Insel. Am Ostrand des Dorfes erhebt sich die Capela Nossa Senhora do Monte Sentinha im Schatten des gleichnamigen spitzen Berges. Vom Vorplatz der 1919 errichteten Kapelle kann man in aller Ruhe die herrliche Aussicht genießen. Vor der Kirche beginnt im Ort der anfangs steile Pflasterweg nach Ribeira Brava (vgl. S. 195).

Südlich von Cachaço geht es bergab durch die Streusiedlung **Cabeçalinho.** Die Landschaft wird deutlich trockener. Die Bewohner dieser Region beschränken sich auf den Anbau von Mais und Bohnen. Zerfallene Häuser zeugen davon, dass die Landwirtschaft früher intensiver betrieben wurde. Mit abnehmender Höhe wird es merklich heißer. Mitten in der wüstenhaften Einöde steht rechts der Straße in einer kleinen Felsnische die Madonna von Lourdes. Der Bischof der Kapverden weihte sie im Beisein von 2000 Gläubigen im Jahre 2001 ein.

Der Monte Sentinha bei Cachaço

Aussichtspunkt

Ein ausgesprochen schöner Aussichtspunkt lädt südlich von Cachaço an der Straße in Richtung Tarrafal zum Anhalten ein. Ein mächtiges Betonkreuz ziert den Platz. Der Blick von der Veranda hinab auf das tief unten gelegene Ribeira Brava wird als einer der prächtigsten des Archipels gelobt.

Eine Woche nach Ostern feiert man in Fajã besonders nett den Weißen Sonntag (Pascoela) mit Prozessionen, Pferderennen, Spiel und Spaß (s. S. 33).

Tarrafal

Kapverden-Atlas: S. 233, D 4
Unter portugiesischer Herrschaft war Tarrafal lange Zeit nichts anderes als ein kleines Fischernest.

Der italienische Kapuzinermönch Gesualdo Fiorini, der 1955 nach São Nicolau kam, nahm sich des Ortes und seiner Bewohner an. Er sammelte in Rom Geld für den Bau der **Kapelle São Francisco,** sorgte dafür, dass der gleichnamige Platz davor zum Mittelpunkt des wachsenden Ortes wurde, ließ Häuser bauen und schuf Arbeitsplätze. Seit 1973 lebt Fiorini in Tarrafal und ist weiterhin seelsorgerisch aktiv.

Über dem Altar der Kapelle ist der Heilige Franzikus (São Francisco) auf einem Gemälde von 1984 dargestellt, wie er zu den Tieren predigt.

Heute hat der Ort eine Tunfischfabrik, einige Bars, Restaurants und Pensionen. Einige Emigranten haben sich Feriendomizile errichtet. Ist doch Tarrafal der einzige Ort auf der Insel, wo man richtig baden kann. Dem weitläufigen schwarzen Strand nordwestlich der Stadt, der **Praia da Luz,** wird lindernde Wirkung bei Gelenkerkrankungen und Rheuma nachgesagt: Der Sand enthält reichlich Titan und Jod.

In der Nebensaison ist in Tarrafal so gut wie nichts los: Die Esplanada am Strand ist dann geschlossen und sieht so aus, als hätte sie nie geöffnet, die Bars sind leer und warten auf Kundschaft, und die Betreiber der Pensionen sind froh um jeden Gast. In der Zeit um Weihnachten, Ostern und vor allem im Sommer belebt sich die Szenerie. Emigranten besuchen ihre Verwandten und verbringen in Tarrafal ihren Urlaub, aber auch Touristen aus Europa sind dann häufiger anzutreffen.

Sanetour: Reiseagentur an der Uferstraße in der Nähe der Tunfischfabrik, Tel./Fax 236 14 96.

Pensão Sitaquario: zehn Gehminuten südlich vom Zentrum, Tel. 236 10 99, kusterscabverd@cvtelecom.cv. Ruhige, strandnahe Lage, unter holländischer Leitung. Restaurant mit kapverdisch-internationaler Küche. DZ mit Halbpension 45 €.
Residencial Maria de Monte: im nördlichen Teil der Stadt vor dem Fußballplatz von der Uferstraße ins Landesinnere abbiegen, Tel./Fax 236 11 78. Einfache, aber helle und saubere Unterkunft, freundliche Zimmer. Dachterrasse zur allgemeinen Benutzung. DZ 2000 ECV.

Pensão Alice: an der Uferstraße hinter der Praia da Luz, Tel. 236 11 87. Einfache, familiäre Unterkunft, nur kaltes Wasser. Hier treffen sich die Traveller. DZ 1200 ECV.

Casa de Pasto Alice: in der gleichnamigen Pension. Einfach, aber vergleichsweise gemütlich. Gute Küche. Hauptgerichte um 400 ECV.
Bar Golfinho: am kleinen Platz an der Hauptstraße unterhalb der Shell-Tankstelle. Beliebter Treff, einfache Gerichte.
Bar Évora: neben der Bar Golfinho.

Esplanada: am Stadtstrand. Am Wochenende Discobetrieb. Nur zu besuchsstarken Zeiten geöffnet (Sommer, Weihnachten/Neujahr, Ostern).

Hochseefischen: Blue Marlin Clube, am Platz vor der Kirche (Largo de São Francisco), Tel. 236 13 82, Fax 236 13 83.

Fähre: s. S. 220, Tickets bei Enapor (direkt am Hafen, 8–15.30 Uhr).
Aluguer: täglich mehrere Fahrten nach Ribeira Brava.

Praia Branca und Ribeira da Prata

Kapverden-Atlas: S. 233, D 3
Immer wieder zweigen von der Küstenstraße von Tarrafal in Richtung Nordwesten holprige Pisten zum Meer ab, die von Anglern benutzt werden. **Praia Branca** liegt geschützt in einem Tal. Unterhalb des Dorfes in Richtung Westen erstreckt sich die savannenartige Ebene **Chã de Curralin.** Akazien stehen in der flimmernden Hitze. Im 200–300 m hoch gelegenen Dorf selbst ist es vergleichsweise kühl. Die Vegetation ist dichter und grün.

Einfache Mercearias bieten das Notwendigste an, ansonsten gibt es im Ort keine Versorgungsmöglichkeiten. Die Bewohner leben von der spärlichen Landwirtschaft auf kleinen Feldterrassen und dem Handel mit der fruchtbaren Fajã-Ebene. Mit dem Wagen müsste man von Praia Branca um die halbe Insel herumkurven, um die Ebene zu

Wandertipp

Die vielleicht schönste Wanderung auf São Nicolau mit grandiosen Ausblicken führt von Praia Branca nach Fajã. Der alte Verbindungsweg ist gut in Schuss, allerdings sind einige anstrengende An- und Abstiege zu bewältigen. Mit 3 Std. Gehzeit ist zu rechnen. Man verlässt Praia Branca nach oben, also in östlicher Richtung. In Serpentinen geht es einen schmalen Bergrücken unterhalb der markanten Zwillingsfelsen hinauf zu einer ersten Passhöhe (45 Min.). Immer Richtung Osten läuft man dann im oberen Bereich des Tals der Ribeira da Prata weiter, durch den Weiler Fregat und zu einer zweiten Passhöhe hinauf (2 Std. 15 Min.). Dahinter öffnet sich die fruchtbare Senke von Fajã, in die man nun hinabsteigt und bei Pico Agudo Canto Fajã die Hauptstraße erreicht. Hier kann man auf einen Aluguer warten.

METHODEN ZUR WASSERGEWINNUNG

Wasserknappheit stellt auf Cabo Verde heute eines der größten Probleme dar. Klimatisch gesehen liegen die Inseln die größte Zeit des Jahres im Bereich der Passatwinde. Nur im Sommer, wenn der Passatgürtel weiter nach Norden wandert, gelangen sie in die tropische Zone. Dann herrschen aufsteigende Luftmassen vor, und es kann zu heftigen Regenfällen kommen. Häufig schüttet der gesamte durchschnittliche Jahresniederschlag an einem oder zwei Tagen vom Himmel. Solche Massen kann die Landschaft nur bedingt aufnehmen. Das meiste Wasser geht verloren.

In den Passatwinden ist Feuchtigkeit gespeichert. Beim Aufsteigen an einem Gebirgszug kühlen sich die Luftmassen ab, dadurch sinkt die Aufnahmefähigkeit für Wasser. Wenn alles klar geht, regnet es sogar manchmal. Meist kommt es jedoch in einer Höhe zwischen 600 und 1200 m nur zur Nebelbildung. Die Vegetation kämmt die Feuchtigkeit aus der Luft und führt sie dem Grundwasser zu. Der Mensch kann dabei nachhelfen, indem er dünnmaschige Netze spannt. Diese übernehmen dann die Aufgabe der Vegetation und sammeln das Wasser. Auf dem Monte Verde auf **São Vicente** sind solchen Netze in geringem Ausmaß im Einsatz. Auf den niedrigen Inseln bleiben Regen und Nebel allerdings aus. Die einzige Möglichkeit, den steigenden Wasserbedarf auf den Urlaubsinseln **Sal** und **Boavista** zu decken, sind Meerwasserentsalzungsanlagen. Das Meerwasser wird verdampft, bei neueren Anlagen mit Hilfe von Sonnenenergie. Anschließend kondensiert der salzfreie Wasserdampf. Dieser wird in einem Rohrsystem gesammelt und erneut erhitzt. Ein mehrmaliges Durchlaufen des Kreislaufes ist notwendig. Für diese Methode werden große Flächen benötigt. Beim Erhitzen mit konventioneller Technik ist der Energieverbrauch enorm. Preiswerter ist die Methode der Hyperfiltration. Wassermoleküle werden dabei durch eine halbdurchlässige Membran gedrückt, die keine Salzionen durchlässt.

Auf den höheren gebirgigen Inseln fällt im Prinzip ausreichend Wasser vom Himmel oder gelangt durch die Vegetation in den Boden. Trotzdem fehlt es meist an ergiebigen Quellen. Gute Beispiele hierfür sind die Inseln Fogo und São Nicolau. Der Passatwind kann sich an den Nordostseiten der Berge stauen und seine Feuchtigkeit abgeben. Das Wasser verschwindet jedoch scheinbar. Der Grund liegt im Aufbau der Gesteinsschichten. Die obersten Lagen bestehen meist aus leichten, wasserdurchlässigen Tuffen und Lapilliablagerungen mit kaum speichernden Eigenschaften. Erst in größeren Tiefen liegen harte, wasserundurchlässige Basalte. In unterirdischen Senken und fossilen Tälern sammelt sich dort das Wasser. Wo so eine Gesteinsschicht an die Oberfläche tritt, entspringt eine Quelle, oft erst auf Meereshöhe, wie auf **Fogo** unterhalb des Monte Gênebra.

Mit Hilfe französischer Entwicklungshilfe wurde 1986 auf **São Nicolau** ein solches fossiles Tal entdeckt und angebohrt. Es befindet sich zwischen dem Monte

Passatwolken verfangen sich in den Bergen von Santo Antão

Gordo und dem Monte Preto in Fajã de Cima. Das Tal ist ca. 150 m unter der Erdoberfläche begraben. Ein über 2 km langer Tunnel (Galerie) führt waagerecht unter dem Monte Preto hindurch zu den Wasserreserven. Die so entstandene künstliche Quelle liefert heute noch 800 m^3 Wasser am Tag. Der Ausstoß kann so reguliert werden, dass das Wasserreservoir nicht leer läuft, sondern durch Niederschlag mehr oder weniger auf einem Niveau bleibt.

Auch auf Fogo sind mehrere solcher unterirdischer Wasserspeicher mit Unterstützung der GTZ (Deutsche Gesellschaft für Technische Zusammenarbeit) angebohrt worden. Allerdings erfordern diese Brunnen leistungsstarke Pumpen, um das Wasser an die Erdoberfläche zu bringen.

Auf stark zerklüfteten Inseln fließt das Wasser durch steile Täler zu schnell ins Meer ab. Landwirtschaftlich kann es dadurch kaum genutzt werden. Die portugiesischen Kolonialherren legten daher zum Beispiel auf **Santo Antão** zahlreiche, fast eben verlaufende Kanäle *(levadas)* an. Dadurch war es möglich, das Wasser von Quellen und Flüssen im Gebirge aufzufangen und gezielt auf die Felder zu leiten. Einige dieser Levadas sind noch erhalten und werden benutzt.

erreichen. Zu Fuß ist es praktisch nur ein Katzensprung vorbei an den Zwillingsfelsen Tope de Matim (1057 m) und Tope da Moca (939 m) (siehe Wandertipp, S. 201).

Die Straße an Praia Branca vorbei nach Ribeira da Prata ähnelt mehr einer Piste. Ein Schlagloch folgt dem nächsten. Die Häuser von **Ribeira da Prata** verteilen sich entlang des gleichnamigen Flusses. Straßen gibt es keine im Ort, nur mehr oder weniger gut erhaltenen Pflasterwege und staubige Pfade. Beeindruckend wirkt die Gebirgslandschaft über Ribeira da Prata. Auf bizarren Felsspitzen hängen wie Adlernester einige Häuseransammlungen.

Im unteren Teil des Tals von Ribeira da Prata gibt es eine **Rocha Scribida,** einen Schreibfelsen (s. S. 40). Ob es sich bei den Linien im Gestein wirklich um prähistorische Felsritzungen (Petroglyphen) handelt oder ob sie nur durch Erosion entstanden sind, ist nicht gesichert. Eindeutig nachgewiesene Petroglyphen finden sich nur auf Santo Antão (s. S. 192). Die Bewohner von Ribeira da Prata weisen jedoch gerne neugierige Touristen zu ihrem mystischen Stein, der nur zwei Gehminuten vom Straßenende entfernt auf der anderen Seite des Flussbetts liegt. Eine willkommene Abwechslung, denn ansonsten passiert nicht allzu viel im Dorf.

Aluguer: sporadisch zwischen Ribeira da Prata und Tarrafal. Meist morgens in die Stadt, mittags wieder zurück.
Taxi: für die Strecke Tarrafal–Praia Branca etwa 1000 ECV, Tarrafal–Ribeira da Prata 2000 ECV.

Der Osten

Kapverden-Atlas: S. 233, F 3/4
Der Ostteil der Insel ist heute dünn besiedelt. Steile Täler, Steinwüsten und bizarre Gebirgsformationen beherrschen das Landschaftsbild. Bis Mitte des 20. Jh. wurde hier intensiv Landwirtschaft betrieben. Fast alle Dörfer im Landesinneren sind inzwischen verlassen. Nur noch an der Küste, in Juncalinho und in Carriçal, harren die Bewohner aus.

Von Ribeira Brava führt eine Pflasterstraße an der Nordküste entlang durch ein landschaftlich schönes Gebiet bis nach Juncalinho. Teilweise ist die Straße in einem schlechten Zustand. Zunächst geht es durch eine Steinwüste vorbei am Monte de Joaquím und dem Monte Bissau mit seinen gleichmäßigen Flanken. Auf der Ebene Chã de Norte stehen verstreut einige Häuser. Eine größere Häuseransammlung ist der Weiler **Belém.** Die Bewohner leben in Zeiten großer Trockenheit von der Viehhaltung. Schweine, Hühner und Ziegen laufen frei herum. Lassen es die Niederschläge zu, werden Mais und Bohnen angepflanzt. Hinter der Ponte Coruja wird der Blick auf bizarre Gebirgsformationen frei. Schmale steile Täler ziehen sich von den Bergen ins Meer hinab. Häufig fällt an wenigen Tagen die gesamte Jahresniederschlagsmenge. Die intensive tropische Erosion führt zu der Steilheit der Täler und zu den riesigen Gesteinsblöcken, die auf den Schuttfächern liegen.

In **Juncalinho** sind traditionelle, strohgedeckte Häuser bisweilen noch

Die hübsche Capela da Sagrada Familia in Juncalinho

sehr gut erhalten. Am westlichen Ortseingang befindet sich eine Mercearia, wo es Erfrischungen und Kleinigkeiten zu essen gibt. Recht hübsch ist die Capela da Sagrada Família, 1960 auf Initiative des italienischen Kapuzinermönches Gesualdo Fiorini unter schwersten Bedingungen errichtet. Da es noch keine Straßenverbindung gab, musste alles Material auf dem Rücken von Eseln oder den Köpfen der Frauen herbeigeschafft werden.

Von Juncalinho aus ist Carriçal, der östlichste Ort von São Nicolau, nur auf einer Piste zu erreichen. Lange Zeit war diese zerstört, seit Februar 2002 ist sie jedoch wieder befahrbar. Zunächst verläuft der Fahrweg noch an der Küste entlang und passiert hinter Juncalinho vier geologisch noch recht junge Vulkanhügel, die in einer Reihe angeordnet sind. Vor der Ribeira Alta biegt die Piste ins Landesinnere ab und überquert die wüstenhafte östliche Landzunge. **Carriçal** liegt an der Mündung zweier ausgetrockneter Flüsse in einer Bucht mit schwarzem Sandstrand und üppigen Bananenplantagen. Im Ort befindet sich die zweite Tunfischfabrik der Insel. Allerdings gibt es keine Einkaufs- oder Einkehrmöglichkeit.

Aluguer: sporadischer Verkehr von Juncalinho nach Ribeira Brava. Meist morgens in die Stadt, nachmittags wieder zurück.
Taxi: Ribeira Brava–Juncalinho 2000 ECV.
Boot: sporadische Verbindung zwischen Carriçal und Preguiça (nur Personen).

Die Bucht von Juncalinho ▷

REISEINFOS VON A BIS Z

Alle wichtigen Informationen rund ums Reisen auf einen Blick – von A wie Anreise bis Z wie Zeitungen

Extra: Ein Sprachführer mit Hinweisen zur Aussprache, wichtigen Redewendungen und Zahlen

Terrassenkultur in Santo Antão

ÜBERSICHT

Anreise

Cabo Verde ist nur mit dem Flugzeug zu erreichen. Flüge von München und Amsterdam mit der kapverdischen Fluglinie TACV nach Sal:

TACV München
Landsbergstraße 155
80681 München
Tel. 089/55 25 33 33
Fax 089/54 50 68 55
www.tacv.de

Von Frankfurt aus fliegt Condor einmal in der Woche nach Sal. Die portugiesische Fluggesellschaft TAP verbindet mehrere Flughäfen in Europa via Lissabon mit Sal.

Apotheken

Auf jeder Insel gibt es Apotheken *(farmácias)*. Ein ausreichendes Sortiment bieten nur Apotheken in den größeren Städten. Auf kleinen Inseln ist die Versorgung schlecht, eine persönliche Reiseapotheke daher ratsam. Darin sollten zumindest enthalten sein: Pflaster, ein leichtes Mittel gegen Durchfall, ausreichend starker Sonnenschutz, persönliche Medikamente.

Ärztliche Versorgung

Über gut ausgestattete Krankenhäuser verfügen nur Praia und Mindelo. Ansonsten gibt es auf jeder Insel Gesundheitszentren (Centro de Saúde, siehe auch »Gesundheitsvorsorge«, S. 214).

Autofahren

Das Fahren auf den Inseln ist gewöhnungsbedürftig, obwohl sehr wenig Verkehr herrscht. Besonders die Aluguerfahrer wissen das und fahren entsprechend schnell. Die wenigsten Straßen sind geteert. Auf den üblichen Pflasterstraßen gilt es immer auf Schlaglöcher und Steine zu achten. Nachts sollte man vermeiden zu fahren.

Behinderte

Die Einrichtungen für Rollstuhlfahrer sind auf den Kapverden denkbar schlecht, Reisen auf den Inseln für sie mit erheblichen Mühen verbunden und mit öffentlichen Verkehrsmitteln *(aluguers)* praktisch nicht durchführbar. Die einzige Möglichkeit besteht darin, sich einen Aluguer privat anzumieten.

Betteln

Besonders auf Santiago wird viel gebettelt. Auf keinen Fall sollten Kinder Geld, Süßigkeiten oder sonst irgendetwas bekommen. Zum Teil betreiben sie das Betteln als Sport. Wenn sie einmal merken, da ist ein freigiebiger Tourist, hat dieser sofort eine ganze Horde an den Fersen hängen. Zudem wird jegliche Erziehung untergraben, wenn die Kinder durch Betteln mehr Geld nach Hause bringen als die Mutter mit harter Arbeit verdient. Wer helfen möchte, sollte sich in Bezug auf Geld- oder Sachspenden an Schulen, den Gemeindepfarrer oder an Gesundheitszentren wenden. Verbandszeug, Werkzeug, Mal- und Schreibsachen, Papier, warme Kleidung für Kinder in den Bergen, Fußballtrikots werden immer gerne genommen. Diese Aufzählung soll nur als Anregung dienen.

Camping

Auf den Kapverden gibt es keine Campingplätze. Wildes Campen ist nicht zu empfehlen.

Diebstahl

Geld, Wertsachen, Reisunterlagen und Papiere sollten sicher verstaut werden, wenn möglich im Hotelsafe. Große Bargeldbeträge sollte man nicht unnötig lange mit sich herumtragen. In den Städten, auf Märkten, bei Menschenansammlungen und in touristischen Gebieten ist besonders auf Diebe zu achten.

Jeder Diebstahl sollte bei der Polizei angezeigt werden. Polizeistationen gibt es in jedem größeren Ort.

Diplomatische Vertretungen

... von Deutschland
Honorarkonsul der Bundesrepublik Deutschland
Avenida da O.U.A.
CP 327, Praia
Tel. 00238/262 31 00/02
Fax 00238/262 31 03
Alle Abwicklungen laufen jedoch über die Botschaft in Dakar/Senegal:
Ambassade de la Republique Fédérale d´Allemagne
20, avenue Pasteur/angle rue Mermoz
B.P. 2100 Dakar/Senegal
Tel. 00221/823 48 84, 823 25 19
Fax 00221/822 52 99
www.ambassade-allemagne.sn

... von Österreich
Auf Cabo Verde ist die österreichische Botschaft in Dakar/Senegal zuständig:
Ambasssade de l'Autriche
18, rue Emil Zola
B.P. 3247 Dakar/Senegal
Tel. 00221/637 77 72
Fax 00221/849 43 70, 822 88 19
ambaut@telecomplus.sn

... von der Schweiz
Consulat de Suisse
Rua Andrade Corvo 25
Platô CP 42, Praia
Tel. 00238/261 67 10
Fax 00238/261 55 59
c.suisse@cvtelecom.cv
Alle Abwicklungen laufen jedoch über die Botschaft in Dakar/Senegal:
Ambassade de Suisse
Rue René N´Diaye/angle rue Seydou Nourou Tall
SN-Dakar
Tel. 00221/823 05 90
Fax 00221/822 36 57
swiemdkr@sentoo.sn

Diplomatische Vertretungen von Cabo Verde

... in Deutschland
Botschaft Cabo Verde
Dorotheenstraße 43
10117 Berlin
Tel. 030/20 45 09 55
Fax 030/20 45 09 66
embassy.capverde@knuut.de
info@embassy-capeverde.de
www.embassy-capeverde.de

Honorarkonsulat
Ost-West-Straße 70
20457 Hamburg
Tel. 040/37 88 82 86/87
Fax 040/37 88 82 88

... in Österreich
Honorarkonsulat
Linke Wienzeile 4
1060 Wien
Tel. 01/587 31 66
Fax 01/587 34 22

... in der Schweiz
Botschaft Cabo Verde
Avenue Blanc 47
1211 Génève 25
Tel. 022/731 33 36
Fax 022/731 35 40
capvert@bluewin.ch

Drogen

Drogen stellen für den Reisenden noch kein übermäßiges Problem dar. In Bars und Discos bekommt man als Tourist schon mal was angeboten. Drogendelikte werden hart bestraft. Die allgemeinen und insbesondere die hygienischen Verhältnisse in den kapverdischen Gefängnissen sind denkbar schlecht!

Einreisebestimmungen/Zoll

Deutsche, Österreicher und Schweizer brauchen zur Einreise nach Cabo Verde ein Visum und einen Reisepass, der noch mindestens ein halbes Jahr gültig ist. Das Visum (Gebühr: 70 €) berechtigt zu einem Aufenthalt von 180 Tagen ab Ausstellungsdatum.

Visa erteilen die Botschaften (siehe »Diplomatische Vertretungen«). Bei Pauschalreisen kümmert sich im Allgemeinen der Reiseveranstalter um das Visum. Die Bearbeitungszeit beträgt normalerweise ungefähr eine Woche.

Wer mit der TACV ab München nach Sal fliegt, kann sich das Visum auch vor dem Abflug am Schalter ausstellen lassen. Auch bei der Ankunft in Sal erhält man das Visum zur Not noch bei der dortigen Flughafenpolizei, es kostet dann aber 90 € und einigen bürokratischen Aufwand.

Einfuhr: Zollfrei eingeführt werden dürfen 200 Zigaretten oder 250 g Tabak, 100 Zigarillos oder 50 Zigarren; 1 l Wein oder 2 l Bier, $^{1}/_{2}$ l Spirituosen und alles für den persönlichen Bedarf.

Ausfuhr: Souvenirs und Artikel ohne kommerziellen Wert dürfen in unbegrenzter Menge ausgeführt werden. Die Einfuhr nach Europa von Schildpatt und Souvenirs aus Schildkröten ist verboten!

Elektrizität

Die Spannungswerte entsprechen denen in Europa: 220 V Wechselspannung bei 50 Hz. Auch werden die gleichen Stecker benutzt. Größere Orte betreiben meist einen Dieselgenerator, der rund um die Uhr läuft. In ländlichen Gebieten werden die Generatoren z. T. nachts bis zum frühen Morgen abgestellt. Stromausfälle kommen öfter vor. Die Mitnahme von Kerzen oder einer Taschenlampe ist ratsam.

Feste und Feiertage

Fast jede Gemeinde auf den Iseln hat ihre eigenen Feiertage. Zudem wird auf jeder Insel der Entdeckungstag gefeiert. Er entspricht in einigen Fällen dem Namenstag des katholischen Kalenders, z. B. auf São Nicolau (Sank Nikolaus, 6.Dezember).

Offizielle Feiertage
Neujahrstag
20. Januar: Heldengedenktag
Karfreitag
Ostermontag
1. Mai: Tag der Arbeit
5. Juli: Tag der Unabhängigkeit
12. September: Nationalfeiertag, Geburt von Amílcar Cabral
1. November: Allerheiligen
25. Dezember: Weihnachtsfeiertag

FKK

Nacktbaden sollte man generell unterlassen. Auch ›oben ohne‹ ist bei den Einheimischen nicht üblich. An Touristenstränden wird es im Allgemeinen toleriert.

Fotografieren

Meist lassen sich die Einheimischen gerne fotografieren. Zuvor sollte allerdings gefragt werden. Wird für das Foto Geld verlangt, ist es besser darauf zu verzichten. Filmmaterial ist auf den Kapverden teurer als in Europa und wird oft falsch gelagert. Besser ist es genügend Filme mitzubringen.

Frauen allein unterwegs

Allein reisende Frauen ohne Kinder sind für einheimische Männer ungewöhnlich und interessant. Ein gesundes Misstrauen ist angebracht. Die allgemeinen Sicherheitshinweise sollten allein reisende Frauen besonders beachten.

Geld

Währung ist der **Kapverdische Escudo** (Escudo Cabo Verde, ECV oder CVE). Er ist zu einem festen Wechselkurs an den Euro gebunden. Im Umlauf sind Münzen von 1, 5, 10, 20, 50, 100 ECV und Noten von 200, 500, 1000, 2000 und 5000 ECV
Wechselkurse: siehe »Reisekasse«, S. 217). Fast überall kann inzwischen mit **Euros** gezahlt werden.

Gesundheitsvorsorge

Impfungen sind für Einreisende aus Europa nicht vorgeschrieben und auch nicht notwendig. Einreisende aus Ländern mit Seuchenproblemen müssen Impfungen gegen Cholera und Malaria vorweisen.

Generelle Maßnahmen gegen Typhus/Paratyphus, Polio, Tetanus und Hepatitis A sind zu empfehlen. Genauere Infos geben die Gesundheitsämter im Heimatland.

Malaria: Zwischen September und November besteht auf Santiago ein geringes Malariarisiko. Auf eine chemische Prophylaxe kann jedoch auch während dieser Zeit verzichtet werden. Angemessener Mückenschutz ist dann allerdings ratsam.

Tritt während besagter Zeit Fieber auf, ist sofort ein Arzt aufzusuchen.

Magenverstimmungen und Durchfall: Aufgrund der evtl. ungewohnten Speisen oder hygienisch nicht ganz einwandfreier Zustände sind dies die häufigsten Erkrankungen, die sich mit leichten Mitteln bekämpfen lassen. Diese sollte man von zu Hause mitnehmen.

Versicherungen: Alle ärztlichen Behandlungen und Medikamente auf Cabo Verde müssen vom Patienten bezahlt werden. Genaue Rechnungen können bei der eigenen Krankenkasse eingereicht werden. Empfehlenswert ist der Abschluss einer privaten Reisekrankenversicherung.

Informationsstelle

Eine offizielle Touristeninformation gibt es auf den Kapverden derzeit nicht.

Internet

Das Internet ist ein beliebtes Medium auf den Kapverdischen Inseln. Viele der großen Hotels bieten Internet als Service an. Internet-Cafés gibt es auf Sal (Santa Maria, Espargos), Boavista (Sal Rei), Santiago (Praia), Fogo (São Filipe), São Vicente (Mindelo) und Santo Antão (Ribeira Grande).

Internetinfos

www.embassy-capeverde.de Botschaft der Republik Cabo Verde in Deutschland. Allgemeine Informationen zum Land.

www.derreisefuehrer.com allgemeine Reiseinformationen über alle Inseln, wichtige Adressen.

www.tacv.de Internetseite der kapverdischen Fluggesellschaft. Informationen zu Flügen und allgemeine Informationen zu den Inseln.

www.caboverde.com viele Information über die Inseln. Eine Seite zum Stöbern. Infos über fast alles was mit Cabo Verde zu tun hat. In englischer und italienischer Sprache.

www.alsatour.de Internetseite von Alfred Mandl (s. S. 52, 57), mit Chatforum über die Inseln.

www.caboverde24.com umfangreiches Linkverzeichnis, Diskussionsforum über Cabo Verde in mehreren Sprachen (auch Deutsch).

www.mindelo.info Aktuelle Informationen über alle Inseln in französischer Sprache.

www.bela-vista.net Private Informationsseite mit aktuellen News, Unterkunftsinfos und Hinweisen auf Wanderkarten.

Jugendherbergen

Jugendherbergen gibt auf Cabo Verde nicht.

Mietwagen

Internationale Autovermieter sind nur auf den Inseln Sal, Santiago und São Vicente vertreten. Auf Boavista, Maio und Fogo gibt es offizielle örtliche Anbieter. Auf São Nicolau und Santo Antão besteht derzeit nur die Möglichkeit, inoffiziell von Privatleuten Wagen zu mieten (siehe »Tipps für den Urlaub«, S. 55). Versicherungsschutz besteht hier allerdings nicht, auch muss man im Fall einer Polizeikontrolle mit einer Geldstrafe rechnen. Zum Mieten eines Fahrzeuges genügt der nationale Führerschein. Je nach Wagenkategorie ist mit Preisen zwischen 5000 und 10 000 ECV pro Tag zu rechnen. Viele Mietwagenfirmen verlangen eine Kaution von 20 000–30 000 ECV.

Notrufnummern

Die zentralen Notrufnummern sind für die **Polizei 132** und für den **ärztlichen Notdienst 130.** In Notfällen wendet man sich an die Feuerwehr, Polizei oder an eine Krankenstation im jeweiligen Zuständigkeitsbereich:

Boavista

Feuerwehr: 251 11 41
Krankenstation: 251 11 67
Polizei: 251 11 32

Brava

Feuerwehr: 283 13 13
Krankenstation: 283 11 30
Polizei: 283 11 32

Fogo

Mosteiros
Feuerwehr: 283 11 38
Krankenstation: 283 10 34
Polizei: 283 10 73
São Filipe
Feuerwehr: 281 13 13
Krankenstation: 281 11 30
Polizei: 281 11 32

Maio

Feuerwehr: 255 11 34
Krankenstation: 255 11 30
Polizei: 255 11 32

Sal

Feuerwehr: 241 11 31
Krankenstation: 242 11 30
Polizei: 242 11 32

Santiago

Calheta
Feuerwehr: 273 11 32
Krankenstation: 273 11 30
Praia
Feuerwehr: 261 27 27
Krankenhaus: 261 24 62
Polizei: 262 13 32
Santa Catarina (Assomada)
Feuerwehr: 265 11 94
Krankenstation: 265 11 30
Polizei: 265 11 32
São Domingos
Feuerwehr: 268 12 40
Krankenstation: 268 11 30
Santa Cruz
Feuerwehr: 269 13 13
Krankenstation: 269 13 30
Polizei: 269 13 32
Tarrafal
Feuerwehr: 266 11 16
Krankenstation: 266 11 30
Polizei: 266 11 32

Santo Antão

Paúl
Krankenstation: 223 11 30
Polizei: 223 12 92
Ponta do Sol
Krankenstation: 225 11 30
Polizei: 225 11 32
Porto Novo
Feuerwehr: 222 12 23
Krankenstation: 222 11 30
Polizei: 222 11 32

Ribeira Grande
Krankenstation: 225 11 30
Polizei: 225 11 32

São Nicolau
Feuerwehr: 236 11 62
Krankenstation: 235 11 30
Polizei: 235 11 32

São Vicente
Feuerwehr: 232 52 31
Krankenhaus: 232 73 55
Polizei: 231 46 31

Öffnungszeiten

siehe vordere Umschlaginnenklappe

Post

Auf allem Inseln gibt es in den größeren Orten Postämter. Geöffnet sind sie werktags von 8–12 Uhr und von 14.30–17.30 Uhr. Briefe und Postkarten sind etwa 14 Tage nach Europa unterwegs. Am schnellsten geht es, wenn sie am Flughafen in Sal oder in der Hauptpost in Praia/Santiago abgegeben werden.

Radio & TV

Radio: Auf Cabo Verde gibt es derzeit ca. 12 Sender im UKW-Bereich. Zur vollen Stunde gibt es Nachrichten in Portugiesisch. Ansonsten sorgt das Radio für viel Musik: Einheimische Klänge sind oft zu hören, aber auch internationale Hits und insbesondere Musik aus Süd- und Mittelamerika.
Fernsehen: Der nationale Sender RTC (Radio Televisão Caboverdiana) sendet vorwiegend in Portugiesisch und Creolo. Der portugiesische Sender RTP Africa konzentriert sich auf Nachrichten und Sport. Die meisten Beiträge stammen aus Portugal und Brasilien. Spielfilme werden im Original mit portugiesischen Untertiteln gezeigt. Bei den Einheimischen sehr beliebt sind brasilianische Seifenopern, die so genannten *telenovelas.* Einige der größeren Hotels verfügen über eine Satellitenanlage, europäische Sender außer den portugiesischen werden jedoch kaum empfangen.

Reisekasse

Auf allen Inseln kann in vielen Einrichtungen mit Euro bezahlt werden. Daher empfiehlt sich die Mitnahme von Bargeld. Per Kreditkarte (VISA oder Mastercard/Eurocard), nicht aber mit EC/Maestro-Karte kann man mit PIN-Code an vielen Bank-Automaten einheimisches Geld ziehen, wobei allerdings hohe Gebühren anfallen. Ansonsten werden Kreditkarten nur von großen Hotels und internationalen Autovermietern akzeptiert. Euro-Reiseschecks lösen Banken ein (am Flughafen in Sal sowie auf jeder Insel in den größeren Ortschaften). Unabhängig vom Wert wird pro Reisescheck eine Gebühr von 1000 ECV erhoben!
Wechselkurs (Stand Mai 2005):
100 ECV = 0,95 € = 1,46 SFr
Preisniveau: Die Kapverden sind kein Billigreiseland. Die Preise für Unterkünfte, Restaurantbesuche, Ausflüge, Sportangebote usw. sind durchaus mit Europa zu vergleichen. Auf den touristisch geprägten Inseln Sal und Boavis-

ta liegen sie im Schnitt etwas höher als auf abgelegenen ländlichen Inseln.
Preise für Unterkünfte: siehe »Tipps für Ihren Urlaub«, S. 52.
Essen im Restaurant: 600–800 ECV für ein Hauptgericht, Meeresfrüchte oder Langusten bis 1500 ECV.
Flasche Wein im Restaurant: ca. 800 ECV.
Kleines Bier oder Cola (0,3 l) im Restaurant: 100–150 ECV (in *mercearias* evtl. etwas günstiger).
Tasse Kaffee: 80–100 ECV.

Schlangen

Auf Cabo Verde gibt es keine Schlangen oder andere giftige Tiere.

Sicherheit

Für afrikanische Verhältnisse sind die Kapverden ein sicheres Reiseland. Die politische Lage gilt als stabil.

Vororte der großen Städte Praia und Mindelo sollten gemieden werden. Auch vermeintlich einsame Strandwanderungen auf Sal oder Boavista sollte man nicht alleine und auf gar keinen Fall mit der gesamten Reisekasse in der Tasche (Hotelsafe!) unternehmen.

Nachts gilt es, besonders aufmerksam zu sein und nicht durch unbelebte, unbeleuchtete Straßen zu laufen. Sicherer bewegt man sich nach Einbruch der Dunkelheit per Taxi!

Meist handelt es sich bei den Kriminellen um Straßenkinder, die in Banden auftreten und recht aufdringlich werden können. Falls man sich verfolgt oder bedrängt fühlt, sollte man in ein Lokal oder Geschäft flüchten beziehungsweise laut rufen. Auf keinen Fall darf man sich auf Handgreiflichkeiten einlassen. Die Hemmschwelle der Gewalt liegt bei den älteren Straßenkindern – meist Zwölf- oder Dreizehnjährige – niedrig! In ländlich geprägten Gebieten ist der Reisende noch vergleichsweise sicher.

Sonnenschutz

Cremes mit sehr hohem Sonnenschutzfaktor sind auf Cabo Verde schwer zu bekommen, daher sollten sie von zu Hause in ausreichender Menge mitgenommen werden.

Souvenirs

Ein wertvolles und typisches Souvenir von Cabo Verde sind baumwollene traditionelle Panos (s. S. 44). Besonders schöne gibt es im Centro de Artesanato in São Domingos auf Santiago (s. S. 124). Dort sind auch schöne Töpferwaren und Keramikarbeiten erhältlich. Aufwändige Webarbeiten und Wandteppiche kann man im Centro Nacional de Artesanato in Mindelo erstehen. Auf Fogo schnitzen die Kinder der Caldeira Kleinigkeiten wie Häuser, Teller, Schalen oder Aschenbecher aus Vulkangestein. Sie verkaufen direkt in Chã das Caldeiras an Touristen. Wein von Fogo oder Grogue von Santo Antão könnten auch zu Hause schmecken. Allgegenwärtig und sehr beliebt ist auch das Oril-Spiel (s. S. 70), in Souvenirläden auf Sal zu bekommen. Afrikanische Händler verkaufen in der Nähe der Hotels und in den Städten Schmuck, Holzschnitzereien und andere Souvenirs. Diese stammen allerdings nicht von den Kapverden sondern vom westafrikanischen Festland.

Taxifahren

Taxen gibt es nur auf Sal, Santiago und São Vicente. Auf den anderen Inseln übernehmen die Aluguers Taxidienste (vgl. Aluguer, s. S. 55). Es gibt feste Preise für festgeschriebene Strecken, die man vor der Fahrt erfragen sollte. Nachts wird 30 % Aufschlag verlangt.

Telefonieren

In jedem größeren Ort gibt es öffentliche Kartentelefone. Die Karten sind in Postämtern, außerdem manchmal auch in kleinen Läden oder Restaurants erhältlich. Es gibt Karten für 275 ECV und für 750 ECV. Ein Gespräch nach Europa kostet ca. 300 ECV pro Minute. Die billige Karte eignet sich also nur für Gespräche innerhalb des Landes. Bei Telefonaten von einem Postamt aus wird eine Mindestzeit von drei Minuten berechnet, auch wenn das Gespräch kürzer war. Die Qualität der Verbindungen ist im Allgemeinen gut.

Handys wählen sich meist problemlos in das kapverdische Netz ein (D1, E-Plus, O2, Vodafone). Die Kosten sind jedoch immens, auch für angenommene Gespräche.

Vorwahlnummern: siehe vordere Umschlaginnenklappe

Toiletten

Öffentliche Toiletten gibt es nicht. Der Standard der Toiletten in Restaurants ist in der Regel in Ordnung.

Trinkgeld

Für guten Service ist ein Zuschlag von etwa 10 % des Rechnungsbetrages angebracht.

Trinkwasser

Auf keinen Fall sollte man Leitungswasser trinken. Auch zum Zähneputzen empfiehlt es sich Mineralwasser aus Flaschen zu benutzen. In einfachen Kneipen wird schon mal Leitungswasser bei Tisch serviert. Daher sollte man bei ›stillem Wasser‹ immer darauf achten ob die Flasche noch originalverschlossen ist.

Umgangsformen

Auf den Kapverden ticken die Uhren anders. Obwohl die Einheimischen manchmal aufbrausend und ungeduldig sind, geht es im allgemeinen doch langsam und beschaulich zu. In Restaurants ist schon einmal mit längeren Wartezeiten zu rechnen. Auf Banken und auf der Post wird alles akribisch genau geprüft. Es ist angebracht, auf alles gelassen zu reagieren. Ein Kapverdianer, der eine halbe oder auch eine Stunde zu spät zu einer Verabredung kommt, ist auf seine Pünktlichkeit stolz. Bei Gesprächen kommt man nicht sofort zum Punkt. Häufig wird zunächst einmal ein langer Smalltalk veranstaltet. Um was es eigentlich geht, wird dann ganz beiläufig erwähnt. Auf der Straße und unterwegs kann es häufig vorkommen, dass der Reisende angesprochen und in ein Gespräch über Gott und die Welt verwickelt wird. Die ›Kontaktaufnahme‹ geschieht für europäische Verhältnisse meist etwas ruppig durch einen Pfiff oder ein lautes Heiyh.

Verkehrsmittel

Aluguer: siehe »Tipps für den Urlaub« (S. 55).
Taxi: siehe »Taxifahren«, S. 218.
Inlandsflüge: Die kapverdische Fluggesellschaft TACV fliegt von Sal alle bewohnten Inseln außer Brava an. Fast alle Flüge gehen über Praia/Santiago oder São Vicente. Sal, Praia und São Vicente sind täglich mehrfach miteinander verbunden. Die anderen Inseln werden mehrmals pro Woche angeflogen.

Genaue Flugpläne gibt es zwar, die Termine ändern sich jedoch ständig (TACV, Landsbergstraße 155, 80681 München, Tel. 089/55 25 33 33, Fax: 089/54 50 68 55, www.tacv.de). Es ist wichtig, die nationalen Flüge 2–3 Tage vorher rückzubestätigen, da kurzfristige Änderungen häufig vorkommen. Für Rückbestätigung und Auskünfte sind die TACV-Büros zuständig (siehe Ortsbeschreibungen).

Da der Laderaum der kleinen Inlandsmaschinen (Twinotter mit 20, ATR mit 40, Fokker mit 50 Sitzplätzen) begrenzt ist, kann es vorkommen, dass Gepäck verspätet ankommt. Meist wird es dann in die Unterkunft gebracht. Gepäck für ein bis zwei Tage sollte zur Sicherheit ins Handgepäck (maximal 5 kg).

Einen preislichen Vorteil bietet ein TACV-Airpass. Dieser gilt allerdings nur in Verbindung mit einem internationalen TACV-Ticket und ist schon in Deutschland zu buchen: zwei Flugcoupons 150 €, drei Flugcoupons 185 €, vier Flugcoupons 220 €, fünf Flugcoupons 250 €, jeder weitere Flugcoupon 30 €. Preise für normal gebuchte One-Way-Flüge liegen zwischen 50 und 100 €, je nach Weite der Strecke. Nachteil am Airpass ist, dass Umbuchungen kaum mehr möglich sind.

Die private Fluggesellschaft Inter Island Airlines (IIA) bedient die Inseln Sal, Santiago (Praia), São Vicente und Maio. Von Santiago nach São Vicente und Sal gibt es tägliche IIA-Verbindungen. Von Praia nach Maio gehen Flüge zweimal pro Woche. Von Sal aus fliegt die IIA täglich nach Praia und fünfmal pro Woche nach São Vicente. Flüge nach Maio gehen via Praia. Informationsstellen der IIA gibt es auf den Flughäfen in Praia und auf Sal. Preislich ist die IIA mit der TACV vergleichbar. Ebenso gelten die gleichen allgemeinen Hinweise wie bei der TACV.

Schiffsverbindungen: Alle Inseln sind per Schiff zu erreichen. Die verhältnismäßig komfortable Autofähre »Tarrafal« verbindet die Inseln São Vicente, Santo Antão, São Nicolau und Santiago (Information: Agentur S.T.M., Avenida 5 de Julho, Mindelo).

Stark frequentiert ist die Fährverbindung zwischen São Vicente und Santo Antão. Eine Autofähre der Gesellschaft Armas fährt täglich hin und zurück. Die

Abfahrtszeiten ändern sich immer wieder, daher rechtzeitig erkundigen! Demnächst verbindet eine Personenfähre 1–2 x täglich Fogo und Brava.

Wer andere Routen befahren möchte, kann dies nur per Frachtschiff tun. Zwischen São Vicente, São Nicolau, Sal und Santiago verkehrt die »Barlovento«. Die »Sotavento« bedient die Inseln Santiago, Fogo und Brava. Der allgemeine Zustand der beiden Schiffe ist nicht jedermanns Sache. In besserem Licht zeigt sich die »Praia d´Aguade«. Sie bedient die Inseln Santiago, Fogo, Brava und São Vicente. Die »Rincon« verkehrt zwischen Sal, Boavista, Santiago, Maio, Fogo und Brava.

Die Fahrten zwischen den Inseln sind recht lang, Seekrankheit ist daher nichts Ungewöhnliches. Auch sind die hygienischen Verhältnisse auf den Fähren nicht immer einwandfrei. Die Preise liegen zwischen 900 ECV (Fogo–Brava, Deckplatz) und 8000 ECV (Sal–Brava, in der ersten Klasse) je nach Strecke und gebuchter Klasse. Tickets gibt es in den Fährbüros oder direkt am Boot.

Fährbüros bzw. Informationsstellen für Schiffsverbindungen auf den Inseln, wenn vorhanden (ansonsten am Hafen fragen):

Sal
Espargos, Agência de Viagens Turismo, Rua 5 de Julho.

Santiago
Praia, Agência Nacional de Viagens Plateau oder Arca Verde, nördliches Ende Plateau oder Rincón, Avenida de Cidade de Lisboa.

Fogo
São Filipe, Pracinha (gegenüber Pousada Bela Vista).

Brava
Vila Nova Sintra, Agência Nacional de Viagens, von der zentralen Praça Richtung Westen, erste Straße rechts.

São Vicente
Mindelo, Arca Verde, Rua Senador Vera Cruz, im Zentrum: Fähren nach Santo Antão, Büros am Hafen.

Santo Antão
Porto Novo, oberhalb des Hafens, zwei Büros für Fähren nach São Vicente.

São Nicolau
Tarrafal, Avimar, in der Küstenstraße am Hafen oder Enapor, am Hafen.

Zeit

MEZ minus 2 Stunden, während der unserer Sommerzeit minus 3 Stunden.

Zeitungen

Deutsche Zeitungen und Zeitschriften werden einmal wöchentlich nach Sal geliefert und sind dort nur im Reisebüro CVTS in Santa Maria (Rua 1° de Junho) zu bekommen. Nationale Zeitungen sind die wöchentlich erscheinenden »A Semana« und »Expresso das Ilhas«. Ab und zu erhält man in den Flugzeugen der TACV das Magazin »Fragata« mit allgemeinen Informationen über die Inseln, auch in englischer Sprache.

SPRACHFÜHRER

Offizielle Amtssprache auf den Kapverden ist Portugiesisch. Untereinander sprechen viele Einheimische *Creolo,* vor allem in den ländlichen Gebieten von Santiago und Fogo. Creolo besteht zu etwa 95% aus portugiesischen Wörtern, doch ist die Grammatik gegenüber dem Portugiesischen stark verkürzt und die Aussprache völlig anders. Einige Wörter sind afrikanischen Ursprungs oder wurden aus verschiedenen europäischen Sprachen übernommen. Das *Creolo* ist für den Touristen praktisch nicht zu erlernen, denn es gibt keine einheitliche Schrift oder Grammatik, dafür aber auf jeder Insel einen anderen Dialekt.

Aussprache des Portugiesischen

c	vor a, o, und u wie k
c	vor e und i wie ss
ç	wie ss
ch	wie sch
g	vor e und i wie j in Journal
h	bleibt stumm
j	wie j in Journal
lh	wie lj
m	nach Vokal wird nasaliert gesprochen
n	nach Vokal wird nasaliert gesprochen
nh	wie nj
qu	vor a und o wie ku
qu	vor e und i wie k
s	am Wort- oder Silbenende wie sch
v	wie w
x	wie sch, in Sonderfällen auch s oder ks
z	am Wort- oder Silbenende sch, sonst s

Allgemeines

guten Morgen, guten Tag	bom dia
guten Tag (ab 12 Uhr)	boa tarde
gute Nacht	boa noite
auf Wiedersehen	adéus
bis bald	até logo
ja/nein	sim/não
bitte	por favor/ se faz favor
danke (von Männern gesagt)	obrigado
danke (von Frauen gesagt)	obrigada
Entschuldigung!	com licença!
Es tut mir leid.	Desculpe.

Unterkunft

Ich suche ein Hotel.	Estou procurando um hotel.
billig	barato, barata
teuer	caro, cara
zu teuer	bastante caro/cara
Ich habe ein Zimmer reserviert.	Reservei um quarto.
Haben sie ein Zimmer mit ...?	Tem um quarto com ...?
Dusche	duche, chuveiro
warmem Wasser	água quente
Balkon	balcão
Blick aufs Meer	vista para o mar
Wie viel kostet es pro Tag?	Quanto é a diária?

Unterwegs

Gibt es hier ... ?	Há por aqui ... ?
ein Restaurant	um restaurante
eine Apotheke	uma farmácia
einen Lebensmittelladen	uma mercearia

Haben sie ... ?	Tem ... ?
Informationen über...	informações sobre...
Briefmarken	selos
Wo geht es nach ... ?	Onde é o caminho para ... ?
rechts	á direita
links	á esquerda
geradeaus	direito
Im Restaurant	
Frühstück	pequeno almoço
Mittagessen	almoço
Abendessen	jantar
Haben Sie einen Tisch für ... Personen?	Tem uma mesa para ... pessoas?
die Speisekarte	a lista/a ementa
es fehlt ...	falta ...
das Besteck	o talher
ein Messer	uma faca
eine Gabel	um garfo
ein Löffel	uma colher
ein Teller	um prato
ein Glas	um copo
Essig/Öl	aceite/vinagre
Salz	sal
Pfeffer	pimenta
Bitte noch ein/ eine ...	pode ser mais um/ uma ... se faz favor
eine Portion	uma dose
eine halbe Portion	meia dose
klein/groß	pequeno/grande
ein Mineralwasser	uma água mineral
mit/ohne Kohlensäure	com/sem gás
Saft	sumo
Orangensaft	sumo de laranja
ein Bier	uma cerveja
ein Glas Wein	um copo de vinho
eine Flasche	uma garrafa
rot/weiß	tinto/branco
Kaffee mit Milch	café com leite
Kaffee ohne Milch	café preto
Tee	chá
Wochentage	
Montag	segunda feira
Dienstag	terça feira
Mittwoch	quarta feira
Donnerstag	quinta feira
Freitag	sexta feira
Samstag	sábado
Sonntag	domingo
Zahlen	
1	um/uma
2	dois/duas
3	três
4	quatro
5	cinco
6	seis
7	sete
8	oito
9	nove
10	dez
11	onze
12	doze
13	treze
14	catorze
15	quinze
16	dezaseis
17	dezassete
18	dezoito
19	dezanove
20	vinte
21	vinte e um, uma
30	trinta
40	quarenta
50	cinquenta
60	sessenta
70	setenta
80	oitenta
90	noventa
100	cem
1000	mil
2000	dois mil

REGISTER

KAPVERDEN-ATLAS

LEGENDE

1 : 350.000

0 — 10 km

Symbol	Bedeutung	Symbol	Bedeutung
	Hauptstraße		Berggipfel
	Nebenstraße		Festung
	Nebenstraße ungeteert		Kirche; Kapelle
	Fahrweg		Leuchtturm
	Fußweg		archäologische Stätte
	Flughafen		Sehenswürdigkeit
	Flugplatz		Meeresschutzgebiet
	Hafen		Schiffswrack
	Saline, Salzsee		Surferstrand
	Quelle		Strand
	Nationalpark, Naturpark		Aussichtspunkt

Santo Antão
Ponta do Sol
Ribeira Grande
Fontainhas
Sinagoga
Ponta do Lajedo Largo
Cruzinha da Garça
Ponta Dez Abaixo
Coculi
Lourenço
Chã das
Paúl
Curral
Chã de Igreja
Boca de Ambas as Ribeiras
Ribeirão
Ponta João Redondo
Figueira de Baxo
Horta da Garça
Chã de Lombinhos
Corda
Xôxô
Passagem
Ribeira do Paúl
Ponta Marianinha
Figueira de Cima
Manta Velha
Pia de Baixo
Espongeiro
Bordeira
Garça de Cima
Chãzinha
Ponta das Areias
Chã do Norte
Ribeira da Cruz
Água das Caldeiras
Cova do Paúl
Pico da 1585 m
Ponta do Rabill
R. Vermelha
Morrinho de Égua
Martiene
Espadana 1513 m
Lombo de Figueira
Água Amargosa
Lagoa
R. de Lindo Quincho
Mesa
Ribeira Larga
Selada do Alto Mira
Urgeiro (Alto Mira)
Cidrão 1548 m
R. de Água
Caldeira das Patas
Ribeira dos Bodes
Ribeira Fria
Ponta Chão e Mangrade
Cirio
Tope de Coroa 1979 m
Curral das Vacas
Chã do Morto
Poi
Ribeira das Patas
Lagedos (Lajedo)
Praia de Ponta das Bic
Monte Trigo
Porto Novo
Baía de Monte Trigo
R. Escadeado
Monte Lajes
Tabuga de Cima
R. de Tabuga
Ponta do Brejo
1811 m
Campo Redondo
Manuel Lopez
Ponte Sul
Ponta do Lajedo Largo
Queimado
1521 m
Lombo das Lança
Ponta da Barca
Ponta das Casas
Tarrafal
Covão
Baía do Tarrafal
R. de Praia Formosa
Ribeira Torta
R. de Fontainha
Canal de São Vi
Ponta do Portinho
Praia do Esborradeiro
Ponta do Campanário
Ponta de Peca
Ponta Cães dos Fortes
Fortim d'El
Ponta da Ladra Cachorro
Baía da Fateixa
Lazare
Fateixa
571 m
Ponta Machado
Ponta do Farol
São Pedro
Tope
Praia de São Pedro
Ponta Flamengos
Praia/Santiago

D
E
F
Atlantischer Ozean
Ilhéu Lombo de Boi
Ponta Marigou
Baía de Salamansa
Baía das Gatas
Praia do Norte
Monte Verde
Praia Grande
750 m
Mato Inglês
Goa Alto
538 m
Bairro Branco
Calhau
Ponta do Calhau
Pico de Vento
437 m
Madeiral
Topona
Topim
699 m
Ponta de Saragaça
Praia de Palha Carga
Ponta da Várzea
Praia Calheta Grande
São Vicente
Ponta de Espequinho
Agua Doce
316 m
Santa Luzia
Ponta de Praia
Monte Grande
397 m
Praia do Castelo
Ponta de Mãe Grande
Ponta do Espia
Tarrafal/São Nicolau
S. 232
S. 232

A
B
C
S. 231
1
S. 231
Ponta de Espequinho
Água Doce
2
316 m
Santa Luzia
Monte Grande
Praia do Castelo
397 m
Ponta de Mãe Grande
Ponta do Espia
Mindelo/São Vicente
Ponta do Papagaio de Riba
Branco
3
Ponta Delgada
Ponta Salina
Razo
Ponta da Baleia
Ponta da Cruz
Ponta do Ferro Brás
Ponta do Barril
Atlantischer Ozean
4

D
E
F
1
2
3
4
Atlantischer Ozean
São Nicolau
Ribeira Funda
Ribeira da Prata
Estância Bras
Covada
Fajã de Baixo
Fragata
Carvoeiros
Fajã de Cima
Queimadas
Cachaço
Ribeira Brava
Lombinho
Hortelão
Cabeçalinho
Calejão
Chamiço de Baixo
Cachacinho
Campo de Preguiça
Fontainhas
Tarrafal
Ponta Galhana
Preguiça
Ponta Pataca
Chão Bonito
Baixo Rocha
Baía Debaixo de Rocha
539 m
Ponta Preta
Baía da Fonte
Ponta da Dobradeira
Ponta Grande
Chã de Norte
Belém
Ponta Coruja
Morro Brás
Alto Joaquinha
615 m
Monte Bissau
615 m
Porto da Lapa
Baía da Praia do Pito
Ponta de Tope
Caldeira
Morro Alto
Ponta do Juncalinho
Juncalinho
Jalunga
Pico do Alberto
598 m
Ponta Albacora
Baía Gombeza
Carriçal
Ponta Barroso
Ponta de Plancão
Castilhiano
Centro de Terra Chã
Palmeira/Sal

A
B
C
1
2
3
4
Ponta Norte
Farol de Fiúra
Ponta Palhona
Baía de Fiûra
Morrinho de Açúcar
Monte Grande
406 m
Buracona
Monte Leste
263 m
Olho Azul
Caletinha
Ponta do Linguincho
Terra Boa
Morro Sal
309 m
Sal
Monte Curral
107 m
Palmeira
Pedra Lume
Espargos
Aeroporto Int. Amilcar Cabral
Baía da Parda
Baía de Joaquim Petinha
Tarrafal/São Nicolau
Monte Leão
165 m
Ilhéus do Chano
Baía da Murdeira
Murdeira
Calheta Funda
Baía Negra
Ponta do Rife
Nossa Senhora de Fátima
Baía do Algodoeiro
Costa da Fragata
Ponta Preta
Santa Maria
Praia de Santa Maria
Ponta do Leme Velho
Praia António de Sousa
Ponta do Sinó
Baía de Santa Maria
Atlantischer Ozean
Sal Rei/Boavista

S. 235

D
E
F
1
2
3
4
S. 234
Palmeira/Sal
Atlantischer Ozean
Ponta Antóia
Ponta do Sol
Costa de Boa Esperança
Praia de Abrolhal
Espingueira
Espingueira
Ponta Rodrigo
Gata
Praia da Fatima
Rochinha 130 m
Carcaça de "Cabo de Santa Maria"
Praia da Cruz
Marine Club Village
Santa Maria
Bofareira
Praia das Gatas
Sal Rei
Duça de Braganca
Campo da Serra
R. do Norte
Praia da Chave
Estância de Baixo
João Galego
Ponta do Rife Baluarte
Norte (Fundo Figueiras)
Galeria Estância
Vila do Maio/Maio
Antiga Telheira
Rabil
Cabeço dos Tarafes
Olinho do Mar
Ponta Carreto
Ponta do Morro d´Areia
R. Grande
Tope Vermelho 369 m
Salamansa 239 m
Monte Negro
R. do Rabil
Pico Santo António 379 m
Santo Tirso
R. de São Francisco
Monte Estância 387 m
Rocha Estância 354 m
Povoação Velha
Boavista
João Barrosa
Carcaça de "Queen"
Praia do Curralinho
Praia de João Barrosa
Praia de Santa Mónica
Praia de Curral Velho
Curral Velho
Ponta de Curralinho
Ponta Pesqueiro
Praia do Sul
Ilhéu Curral Velho

A
B
C
1
2
3
4
Ponta Moreia
Ponta da Costa
Ponta da Fazenda
Ponta Furna
Monte Graciosa
Ponta do Lobrão
Baía de Angra
Ponta Preta
645 m
Trás os Montes
Baía do Tarrafal
Tarrafal
Achada Moirão
Campo de Concentração
Ponta Formosa
Chão Bom
Baía do Chão Bom
Achada Tenda
Mato Brasil
Acha de Monte
Ribeira da Prata
R. da Lagoa
Achada Longeira
R. do Sal
Lem Mendes
Pilão Cão
Figueira das Naus
Principal
Ponta Verde
Hortelão
Calheta de São Miguel
Serra Malagueta
Veneza
Ponta de Agua Doce
Serra
Monte Malagueta
1064 m
Achada Barril
Figueira das Naus
Fundura
R. dos Flamengos
Ponta da Ribeira Lage
Achada Lage
João Diaz
Ponta Ruim
Cancelo
R. da Barca
Chão Grande
Pedra Badejo (São Tiago)
R. de Salto
Achada Lem
Ribeira da Barca
Mato Baixo
Flamengos
Santa Cruz
Furna
Ponta Coroa
Tomba Toiro
Terra Branca
Cabeça Carreira
Riberão Boi
Achada Leite
Boa Entrada
Poilon
Achada Fazenda
Mato Sancho
João Toro
Achada Ponta
Chão de Tanque
Achada dos Leitões
Assomada (Santa Catarina)
R. Seca
Liberão
Remque Purga
Montanha
Picos
Salas
Ponta de Achada
Ponta da Janela
Palha Carga
Pico do António
1394 m
João Teves
São Lourenço dos Orgãos
Porto Rincão
R. da Selada
Mato Xexe
Porto Madeira
Mindelo/São Vicente
São Jorge dos Orgãos
Gotô Bravo
Praia Baixo
Monte Afonso
Aldia
1047 m
R. de Angra
Longueira
Jardim Botânico Nacional
R. de São Domingos
Monte Tchóta
São Domingos
Ponta Covinha
Rui Vaz
Portal
Pico Leão
Muita Agua
Hortelão
Milho Branco
Chão Grande
Baía de Santa Clara ou do Inferno
Mosquito da Horta
Fontes
Ribeira Chiqueiro
Matinho
R. de Santa Clara
R. da Trindade
Belém
Vale de Custa
Santa Ana
Ponta Geneanes
Ribeira Grande
Santiago
São Jorginho
São João Baptista
Trindade
Porto Mosquito
Bota Rama
São Martinho Pequeno
Salineiro
Porto Gouveia
Calabaceira
Cidade de Santiago (Ribeira Grande)
São Martinho Grande
PRAIA
Fortaleza Real de São Filipe
Ponta Grande da Cidade
Praia Quebra Canela
Ponta Temerosa
Ponta das Bicudas
São Filipe/Fogo

D
E
F
1
2
3
4
Sal Rei/Boavista
Ponta Cais
Praia Real
Ponta Pipa
Ponta Preta
Ponta Pedrenau
Ponta Rica
Praia de Santana
Porto Cais
Morrinho
Cascabulho
Santo António
Praia Gonçalo
Ponta João do Ron
Ponta Pau Seco
Zona forestal
R. Soloria
Pedro Vaz
Praia de Soca
Praia Pau Soca
Monte Penoso
436 m
N. S. do Rosário
Alcatraz
Calheta
Monte Branco
Pilão Cão
Monte Batalha
294 m
265 m
Praia de Morro
Ponta da Ribeira da Bala
Ponta Vento
Morro
R. Figueira
Ponta Banconi
Figueira
Ribeira Dom João
Ponta das Salinas
Barreiro
Vila do Maio (Porto Inglês)
Lagoa
Maio
Praia Ponta Preta
Ponta da Poça Grande
Inglesa
Ponta do Lobo
Atlantischer Ozean

A
B
C
1
2
3
4
Atlantischer Ozean
Ilhéu Grande
Ilhéu Luiz Carneiro
Ilhéus de Ci
Ilhéus Secos ou do Rombo
Brava
Ponta da Vaca
Baía da Pedrinha
Monte Pesqueiro
Furna
Vila Nova
Cova Rodela
Sintra
Santa Bárbara
Fajã de Água
Vinagre
Ponta Espradinha
Cova Joana
Mato Grande
Boia do Porteto
N. S. do Monte
Lima Doce
Campo Baixo
Fontainhas 976 m
Tantum
Cachaço
Cova de Mar
Ponta do Alto
Ponta Nhô Martinho

D
E
F
1
2
3
4
Fajãzinha
Ribeira Ilhéu
Mosteiros
Feijoal
Pai Antonio
Fonsaco
Ponta do Baixio de Campanas
Las Salinas
Atalaia
São Jorge
Ponta do Guincho
Monte Velha
Baía do Corvo
Galinheiro
1299 m
Corvo
Ponta da Garça
Boca Larga
Chã das Caldeiras
Achada Grande
Baía de Duas Pernas
Torto Djo
Monte Verde
Bangaeira
Relva
Achada
Lomba
R. da Lomba
Cooperativa Vinicola
Ponta Fundão
Ponta do Pesqueiro
Curral Grande
Italiano
Queimadinha
Monte Tabor
Fonte de Chã
Pico de Fogo
Praia Casa
Ponta Praia Ladrão
R. de Sanha
Portela
2829 m
Na Stra da Cruz
Mira Mira
Chã das Caldeiras
Santo Antonio
Pico Pequeno
São Lourenço
Tongom
Cidreira
Tinteira
Ponta de Vale de Cavaleiros
Lagariça
R. Vicente Dias
Estância Roque
Brandão
Mãe Joana
São Filipe
Coxo
Cabeça Fundão
Bombardeiro
Vicente Dias
Monte Grande
Cova Figueira
Ponta da Areia
Forno
Patim
Luzia Nunes
Batente
Achada Furna
Figueiro Pavão
Monte Larga
Fajã
Salto
Projeto Gênebra
Nossa Senhora do Soccoro
Fonte Aleixo
Dacabalaio
Baía de Nossa Senhora
Alcatraz
R. Passadinha
Baía de Alcatraz
Baía de Pomba
Ponta Belcher
Ponta Matancia
Baía do Carvalho
Ponta Rachã
Fogo
Praia/Santiago
Atlantischer Ozean

Abbildungsnachweis

Oliver Breda, Duisburg: S. 28, 75, 92/93, 103, 105, 114, 119, 134/35, 156, 160/61, Klappe hinten

Susanne Lipps, Duisburg: S. 96, 99, 125, 127, 128, 154, 199, 205, 206/07, Klappe vorn

Harald Mielke, Sachsenried: Titelbild, S. 2/3, 8, 10, 14, 18, 21, 26, 31, 34, 43, 47, 50, 54, 60, 62, 68, 72, 76, 89, 106, 120, 131, 137, 140/41, 145, 149, 151, 162, 170, 176/77, 181, 188, 192, 203, 208, Umschlagrückseite oben und unten

Gerold Penzl, Köln: S. 1, 38/39, 45, 56, 84

Abbildungen

Titel: Markt in Assomada (Santiago)

S. 2/3: Hafen von Mindelo (São Vicente)

Klappe hinten: Figueiral (Santo Antão)

Kartografie

DuMont Reisekartografie, Puchheim

2., aktualisierte Auflage 2005

Grafisches Konzept: Groschwitz, Hamburg
Druck: Rasch, Bramsche
Buchbinderische Verarbeitung: Bramscher Buchbinder Betriebe

Printed in Germany ISBN 3-7701-5968-3